El docente tutor tend
movedi...

TUTORÍA EN COMPETENCIAS
PARA EL APRENDIZAJE AUTÓNOMO

Jesús Salvador Moncada Cerón
Beatriz Gómez Villanueva

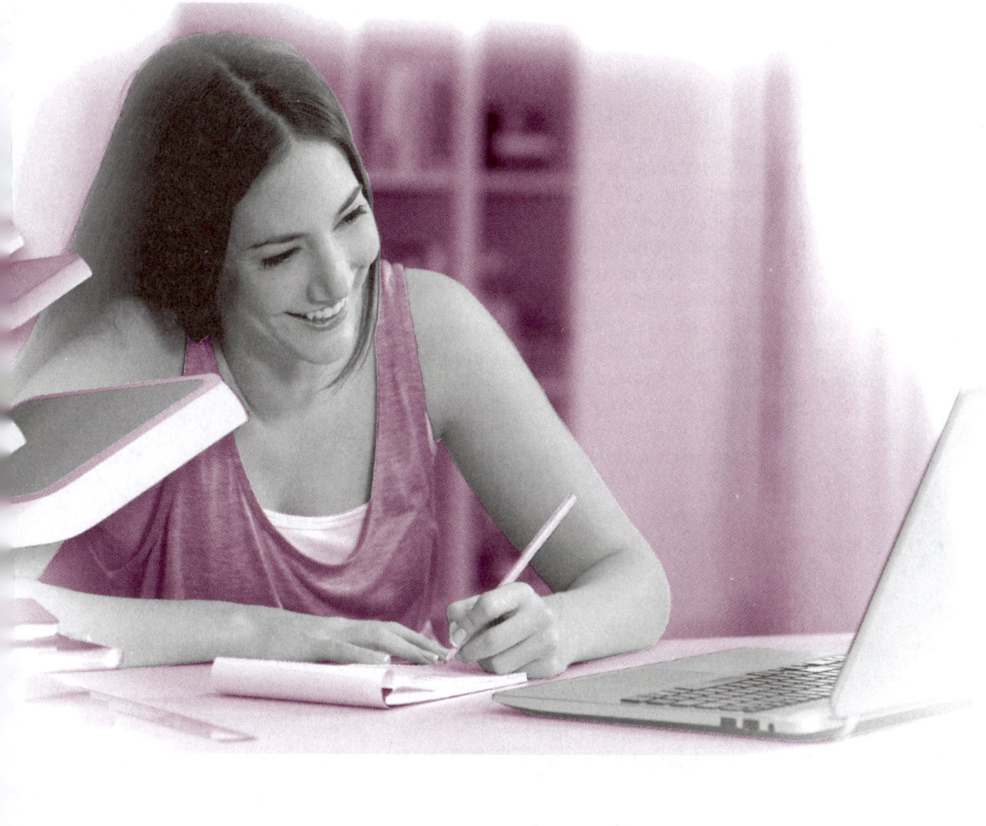

México, Argentina, España,
Colombia, Puerto Rico, Venezuela

Catalogación en la fuente

Moncada Cerón, Jesús Salvador
  Tutoría en competencias para el aprendizaje
autónomo. -- 2a ed. -- México : Trillas, 2016.
  288 p. : il. ; 23 cm.
  Bibliografía: p. 279-283
  Incluye índices
  ISBN 978-607-17-2739-8

  1. Educación - Metodología. 2. Tutores. 3. Estudio -
método. I. Gómez Villanueva, Beatriz. II. t.

D- 371.3944'M445t   LC- LB1031'M6.8   5617

La presentación y
disposición en conjunto de
TUTORÍA EN COMPETENCIAS PARA
EL APRENDIZAJE AUTÓNOMO
son propiedad del editor.
Ninguna parte de
esta obra puede ser
reproducida o trasmitida, mediante ningún
sistema o método, electrónico o mecánico
(incluyendo el fotocopiado, la grabación
o cualquier sistema de recuperación y
almacenamiento de información),
sin consentimiento
por escrito del editor

Derechos reservados
© TR, 2016, Editorial Trillas, S. A. de C. V.

División Administrativa,
Av. Río Churubusco 385,
Col. Gral. Pedro María Anaya,
C. P. 03340, México, Ciudad de México
Tel. 56884233
FAX 56041364
churubusco@trillas.mx

División Logística,
Calzada de la Viga 1132,
C. P. 09439, México, Ciudad de México
Tel. 56330995, FAX 56330870
laviga@trillas.mx

Tienda en línea
www.etrillas.mx

Miembro de la Cámara Nacional de
la Industria Editorial Reg. núm. 158

Primera edición TR
ISBN 978-607-17-1187-8
✦(TI)

Segunda edición, agosto 2016
ISBN 978-607-17-2739-8

Impreso en México
Printed in Mexico

Esta obra se imprimió
el 2 de agosto de 2016,
en los talleres de
Programas Educativos, S. A. de C. V.

B 90 TW

Introducción

*La creación de la tela de la madurez personal
es un trabajo artesanal que se teje día a día,
con los hilos de los sentimientos y las emociones;
su expresión, la personalidad misma, es la fuente
más auténtica de donde emerge nuestro carácter
y nuestro quehacer; todo ello define quiénes
somos y anticipa cómo serán nuestros logros.*

SALVADOR MONCADA

La complejidad de las sociedades contemporáneas impacta de diferentes modos a los grupos que las integran. La polarización económica, las crisis recurrentes, el consumismo como un fin que conduce las aspiraciones de muchas personas y una moral decadente que se expresa en la aceptación del soborno, la corrupción, el hedonismo sin límites, el individualismo a ultranza, la violencia que se justifica como mal necesario y la pobreza de vínculos afectivos sanos, caracterizan a grandes rasgos la realidad de nuestro tiempo. Muchos de estos aspectos son generadores de importantes angustias que se reflejan en actitudes plenas de desesperanza que no avizoran un mejor futuro. Los jóvenes son particularmente receptivos a estos agobios, por lo que en muchos momentos asumen que la alternativa es vivir con desenfreno el presente, pues la incertidumbre por lo que pasará es tan fuerte que prefieren experimentar "a tope", todo tipo de vivencias en un ánimo presentista que no se orienta hacia un sentido claro y hacia un proyecto de vida.

Lo cierto es que la sobreestimulación del ambiente y su relación con aspectos centrados en la historia personal del joven hacen que cada vez resulte más problemático para el adulto ofrecer caminos saludables y asertivos que hagan de este joven un ser funcional, productivo y feliz. Los retos para encontrar las maneras de estructurar personalidades que en medio de la adversidad adopten actitudes propositivas y proactivas son tareas enormemente poderosas para quienes, desde sus distintos ámbitos, son educadores. Naturalmente, la intervención de los padres o familiares es crucial, pero en el espacio de la escuela los jóvenes pueden encontrar motivaciones esenciales para crecer.

A lo largo de la historia reciente de la educación, se pensó que esta práctica, inscrita en el escenario formal, habría de articularse desde el rigor racional, sin sesgo explícito de emoción alguna. Se consideró que las emociones formaban parte de la vida privada de los individuos e, incluso se les reprimió en la práctica académica. Lo cierto es que, a la luz de los nuevos conocimientos y de las nuevas circunstancias, propias del mundo global, se ha entendido que la emoción no solamente permea todo acto educativo formal, sino que también es esencial para su éxito o su fracaso. A esta descripción, se asocian tanto la salud emocional como la mental. Hoy se sabe que una sana emocionalidad es precursora de un bienestar general que ha de redundar en un estado de plenitud personal y productiva. Es verdad que las condiciones del entorno ofrecen pobres condiciones para generar salud, sin embargo, dentro de la utopía del mejoramiento humano, la comunidad educativa ha de realizar su tarea de mirar dentro de sí para que en un acto introspectivo se conozca y se proponga una forma renovada de mirar al joven alumno.

La apuesta, entonces, en la demarcación escolar, es formar docentes altamente comprometidos con su quehacer y conscientes de la relevancia de su desempeño formativo. No basta con educar para forjar ciudadanos adaptados a las condiciones de su entorno, sino formar seres que en plenitud asuman proyectos de vida, de desarrollo personal y colectivo; que adopten un rol en pos del bien común.

La construcción de la noción de adolescente ha respondido en esencia a patrones culturales y, sin duda, a los amplios y diversos estudios que han realizado las ciencias del comportamiento. Ha quedado claro para la cultura de mitad del siglo xx y hasta la fecha, que el adolescente "adolece", por lo que su circunstancia de vida ha sido abordada por instituciones, comunidades y familias, como una etapa de incertidumbre, caótica o desenfrenada. A ello ha correspondido un accionar que ha rondado desde lo fuertemente coercitivo hasta lo más complaciente y laxo, en un ánimo de adaptar al joven a su grupo social.

En esta tónica, muchos han visto el periodo de la adolescencia como un lapso "difícil", "lleno de retos", "que genera sufrimiento" y una particular atención. Si bien no es posible negar que la adolescencia es una etapa crucial en el camino de la madurez personal, no podemos ser afines a las perspectivas que tácitamente expresan que el joven adolescente es un ser "incompleto". Partir de esta postura supone no valorar la capacidad, la voluntad, la entereza, la creatividad y la fuerza interior que manifiestan muchos jóvenes.

Las mentiras reiteradamente señaladas sobre la "incompletud" del adolescente han generado una cuestionable y aberrante verdad que los estereotipa. Pareciera que el desorden y la irresponsabilidad son condiciones *sine qua non* que definen al adolescente.

Esta etapa propicia innumerables mitos, y en el sentido práctico ha derivado en la formación de una "cultura juvenil", patrocinada básicamente por los medios masivos de comunicación y que ha favorecido la creación de una poderosa industria de la moda. Como señala Martín Descalzo en uno de los textos de este libro, pareciera que la manera de portar un pantalón vaquero es la que define el espíritu y el carácter de un adolescente.

Con todas sus dudas e incertidumbres respecto al futuro, que, por cierto, también tienen muchísimos adultos, los adolescentes deben ser observados como seres completos, ávidos de luchar, con una alegría espontánea, con múltiples esperanzas, con un enorme potencial. Naturalmente que los aspectos contextuales los afectan, como a otro ser de cualquier edad, pero no cometamos el error de menospreciar las opiniones, los valores, la fuerza de voluntad, la responsabilidad y el compromiso que muestran muchos jóvenes. No permitamos que los estereotipos apaguen la intensa luz que un adolescente, con la formación y motivación adecuadas, puede ofrecer a la vida. Ensalzar sus virtudes y reconocer su valor forjado a través del esfuerzo personal, el compromiso y la constancia son tareas primordiales del docente tutor. Dejemos que el mito del "rebelde sin causa" sea eso, un mito, y adentrémonos en la verdadera integridad del joven adolescente.

En este tenor, conocer y trabajar sobre la afectividad del alumno es crucial para desestigmatizarlo por su condición adolescente. De él han de emerger las fortalezas que serán indispensables para acceder a una realidad que, de manera óptima, contribuirá a desarrollar en él un proyecto ético de vida, cuya perspectiva socioformativa, resulta esencial para construir personalidades integrales.

Al considerar todas las aristas del proceso educativo surge una esencial que se vincula al entendimiento de dónde estamos y a dónde pretendemos ir. La formación escolarizada tiene un sentido que no sólo contempla aspectos básicamente utilitarios, ya que va al centro de la vida de los seres humanos: su necesidad de alcanzar una trascendencia que supera la corta existencia de una persona y que, en consecuencia, debe permitir su crecimiento como parte de la herencia que se le ha ofrecido y que dará a las siguientes generaciones. La escuela es el espacio privilegiado para trabajar sobre la utopía del mejoramiento humano, del desarrollo intelectual y afectivo que impacte en todos los órdenes de la vida social con un respeto profundo por la enorme lucha, creatividad y lucidez de nuestros antecesores, y con el compromiso, cada vez más ingente, de respetar la naturaleza y a otros seres con el ánimo impostergable de mantener las bondades de la vida y la esperanza de que ésta puede ser reconstruida permanentemente de forma constructiva. "La vida tiene un para qué que no acaba en nosotros, que la vida no es un accidente, que la razón y la conciencia están unidas, que la universalidad es posible, que nos encontramos en un proceso doloroso, cooperativo e irreversible de evolución humana, de profunda naturaleza educativa, que la existencia tiene un sentido inteligente y generoso con el que nos podemos sincronizar" (De la Herrán, 2007, p. 7).

Aquí se forja una educación para el autoconocimiento, para la conciencia, para la utopía y para la convergencia humana.

El enfoque basado en competencias puede brindar la orientación necesaria que permita sobre todo apuntar la capacidad de realizar acciones que impliquen compromisos dentro de un ámbito de convivencia. Adicionalmente, se ha señalado, hay otras competencias más vinculadas con la identidad y el desarrollo individual que ofrecen una perspectiva más integral y más humana. Éstas se dirigen, señala De la Herrán (2007), hacia "la madurez personal, la complejidad de la conciencia, la superación del propio egocentrismo individual y colectivo, el autoconocimiento, la universalidad, el deber de memoria, la autoconciencia sincrónica o histórica, la preparación para la muerte" (p. 14). Aunque estos planteamientos han sido marginados de toda propuesta de aprendizaje, lo cierto es que son esenciales si se pretende formar con una visión fundamentada en la evolución de la humanidad. La apuesta esencial e insoslayable es desarrollar un ejercicio de lucidez, de sensibilidad, de visión a largo plazo para no desdeñar aquellos aspectos relacionados con la conciencia, el sentido de vida y la verdadera posibilidad de valorar lo que más íntimamente pertenece al corazón humano, a sus anhelos, a sus miedos, a su necesidad de trascendencia, a su deseo de dejar una huella amorosa que contribuya al crecimiento moral y existencial de otros seres.

Con este espíritu, el presente texto valora ampliamente la fuerza del carácter juvenil, e intenta ofrecer recursos para el docente tutor de secundaria y preparatoria que le permitan concientizarlo sobre la importancia de reflexionar acerca de los aspectos extracurriculares que afectan el trabajo áulico. A través de diversos ejercicios y lecturas pretendemos generar las motivaciones que conduzcan a tareas prácticas que se dirigen a la caracterización del docente tutor, a la noción de joven y alumno en un ámbito tutorial. Especial importancia cobra la exposición amplia que el presente trabajo realiza sobre la formación de competencias en el alumno por mediación y guía del docente tutor, así como la definición de un perfil docente basado en competencias. También se expresa el carácter y el desempeño deseables de las prácticas tutoriales. Se establece que todo docente debe óptimamente llegar a convertirse en docente tutor, quien debe llevar a cabo una labor de contención en el nivel personal, académico y profesional. El ejercicio de una tutoría eficaz y acertada contribuirá a que el alumno genere los recursos necesarios para entender sus situaciones particulares, trascender las dificultades y encontrar un sentido a su labor académica, la que será clave en la definición de su trayecto profesional y de vida. En otro capítulo se desarrollan conceptos vinculados a la convivencia y normatividad escolar, así como a la conveniencia de que el joven participe en el diseño de normas. En el capítulo 5 acerca de la vida académica se señalan algunos métodos de estudio y trabajo, desde el punto de vista del aprendizaje, así como las bondades del trabajo colaborativo y el abordaje de las actitudes disruptivas. Hay una breve descripción sobre la cuestión vocacional y, finalmente, se marcan los retos del proyecto de vida, la necesidad de incrementar la autoestima, de desarrollar actitudes resilientes y de elaborar, desde la esperanza y con creatividad el proyecto forjado por cada alumno.

En un acercamiento crítico al ámbito que ha sido el contexto del reciente enfoque sustentado en competencias, la globalización, ésta se caracteriza como un proceso histórico complejo que por un lado pretende volver planetaria la condición humana, y por otro, determina características económicas de índole neoliberal; así es como la globalización se extiende a todos los niveles del actuar humano, a la cultura y a la educación.

La ideología de la globalización crea la ilusión, la fantasía, el imaginario de generar lazos sociales de integración planetaria. La interdependencia planetaria e integración mundial generan políticas comunes en todos los habitantes del planeta en los diversos aspectos de la vida económica, política, ética, científica y educativa. La interacción mundial y el reconocimiento de la pluralidad y dignidad de las culturas es algo ambiguo y contradictorio.

Las naciones se dan ante la globalización, como un sistema de autoorganización mundial, como una red flexible de flujos sin centro y anónima, una producción ideológica que justifica el nuevo orden mundial desde 1989.

Vista la globalización desde el poder, desde sus relaciones, los poderosos hacen grupos de inclusión y exclusión, el poder actuar homogeneizando pero también diferenciando; incluyendo y a la vez excluyendo.

El relato ideológico de la globalización se rige sobre la crisis de las instituciones modernas en todos los ámbitos, economía, política, ética y educación; caídos los parámetros creados por la modernidad se predica que la única fuerza eficaz integradora de todo es la economía; ya no es la cultura, sino la geoeconomía la que integra y ordena, además la integración se realiza mediante la eficiencia competitiva.

El vacío institucional que supuestamente la globalización viene a llenar tiene nombre propio para la educación. La educación a nivel planetario tiene que asumir los parámetros de esta globalización hegemónica desde la rúbrica de las llamadas *competencias*, que se constituyen en el nuevo paradigma de la educación; este discurso es el remedio para salir de la crisis educativa.

El discurso de la globalización sobre las teorías pedagógicas y educativas, así como de las políticas educativas, es el de diagnosticar una grave crisis y suministrar inmediatamente unas salidas mágicas que son las competencias.

Para ello se lleva incluso a una caricaturización de las instituciones educativas endilgándoles en buena parte los males sociales, haciéndolas responsables del atraso científico y tecnológico, cívico, político-democrático e inclusive ético. Del mismo modo que el relato ideológico de la globalización neoliberal se hace sitio denunciando, en buena medida, la crisis del Estado nacional y del Estado de bienestar, la corrupción de lo público, el discurso de las competencias y de su evaluación, parte de la idea de que la educación que se impartía hasta antes del modelo de competencias era de baja calidad; se dice que la educación es memorística, que es acumulación de información, que los niños, los jóvenes y los adultos aprenden muchas cosas sin significado para su vida y que, por tanto, es fundamental modificar sustancialmente esa memorización, esa trasmisión de información. Lo anterior implica la modernización de la escuela, es decir, hacerla apta para el mundo de hoy; en una palabra, hay que globalizarla e introducir en ella el modelo educativo por competencias.

La globalización posee su propio relato; su ideología para actuar muy bien en el campo simbólico es un relato inclusive seductor en el que al centro se resalta la leyenda de la crisis: el mundo actual está en crisis, las instituciones están en crisis, el Estado está en crisis, la ciencia, la tecnología, la familia y la escuela están en crisis; estamos en una época de cambios profundos en la que la globalización hegemónica de la economía es la única capaz de llenar los vacíos que las crisis dejan.

De este modo, el relato de la globalización se erige sobre las crisis contemporáneas en todas sus instancias: política, económica, ética y educativa; para salir del vacío y de la sensación de no futuro, lograr la cohesión, unidad y finalidad, la respuesta del discurso de la globalización desde la educación está constituida por las competencias. Primero, de acuerdo con los nuevos códigos, con la nueva alfabetización de la globalización o con los nuevos códigos de inserción en esta contemporaneidad, más que información, se debe ser productor de nuevas síntesis, por supuesto de tipo cognoscitivo y opuestas a la adquisición de información acabada; segundo, se necesita tener iniciativa personal; tercero, se debe estar dispuesto al cambio y a la capacidad de adaptación a nuevas situaciones; cuarto, se debe tener la capacidad de manejo de racionalidades múltiples; quinto, se debe tener un espíritu crítico en selección y procesamiento de mensajes; sexto, se deben tener capacidades interactivas y de gestión; séptimo, se debe tener la capacidad de traducir información en aprendizaje; octavo, tener la capacidad de traducir mensajes a interlocutores diversos; noveno, se debe tener la capacidad para trabajar en grupos y en equipos.

De tal suerte, si se poseen las anteriores competencias, los alumnos y en general todas las personas van a salir de la era de la crisis del vacío, de la ausencia de futuro que en este momento se encarnan por la vieja y anacrónica forma de enseñar memorística, enciclopédica, y asignificativa. De esta manera se hace el tránsito de la memorización a la comprensión, de la incorporación de la información a la discriminación de mensajes, de la adquisición enciclopédica a la adquisición selectiva de aprender; se accede a un estadio superior que es el de aprender a aprender, aprender a pensar y aprender a ser, éste es el lenguaje que la UNESCO alborozadamente presenta sobre las competencias. Claro está que presentadas así, las competencias frente a la crisis de la educación tradicional, a su carencia de investigación, a sus prácticas rutinarias, resultan ser no sólo de gran interés, sino absolutamente necesarias.

Como vemos, el discurso de la globalización para imponer las competencias es altamente seductor al fundamentarse en la crisis de la educación tradicional para plantear las competencias como la gran novedad y panacea, atribuyéndole inclusive aspectos mágicos, como si la educación fuera un simple asunto estructural.

El discurso de la globalización en la educación tiene una retórica que seduce, presenta un imaginario de ilusiones, aunque en realidad se trata sólo de la nueva alfabetización, de preparar a los nuevos trabajadores y obreros que requiere el nuevo orden económico. Todos los países han cedido al discurso de la globalización y por ello han reformado o están haciendo reformas en el ámbito educativo para caminar por el camino de las competencias; todos los actores del juego social mundial actual se vislumbran en el futuro hacia este camino, no construyendo nuevos proyectos educativos, sino tratando de entrar en el juego de la globalización para no quedar excluidos de una realidad mundial, de un escenario que no tiene rostro. Las competencias han entrado en nuestros países como una urgencia, sin reflexión, de liberación y diseño de políticas educativas, la urgencia y el juego de la globalización para no quedar en la exclusión.

Digamos que hasta el día de hoy hay una gran incoherencia entre la teoría de las reformas educativas en competencias y las prácticas institucionales, pues por decretos no se reforma la educación, por ello seguimos en prácticas educativas de memorización y trasmisión de conocimientos.

La profunda reflexión a la que nos invita observar los mitos y los supuestos de las competencias en el ámbito de la interacción global, apuesta por la exhaustividad en la descripción de este enfoque para organizar un discurso constructivo, pero crítico y desafiante, acorde a una postura que cuestiona, pero que no deja de lado las potencialidades de esta reciente postura incorporada a la educación, práctica que de cualquier modo exige un compromiso con el desarrollo verdadero, con la libertad, con la dignidad y de modo esencial, con la esperanza de que el mundo puede ser renovado. En este proceso, el rol de los jóvenes que constituirán la nueva ciudadanía es básico para hacer de este entorno un espacio aún viable para la convivencia sana y fructífera.

Asimismo, al avanzar sobre el trabajo en torno a las competencias, es necesario asumir que darán sus mejores frutos cuando logren preparar al estudiante a adaptarse mejor al cambio, en especial, al motivado por la emergencia de formas alternas de interactuar con la incorporación de las nuevas tecnologías. También se requiere considerar que una persona competente es aquella que "sabe hacer", lo cual tiene su principio en el autoanálisis permanente. Saber observarse y evaluarse críticamente hará que el trabajo introspectivo repercuta en un mayor autoconocimiento, a que dé lugar a acciones más conscientes y responsables, así como en encontrar caminos eficaces para superar dificultades.

Para comprender los procesos que se suscitan en la formulación de una competencia, resulta fundamental entender cuáles son las características del pensamiento. En primer lugar, todo pensamiento tiene un objetivo: lograr un propósito de manera consciente o inconsciente. También, el pensamiento refiere un punto de vista propio o enriquecido con la visión de los otros. Se basa, además, en un conjunto de creencias que determinan las actitudes y las acciones. Sus consecuencias han de mirarse constantemente para saber cómo impactan en la vida personal y en la de terceros. Es evidente que todo pensamiento se sustenta en datos y experiencias que generan ideas y creencias, en general, difíciles de cambiar. El pensamiento, del que emergen conclusiones y conceptos, trata de responder preguntas o resolver problemas. La modificación de los propósitos, de las creencias o de los hechos debe propiciar un cambio en el pensamiento y en su accionar.

Los recursos cognitivos que fundamentan las competencias refieren a un pensamiento comprensivo. A partir de él, se compara, clasifica, analiza, sintetiza, averigua y se extraen conclusiones. El pensamiento crítico alude a la capacidad de investigar fuentes, hacer interpretaciones, predecir efectos y razonar deductivamente. El pensamiento creativo produce ideas e imágenes, establece relaciones, crea metáforas y emprende metas (Cfr. Sanz de Acedo, 2010).

Emprender forma parte de ese pensamiento creativo, el cual habrá de definir las acciones en torno al desarrollo. Para lograrlo media, además de la razón, el aspecto emocional, que a través de la motivación, avanza de manera óptima para obtener las metas formuladas. Este proceso reitera la importancia de considerar los elementos en torno a la afectividad, lo cual es en esencia, uno de los objetivos centrales del presente texto, en particular, de su último bloque. La proyección socioformativa da pie a la reflexión sobre la relevancia de las competencias socioemocionales, como aquellas que tocan aspectos como el amor y la bondad, en su mejor expresión, o el dolor y el enojo, en su representación menos afortunada.

Si bien apenas repunta en las organizaciones la importancia de los factores emocionales como constructores del bienestar humano, cabe destacar que en países del mundo desarrollado, en especial en Estados Unidos, hay una mayor conciencia sobre la importancia de las competencias socioemocionales, que se refieren justamente a los aspectos afectivos. Esto se traduce en inversiones importantes para favorecer la creación de programas formativos, y así lograr una preparación *ad hoc* a las necesidades laborales emergentes. En los países en desarrollo, el tema de las competencias socioemocionales es aún marginal, sobre todo en los entornos más pauperizados; por ello, surge la importancia de dinamizar, desde la escuela, el interés por dimensionar los beneficios que puede tener la formación en competencias socioemocionales, las cuales han de preparar a las personas para el trabajo y para la vida. En esta tarea, el rol del tutor u orientador es elemental para favorecer la educación socioemocional y, con ello, proporcionar una mejor calidad de vida a los alumnos en el círculo personal, familiar y social, así como contribuir a su eficaz inserción profesional.

El hombre como especie, además de haberse convertido en el ser vivo más inteligente de los que pueblan el planeta, es también el más emocional. Nuestras diferentes formas de comunicarnos, nuestros comportamientos, nuestras diversas formas de relación implican inteligencia, que a su vez está impregnada por algún tipo de emoción. La Inteligencia Emocional es una conceptualización que vincula dos de las características más importantes que diferencian al ser humano del resto de animales. El desarrollo y evolución de ambos conceptos, inteligencia y emoción, a lo largo de los periodos más importantes de la historia de la humanidad ha sido dispar hasta la llegada de lo que hoy todo el mundo conoce como IE. Si bien en la actualidad cobra importancia tal relación, las emociones siempre han sido consideradas como algo completamente ajeno y separado de la inteligencia y han sufrido un trato desigual en las diferentes épocas.

La inteligencia es el producto conjunto de las variables genéticas y ambientales. La acción de los genes siempre se desarrolla en un ambiente (bioquímico social). Se sabe que tanto los aspectos biológicos como sociales del ambiente son importantes para la inteligencia, pero estamos muy lejos de comprender cómo ejercen su efecto. Así pues, se conoce que una variable ambiental con una clara importancia sobre la inteligencia es la escolarización formal. De la misma manera, una serie de condiciones del ambiente biológico tienen claras consecuencias negativas sobre el desarrollo intelectual, como la exposición al plomo o la exposición prenatal a altos niveles de alcohol en sangre. La desnutrición infantil es otro factor negativo para la conformación de la inteligencia, pero aún no se ha establecido con claridad el nivel en que el efecto pasa a ser significativo, la exaltación al olvido y viceversa de forma continuada. Toda emoción parece que puede manifestarse en tres niveles diferentes: fisiológico, conductual y cognitivo. El conocimiento de estos tres niveles de reacción nos ayuda a identificar y describir mejor los fenómenos emocionales.

Sentir el pensamiento y pensar el sentimiento forma parte de una reflexión fundamental para coadyuvar a la creación de sanas relaciones interpersonales y lograr así la solución de conflictos. Asimismo, se plantea, por ejemplo, que la violencia es el resultado de un estado emocional intenso que interactúa con actitudes de hostilidad, un repertorio conductual pobre en cuanto a habilidades de comunicación y de solución de problemas, los cuales son derivados de factores como el estrés, o el consumo de alcohol y drogas. Algunos de estos déficits guardan una clara relación con la inteligencia emocional, definida como la capacidad para percibir, asimilar, comprender y regular las emociones propias y la de los demás (Mayer y Salovey, 1997). Otros autores añaden a este concepto componentes adicionales, como rasgos de personalidad y habilidades sociales y afectivas, entendiendo que la inteligencia emocional se refiere a un conjunto de capacidades, competencias y habilidades no cognitivas que influyen en la habilidad propia de tener éxito para afrontar las demandas y presiones del medio ambiente (Bar-On, 1997). Las investigaciones en inteligencia emocional han demostrado la importancia que ésta tiene en el bienestar emocional y en el ajuste psicológico (Goleman, 1995; Mayer y Salovey, 1997); y además es una fuente de salud y felicidad (Fernández-Berrocal y Ramos, 2004).

ÍNDICE de CONTENIDO

Introducción 5
Caracterización de la tarea del docente tutor 19
La tutoría a través de la historia de la educación 25

Capítulo 1. El alumno como invención en la creación tutorial 29

La caracterización del joven alumno, 30. Cómo mirar al joven que se convierte en alumno, 34.

Capítulo 2. Aprendizaje en competencias 41

Qué es el aprendizaje, 42. Aprendizaje de bucle sencillo y aprendizaje de doble bucle, 47. El aprendizaje en el ámbito tutorial, 50. Caracterización de competencia, 54. Educar para la vida, 60. Currículo, competencias e intenciones educativas, 64. Aprendizaje autónomo, 66. Metacognición, 71. La diversidad, 72. Evaluación para el nuevo aprendizaje, 73. Métodos de evaluación, 79. Competencias y aprendizaje para toda la vida, 81. Aprender, desaprender y reaprender, 84. Trabajo por competencias, 86. Competencias socioemocionales, 93. Competencias del docente tutor, 94.

Capítulo 3. La tutoría en la práctica 113

Plan de acción del docente tutor, 114. Quién es el tutor y cuáles son sus ámbitos de acción, 119. Actividades tutoriales de grupo, 121. Actividades de tutoría individual, 122. Cuestionario de evaluación de las funciones tutoriales, 123. El trabajo grupal, 124. Presencia del docente tutor, 125. Componentes no verbales de la conducta asertiva, no asertiva, agresiva, 126. Autorrevelación, 127.

Capítulo 4. Convivencia y comunidad educativa   **139**

La organización educativa, 140. El Ideario del Centro Educativo, 142. Reglamento de alumnos, 142. Análisis de la disrupción, 148. Disrupción y competencias socioemocionales, 151. Perfil del alumno que presenta conductas disruptivas, 154. Medidas de prevención de conflictos y de intervención en el aula, 155. Medidas de intervención con el alumnado conflictivo, 156.

Capítulo 5. Vida académica   **159**

Métodos de estudio, 159. Planificación de horarios, 160. Plan de trabajo, 161. El aprendizaje cooperativo, 162. Estrategias para el aprendizaje cooperativo, 164. La participación y el trabajo en equipo, 165. El aprendizaje y las nuevas tecnologías, 168.

Capítulo 6. Orientación vocacional y proyecto de vida   **173**

Reflexión sobre lo vocacional, 174. Perspectiva global de las nuevas profesiones, 176. Las profesiones del futuro, 178. Motivación, 185. Proyecto de vida en torno a la esperanza, 194. Retos ante el proyecto de vida, 197. Orientación para la vida: el ejercicio de la resiliencia, 202. Autoestima y resiliencia, 207. La autoestima como factor sustantivo en el desarrollo de la resiliencia, 213. La aplicación de la resiliencia en la escuela, 217. Cuestionario sobre autoestima, 218. Cuestionario sobre autoestima grupal, 224. Otros ejercicios generadores de resiliencia, 227.

Capítulo 7. El enfoque socioformativo, las competencias emocionales y la salud mental   **229**

La perspectiva socioformativa, 230. Las competencias socioemocionales, 233. Entender lo socioemocional, 246. Qué es la emoción, 250. De las inteligencias múltiples a la inteligencia emocional, 251. Educación emocional, 254. Salud mental, 258. Una propuesta formativa para abordar las competencias emocionales, 263.

A manera de conclusión   **271**
Bibliografía   **279**
Índice analítico   **285**

CARACTERIZACIÓN de la tarea del DOCENTE TUTOR

> *Para caminar por el campo hacen falta botas y una buena orientación. No se camina igual sin ella. "No hay camino; se hace camino al andar" –dijo el poeta. ¡Pero hay brújula!*
>
> SALVADOR MONCADA

La tarea del docente tutor significa desarrollar creatividad, vitalidad y gusto por la vida; sembrar compasión, sueños, esperanzas y utopías. Ser tutor es un arte que exige mucho del profesor, pero es también un arte que puede vivirse con gozo, puesto que no hay nada más alentador y hermoso que servir a la vida y suscitar vida en las personas.

La labor del docente tutor fija principios, muestra de qué manera se puede hacer justicia a las personas, satisfaciendo sus necesidades. Cualquiera de nosotros, en su carácter de ser social que tiene numerosas vinculaciones personales, es al mismo tiempo un tutor y un tutoriado. Los profesores tienen una tarea de tutoría, la que perfectamente puede intercambiarse por la de ser tutoriado.

¿Qué relación tenemos unos con otros cuando asumimos un papel de tutoría? ¿Cómo nos comportamos los unos con los otros en la escuela, en la familia, en la sociedad? ¿Cómo movilizamos nuestro papel de tutores? ¿Cómo nos dejamos tutoriar? ¿Somos responsables personalmente de cómo nos dejamos guiar? Al guiar, ¿qué actitudes tomamos ante nuestra tarea de tutores y ante la realidad de ser tutoriados?

Los profesores que responden a su vocación permanecen en una escuela porque realizan una actividad con sentido, no porque los motive prioritariamente la necesidad económica. Asimismo, una familia ha de ser un refugio amoroso en el que todos sus miembros con su actividad y comportamiento edifican un hogar cuyo sentido está relacionado con la forma de trascender los valores. En ella se movilizan recursos morales y espirituales que unen a sus integrantes a través del amor, de la confianza, del respeto y de un lenguaje común. El hogar que asume su necesidad de trascendencia es un lugar sagrado en el que prima la dignidad y en lo que se nutren los aspectos más profundos de la personalidad de sus miembros. El hogar que se identifica con una perspectiva de trascendencia se convierte en un lugar en el que se habla a la parte más íntima de los seres para, idealmente, construir un ámbito de serenidad, inspiración y amor, en el que cada miembro pueda florecer al reconocerse en él una dignidad inviolable.

En este contexto propicio para el desarrollo se hace necesario comprender la importancia que tiene la personalidad de quien es tutor. Sus acciones y actitudes asertivas suponen que ha pasado por la escuela del conocimiento de sí mismo. El que quiere guiar en la tutoría debe saber guiarse a sí mismo, en primer lugar, así como saber manejar funcionalmente sus propias pasiones. El que guía debe conocer qué afectos lo impulsan, qué necesidades surgen en su interior y qué sentimientos lo determinan; todo ello con el propósito de examinar a fondo sus pensamientos y motivaciones. ¿Qué es lo que ellos le quieren decir? ¿Qué problema fundamental se está anunciando a través de éstos? ¿Qué es lo que le ha herido? ¿Qué le impide tener ideas claras?

La lucha contra el desorden de las propias pasiones es la verdadera tarea del tutor. Quien asume una posición de responsabilidad debe plantearse, antes que nada, un trabajo de conocimiento y formación de sí mismo, pues de lo contrario mezclará constantemente su tarea de tutor con necesidades propias no superadas. Las pasiones reprimidas determinarán ciertos efectos y le impedirán desarrollar una clara actividad de tutoría y dirección. Si el tutor no tiene madurez surgirá entonces en él una vorágine de emociones que no se contemplan cara a cara conscientemente; actúa así su sombra y esto produce efectos destructivos sobre los guiados (hijos, alumnos).

El primer requisito del tutor es ser sensato, es decir ser sabio, que en latín significa el que sabe comprender, quien sabe entender, el que comprende las cosas desde dentro; el que ve y mira a fondo. Es sabio el que ve las cosas tal como son, el que tiene sensatez, la que brota de la experiencia que la persona tiene consigo misma y con los demás.

El segundo requisito es la madurez de costumbres, la madurez humana. La palabra "maduro" es un término que proviene de la agricultura y se refiere a los frutos maduros que se pueden recoger. Sólo el fruto maduro tiene buen sabor. El docente tutor tiene que haber madurado. Los criterios para conocer la madurez humana son la paz interior, la serenidad, la armonía que cada cual tenga, la manera integral de ser; el que haya concordancia entre el entendimiento y la voluntad, entre lo que piensa y lo que hace. El que se halla en contacto y armonía con su vida interior no deja fácilmente que nada le cree inseguridad. Por el contrario, en el interior del que es inmaduro se deslizan formas de conducta que no benefician a los demás. Cuando el tutor tiene conocimientos, pero es inmaduro, propicia que los tutoriados no acepten de buena gana sus instrucciones (el ejemplo arrastra).

El inmaduro ve las cosas a través del lente de sus necesidades reprimidas, de sus angustias. El inmaduro no podrá llevar a cabo una verdadera tarea de tutoría. Por su parte, quien es maduro trasmite aquello que posee: serenidad, paz y sensatez. Puede asimismo afrontar asertivamente la vulnerabilidad que caracteriza a toda vida humana, la que en ocasiones se percibe como un edificio que puede derrumbarse fácilmente.

El inmaduro es superficial, sus actitudes son el semillero de la propia arrogancia que no le permite a la persona ver sus propias sombras. El arrogante e inmaduro echa por tierra todas las opiniones o conductas que sean contrarias a la propia. Su ego se expande y suele hacer lo que le viene en gana; al no reconocer sus lados oscuros, sus actitudes crecen cada vez más en destrucción y devastación de los otros. En contraparte, el ser maduro tiene la disponibilidad de ver las propias sombras y corregirlas.

EL DOCENTE TUTOR NO DEBE SER PERTURBADOR

En latín, ser inquieto, violento y confuso designa a una persona que no tiene sosiego porque está determinada constantemente por el ruido alborotador de sus propias pasiones, porque es zarandeado de un lado a otro por las diversas emociones que hay en su interior. De una persona así no puede emanar una clara actitud de tutoría. La persona que está desgarrada en su interior se aborrece a sí misma y aborrecerá también a los demás; en vez de tutoriarlos, los acosa, los impulsa hacia la inquietud y la confusión, pero esto no edifica a los demás sino que los destruye.

EL DOCENTE DEBE SER JUSTO

El tutor no debe hacer daño o herir. Un principio de la psicología es que quien no supera las propias heridas está condenado a herir a otros, o a seguir hiriéndose a sí mismo. Todos sufrimos daño en el transcurso de nuestras vidas, pero ello puede convertirse en una oportunidad para que crezcamos, para que tratemos con más sensibilidad y delicadeza a quienes guiamos (hijos y/o alumnos). Cuando se hiere no se suscita vida, se impide su desarrollo. Se hiere cuando se devalúa a los hijos/alumnos, y la tarea de direccion y tutoría no es la acertada, ya que las ofensas enferman y son contrarias al sentido de la misión de la tutoría que pretende ser justa y sana, y encaminar hacia la realización humana.

Ya en el siglo XII, un gran maestro decía cómo debía ser la tarea de tutoría:

> "¿Han visto que un artista tome un trozo de oro o de plata y que sólo a fuerza de golpes plasme en él una bella imagen? ¡Sería difícil! Para dar al material la forma correcta, lo cincela con sumo cuidado y lo pule con mucha delicadeza. Si quieren que sus muchachos adquieran costumbres laudables, tienen que proporcionarles el trato benigno y amable de un padre aunado a una provechosa disciplina." – *Anselmo* (siglo XII.)

Todos los profesores, en último término, tienen una tarea de tutoría. Su labor consiste esencialmente en suscitar vida en los jóvenes, en asumir respecto a ellos una responsabilidad y un compromiso con su desarrollo humano.

La desesperanza lleva a limitar la vida, más que a darle dirección y luz. El tutor debe dar siempre palabras de aliento y esperanza. El tutor no juzgará, sino que seguirá la regla de oro de "no hacer al otro lo que no quieras que te hagan a ti, y tratar a los demás como quisieras que ellos te traten". Esto conduce al respeto y a la actitud amistosa entre las personas.

La palabra es capaz de transformar a una persona. Las palabras que ofenden enferman, la palabra que humilla suscita en su receptor el resentimiento y la percepción de que carece de valía. Las palabras pueden paralizar o liberar, pueden hacer que los demás se enojen o se sientan acogidos; pueden desalentar o alentar, herir o sanar, caer o levantar, matar o dar vida. Por ello, el tutor debe ser muy cuidadoso con las palabras, debe procurar siempre que sus expresiones generen bienestar. Como lo expresa Pablo: "Que no salgan de vuestra boca palabras malas o groseras; si algo decís, que sea bueno, oportuno, constructivo y provechoso para los que os oigan."

Las palabras del tutor deben lograr que prospere, surja, levante y crezca la persona, al mismo tiempo que proporcionen salud, ternura, amistad, amor, atención. A través de las palabras sanas el amor llega hasta el otro y le pone en contacto con el amor que dormita en su corazón que sólo aguarda a que alguien lo despierte. "¿Acaso no vale más una palabra buena que un regalo? Pero el hombre bueno sabe unir las dos cosas". Es por esto que el tutor debe poner mucha atención a sus palabras.

Al dominar el arte de la palabra constructiva, el tutor genera un clima adecuado para el aprendizaje. El acercamiento al estudio depende de manera fundamental de la disposición afectiva que se tenga frente a él, por lo que una indisposición motivada por palabras destructivas pueden alejar al alumno del estudio.

El tutor no debe entrometerse en todo, pues no es competente en todo. Debe canalizar a los alumnos que necesitan ser atendidos con pedagogos o especialistas de la conducta que hayan mostrado madurez. Asimismo, el tutor debe informar a los demás profesores sobre aquellos alumnos que requieren una atención especial. El tutor buscará ser más amado que temido.

En un clima de miedo no prosperan las ideas, no se crea el ambiente de comunidad educativa. Mientras que el miedo paraliza y desune, el amor une y engendra un clima propicio para el estudio.

La labor del tutor requiere un sólido conocimiento de las personas, es decir, entender su interior para dar pie a la expresión imaginativa, a la creatividad, a la búsqueda de metas. Con ello intensificará en el alumno el crecimiento, el desarrollo de sus capacidades, destrezas, habilidades y actitudes, que lo conduzcan al éxito personal.

El tutor debe infundir el gozo por vivir a través de su trato y expresiones, pues aquel que opta por dirigirse inadecuadamente a los alumnos destruye a la comunidad. Debe hablar al corazón, pues "sólo se ve bien con los ojos de ese corazón". El tutor mira más allá de lo que salta a la vista. Tiene un horizonte más amplio, sus ojos no se fijan en la falta, sino que la contempla desde una perspectiva amplia y decide con serenidad qué caminos seguir. Para amar a una persona es necesario observar en ella su parte bondadosa.

La capacidad de discernir que debe caracterizar la labor del tutor es esencial para ser capaz de decidir en virtud de su sensibilidad interior para captar lo que es acertado. En este sentido, en una época de exceso y desorden, una conducción requiere moderación. La tutoría, por lo mismo, debe ser un acto moderado, suave y blando para darle la forma adecuada y ser el precursor del bienestar y la salud emocional del alumno.

El tutor debe cuidar de sí mismo y ser equilibrado. Para los estoicos, el sosiego de ánimo se consigue cuando hacemos que se tranquilicen nuestras pasiones, cuando nos sentimos bien con la propia afectividad, con el propio ámbito emocional.

El tutor necesita crear un clima fiable, sereno y claro; no generar ambientes de inquietud y confusión, ni precipitar estados de tristeza. Se sabe que cuando se hiere constantemente a alguien, éste puede refugiarse en la depresión o en el desarrollo de conductas disfuncionales que crean vacío y una falta de sentido de la vida. Hay que infundir un clima de paz y gozo interior, y esto se logra en el acercamiento al otro en un clima de respeto y consideración. El tutor no se deja paralizar por los problemas, sino que por su serenidad interior y su firme confianza, resuelve los conflictos y levanta el ánimo.

La sensibilidad hacia lo trascendente que toda persona requiere introducir en su vida, hace posible mirar desde otra perspectiva los problemas, y permite que el ser humano sea tratado como un ser libre y responsable, que conoce y que ama, que es reconocido y amado. La espontaneidad, el dinamismo, el gusto, el buen humor, la liberación de la angustia ante el fracaso, la benevolencia, el trato educado, la disposición de ánimo para que el alma florezca, hacen que los tutores abran caminos, siembren surcos para el crecimiento del espíritu.

Como tutores, al formar estamos influyendo en la sociedad para humanizarla. La educación es liberadora cuando liberamos el alma de ataduras y cuando podemos mirar críticamente los aspectos sociales que deben ser reestructurados. En cierto sentido, el tutor con su acción puede sanar al alumno y, en consecuencia, a la sociedad.

El reto del docente tutor es comenzar por él mismo, por enfrentar sus propias disonancias, por reconocer e integrar los lados no reconocidos de su sombra, por ejercitarse en nuevas actitudes y por llegar a estar en paz consigo mismo; en llegar a conocer su propio espacio interior con el ánimo de mejorar su vida y abordar críticamente la solución de sus problemas. "Deja quieta el agua turbia y se hará clara" (*Lao Tse.*)

La TUTORÍA a través de la historia de la EDUCACIÓN

> *Sorprenderse, extrañarse, es comenzar a aprender.*
> Ortega y Gasset

El tutor mentor es:

"Alguien con experiencia que contribuye al desarrollo de su tutelado o tutelada, a quien capacita para dar el paso siguiente en la vida" (Megginson, 1988).

"Una persona con experiencia y en la que se puede confiar" (*Oxford Advanced Jearner's Dictionary*).

"Una persona más experta, dispuesta a compartir sus conocimientos con alguien que tenga menos experiencia, en una relación de mutua confianza" (Clutterbuck, 1992).

"Un modelo de rol, un guía, un preparador, un confidente. Alguien que tiene el respeto del tutelado o tutelada con menos experiencia en relación con lo que sabe, pero también con lo que es" (Clutterbuck, 1992).

"La formación del mentor se diferencia con toda claridad del profesor tradicional; se ha descrito como la del amigo, el orientador o figura paterna o materna, el que anima y fortalece para pasar en la vida" (Brockbank, 1994).

Las raíces históricas de la función de mentor se hunden en el mito griego de Ulises, quien al preparar sus largos viajes marítimos, confió a su hijo al cuidado de su antiguo amigo mentor. Desde entonces el nombre se ha identificado con una persona más experta que establece una relación con otro con menos experiencia, con el fin de darle consejo, apoyo y estímulo (Collin, 1988). La función del mentor en las instituciones educativas está vinculada al éxito de los estudiantes, considerándose como una aportación necesaria para que los alumnos logren un desarrollo más eficaz en sus aprendizajes y en la modelación de su personalidad (Kram, 1988).

El mentor tiene dos funciones primordiales: la primera de ellas está relacionada con el progreso en los aprendizajes de sus tutelados, y la segunda guarda relación con las funciones psicosociales, que incluyen la amistad, el consenso, el modelado de la personalidad del alumno, reforzar el sentido de las competencias, la identidad de los tutelados, el potencial transformador de la personalidad del tutelado y el desarrollo personal de ambas partes (Baum, 1992).

Las funciones de relación se basan en la calidad de la relación interpersonal entre mentor y tutelados y en estipulaciones contractuales explícitas y conscientemente acordadas entre el mentor y el tutelado. Cuando se producen esas relaciones de desarrollo se deriva de ellas un aprendizaje activo, en el que el alumno toma parte activa en su propio aprendizaje (Clankron y Shaw, 1992).

Las relaciones entre mentor y tutelados se distinguen de las del profesor tradicional en que hacen hincapié en el diálogo reflexivo. Esto nos lleva a las técnicas que necesitan los mentores para favorecer la relación, es decir, las condiciones para facilitar el diálogo reflexivo:

- Escucha activa y precisa.
- Observación y reflexión retrospectiva.
- Empatía.
- Comunicación de información.
- Preguntas.

Desafíos desarrollados mediante:

- Empatía avanzada.
- Proximidad.
- Confrontación.
- Retroinformación y resumen.

La acción que realiza el docente tutor, a partir de un enfoque basado en competencias, tiene el propósito de desarrollar en el alumno la capacidad de aprender, investigar, construir e innovar de acuerdo con los cambios que de modo continuo se dan en las sociedades. Otros propósitos se refieren a propiciar el trabajo en equipo que permita la autonomía intelectual y la responsabilidad personal y grupal. En este mismo tenor, el ejercicio que destaque las competencias comunicativas, socioafectivas y profesionales será un factor que realce la autoestima, la confianza en la expresión verbal y escrita, la argumentación sólida, la práctica de vincular teoría y práctica, el aprendizaje de idiomas y la búsqueda eficaz de información que desmitifique como fuentes únicas del saber lo expuesto por el profesor y lo señalado en el libro de texto.

Un docente tutor consciente de la importancia de su tarea de orientación deberá ser profundo en sus concepciones, estudioso, competente, comprometido, experto en su disciplina y con amplios conocimientos pedagógicos. Debe ser particularmente sensible a las transformaciones sociales, institucionales y a las innovaciones pedagógico curriculares que favorezcan una asesoría significativa para el alumno dentro de su contexto de vida y como miembro de una sociedad compleja, altamente competitiva y plena de situaciones confrontadoras.

El tipo de estudiante que adopta el enfoque basado en competencias necesita realizar continuamente una reflexión en cuanto a su *deber ser*, el que supone analizar los alcances de su proyección académica y profesional cuando se den las condiciones de afrontar el campo laboral. La base para integrarse a las acciones de servicio hacia la comunidad en pos de un progreso real son una formación que privilegia la disciplina, la voluntad, el espíritu crítico pero constructivo, la interdisciplina y el compromiso social.

El docente tutor necesita facilitar una asesoría que permita vislumbrar, establecer y experimentar un proyecto de vida que, si bien es susceptible de modificarse ante situaciones imprevistas o ante el cambio de intereses de los alumnos, destaque en él su carácter realista y sistemático. La pauta inicial del proceso se refiere a una *intencionalidad* (hacer explícitos los anhelos), a un *desarrollo* (expresar el deseo de trabajar en torno a la realización), a una *actividad* (llevar a cabo acciones para lograr los objetivos) y una *toma de conciencia e interiorización* (reflexión del alumno sobre sí mismo y sus motivaciones).

En referencia a ese orden, que derivará en un proyecto de vida, el alumno deberá asumirse como protagonista con la capacidad de anticipar, de reflexionar, de tomar decisiones. Su unicidad es esencial y la consideración de su ser integral debe llevar al tutor a mirar al alumno en su globalidad con todas las potencialidades que hagan posible su crecimiento armónico. La dinámica encaminada a un proyecto de vida debe contemplar una visión de largo plazo, justo en el tiempo decisivo para que el alumno defina su carrera y las condiciones en las que ésta se desenvuelva. Ya se ha señalado que los empleadores, frente a los aspectos instructivos, cada vez valoran más los aspectos personales, la inteligencia emocional y las habilidades socioafectivas de los egresados universitarios.

De este modo, el acompañamiento tutorial debe pugnar para que el alumno crezca en sus intenciones y en su trabajo de generar en sí mismo el poder y la autoconfianza de salir avante en una proyección de vida que le dé esperanza, expectativas favorables y la percepción de que su tarea personal, a fin de cuentas, impactará en un bienestar propio y en el de su entorno.

Capítulo 1

El ALUMNO como invención en la CREACIÓN tutorial

> La juventud es pasión, esperanza, audacia, autoexigencia, aceptación del riesgo, elección de las cuestas arriba. Y luz en la mirada.
>
> MARTÍN DESCALZO

Explique	Reflexione	Explore
¿Podría explicar cuáles son sus ideas respecto a la construcción del concepto de joven? ¿Cómo considera que se ha forjado a lo largo de la historia la noción de alumno?	De acuerdo a su experiencia y creencias personales, ¿es definitiva la influencia cultural en la conformación del carácter de las personas? ¿Estaría usted de acuerdo en que hay tendencias innatas en los seres humanos que le dan una serie de características que se viven como parte de un temperamento "natural"?	Se le recomienda la lectura del libro *El alumno como invención*, de J. Gimeno Sacristán, Ediciones Morata, Madrid, 2003.

Pelos largos, mente corta

Tengo la impresión de que la mayor parte de la gente basa sus ideas en la primera impresión externa de las personas. Y tal vez por ello a los jóvenes les encanta enfurecer a los mayores llevando atuendos y vestidos que seguramente también a los muchachos les repugnan.

Tal vez todo cambiaría el día en que nos pusiéramos de acuerdo en que lo que cuenta en la vida no es la longitud de los pelos, sino la longitud de la mente. Y que lo decisivo es saber si uno tiene limpio el corazón y no si lleva desgastados los pantalones.

Me da pena la gente que repudia a los muchachos porque no le gustan sus modales, lo mismo que me dan pena los muchachos que creen que son jóvenes sólo porque son desgarbados.

El gran diablo es que muchos de los disfraces de lenguaje, vestidos o peinados son simples coartadas para gente que cree que uno puede "realizarse" sin luchar y sin luchar corajuda y tercamente. Tener personalidad es más difícil que tener un papá que te compre una moto. Los viejos burgueses pensaban que lo importante es "lo que se tiene". Los dulces cretinos creen que lo que cuenta es "lo que se lleva". Los hombres y mujeres de verdad saben que lo que vale es "lo que se es". Y un globo lleno de viento será siempre un globo vacío, tanto si se le viste de melena como si se le cubre de andrajos. Mientras que una cabeza repleta poco importa cómo se cubre.

José Luis Martín Descalzo,
Razones para la alegría

LA CARACTERIZACIÓN DEL JOVEN ALUMNO

Los seres humanos nos ubicamos en un espacio y tiempo determinados y nos definimos en las acciones que llevamos a cabo y en las que estamos involucrados. El espacio, más allá de ser identificado como un ámbito físico o geográfico, tiene un sentido que refiere el medio social y cultural que nos rodea. El tiempo, por su parte, es en particular complejo para cada persona porque en él transcurre la vivencia y se forjan las múltiples experiencias. Así, en la coordenada espacio-tiempo se desarrolla todo un potencial de estímulos, de posibilidades, de relaciones y de fuerzas que nos nutren (Gimeno, 2003).

En el camino para entendernos dentro de esta amplia dimensión que ha sustentado la construcción de identidades, sin duda, señala Gimeno (2003), diferenciar a los mayores de los menores fue una de las primeras tareas para comprender los aspectos de la temporalidad. La evolución del ser a lo largo del tiempo, en la que se modifican sus actitudes, comportamientos, valores y pensamientos ha sido abordada con profundo interés por las diversas culturas para vincularse a la comprensión del destino humano.

Por cultura, historia de vida, ambiente social, pautas psicológicas, valores imperantes, desarrollo científico y tecnológico, entre otros condicionantes, ha habido una manera específica de mirar al menor, de cuidarlo, quererlo y disciplinarlo, todo con la perspectiva de "prepararlo" para que afronte la "adultez".

Los múltiples factores que determinan la concepción sobre el "ser menor" tienen una importancia definitiva con respecto a las actitudes y los sentimientos que se tienen hacia él, así como las orientaciones pedagógicas que pretenden velar por su bienestar y atender lo que en el menor "sobra" o "falta" (Gimeno, 2003, p. 31).

La historia de la adolescencia y juventud es en realidad la historia de las representaciones que en distintas etapas se ha tenido sobre ella, no es por tanto una rememoración verdaderamente objetiva. En oposición al adulto se ha caracterizado al niño y al joven como entes particulares que están en "construcción". La historia que describe al "alumno" es más reciente, aunque el sentido de carencia que –se señala– él posee ha sido una directriz que ha fundamentado los variados planteamientos pedagógicos. Se ha pensado, por ejemplo, que el niño tiene una naturaleza maleable, mientras que otras posturas mencionan el carácter del menor como producto de un temperamento innato. Estas proyecciones opuestas han producido numerosos criterios para educar, y la pregunta que Gimeno (2003) apunta es: ¿Nacemos o nos hacemos y nos hacen?

Es claro que la tendencia dominante refiere al adolescente o joven, que se convierte en alumno, como un ser susceptible de amoldarse, de ser conducido, adaptado y corregido. Y en esta dinámica se precisa de una educación que "forme", imponga y guíe.

Menciona Gimeno (2003) que desde el *humanismo renacentista* se extendió la idea de que los seres humanos no nacen determinados, por lo que su naturaleza puede crearse, modificarse y ser perfeccionada. En la *Ilustración* se reafirmó el precepto sobre la perfectibilidad humana, dado el alto valor que se otorgó al conocimiento y a la cultura como bastiones del progreso de los individuos. Diversos intelectuales de la época, como Rousseau, afirmaban que la privación del contacto social, que se servía de la educación, hacía fracasar el camino dirigido al logro de una plena condición humana.

La corriente *ambientalista* ha primado en distintas etapas, incluso las más recientes. Ella sustenta que lo que somos y podemos llegar a ser depende de las oportunidades que tengamos, de las condiciones materiales del entorno, del tratamiento educativo formal y no formal que se proporciona desde los primeros años. Se detalla que las influencias recibidas por un medio multifactorial perduran para proyectarse en las actitudes y comportamientos futuros.

Las filosofías que adoptan un ambientalismo optimista postulan, en el ámbito de lo pedagógico, que las personas, aun las que tienen algún tipo de capacidad diferente, pueden crecer a través de una educación democrática. El conductismo, el constructivismo, el evolucionismo, el psicoanálisis, el marxismo, etcétera, coinciden en todo caso en que "nos hacemos" (Gimeno, 2003).

El ambiente no es una noción concreta sino con enorme laxitud, ya que refiere numerosas condiciones que dependen de aspectos socioculturales, económicos, políticos, psicológicos y tecnológicos, entre otros. Es un hecho que incluso ante un mismo ambiente, los sujetos le otorgan una *significatividad* particular. El ambiente no "escribe" sobre los sujetos, sino que éstos "leen" de él y extraen significados (Gimeno, 2003). De este proceso, se deriva la importancia de comprender que los seres son entes activos, con un dominio respecto a su propia autodeterminación.

Una postura extrema que privilegia el *determinismo* ha sido relevante en algunos planteamientos pedagógicos que han influido notablemente en ciertas corrientes de pensamiento. Se señala, así, que de modo natural y con base en lo condicionado por los genes o por un destino inefable, el ser externará a lo largo de su vida lo que está dispuesto por su naturaleza. Un ejemplo que ilustra lo anterior es la posición del *innatismo*, la que supone, entre otros puntos, que la inteligencia viene desde el nacimiento, o que un alumno con bajo rendimiento o actitudes negativas responde a un temperamento innato sobre el cual no hay nada que hacer. Muchos profesores, de hecho, pueden identificar que en algún momento de su actividad docente se han topado con alumnos a los que han calificado como "casos sin remedio".

Otra postura, muy documentada por el psicoanálisis, en sus expresiones ortodoxas y heterodoxas, destaca que la calidad de la crianza y las experiencias vividas en la niñez son los aspectos que definirán el desarrollo presente y futuro de los individuos. Esta descripción es una especie de *determinismo ambientalista*. Sin embargo, no son tan excepcionales los casos en los que niños con crianzas favorecedoras se han "degenerado" en la adultez, o en el caso contrario, hay seres que a pesar de vivir notables adversidades en sus primeros años han desarrollado una extraordinaria *resiliencia* para llegar a ser sujetos bien adaptados.

Son incontables las teorizaciones acerca de cómo se realiza el mecanismo de desarrollo de un menor para dejar de ser "promesa" y convertirse en la realidad de un adulto adaptado funcional y sanamente adaptado a la realidad de su entorno. En toda esta dinámica idealizada que supone un trayecto ascendente y progresivo hay, en las condiciones actuales de nuestro medio, diferentes cuestionamientos que no aceptan necesariamente esa línea de progreso, ya que las imágenes del ascenso cronológico se llenan de matices que no hacen tan deseable el que antes se constituía como el anhelo de "crecer" para desplegar las máximas capacidades personales. Llegar a ser adulto es en muchos jóvenes una perspectiva no siempre alentadora, incluso, la madurez y posterior senectud no son condiciones deseadas en la cultura occidental que considera a la niñez y a la juventud como etapas de belleza y máximo vigor, de las que se han desplegado amplias estrategias mercadológicas que han convertido a niños y jóvenes en nichos de oportunidad mercantil.

Parecería, entonces, que se intenta de múltiples modos perpetuar la juventud como imagen de éxito, de mayor potencial físico y sexual. Por otra parte, si bien antes la educación formal superior era necesaria para ascender socialmente, hoy, para innumerables jóvenes, una destacada calificación académica no garantiza una inserción digna y apropiada al campo laboral.

Todo lo anterior desidealiza el concepto de adultez. Basta observar diversos segmentos juveniles plenos de inquietud y desesperanza ante la rispidez del mundo adulto, lo que se traduce en comportamientos hedonistas y consumistas que pretenden perpetuarse para no abordar una realidad orientada hacia la búsqueda madura de un sentido de vida verdaderamente constructivo.

Afrontar las adversidades que motiva un ámbito de referencias complejas y, para muchos criterios desordenado, es el reto de quienes de manera formal o informal tienen un compromiso con la socialización del menor. En esta tarea, el docente tutor tiene una labor decisiva que requiere, por supuesto, de conocimiento, comprensión y sensibilidad.

Nacido para la aventura

Junto a las escaleras del "metro" que tomo todas las tardes han plantado una valla publicitaria en la que un avispado dibujante ha diseñado un feto de seis meses que reposa feliz dentro de un óvulo flotante dentro de un seno que no se sabe muy bien si es maternal o intergaláctico. Está acurrucadito, tal y como estuvimos todos, entre asustados y expectantes, soñando con la vida. Pero, por obra y gracia del agudo publicitario, el dulce –futuro– bebé tiene algo inesperado: unos pantaloncitos vaqueros, que le ciñen mucho mejor de lo que mañana lo harán los pañales maternos. Y nuestro genio de la publicidad ha coronado su "invento" con una frase apasionante: "Nacido para la aventura." Todo un destino.

¿Cómo encontrar un *slogan* nuevo sobre algo tan machacado por la competencia como los pantalones vaqueros? ¿Cómo hallar un nuevo argumento con el que convencer a la dulce muchachada de que ingresarán directamente en el cielo de la felicidad apenas se vistan con esa arcangélica indumentaria?

¿Tendremos que seguir descendiendo y decir a los muchachos que la gran aventura para la que nacen no es ya "fecundar la tierra toda", sino ponerse una determinada marca de pantalones?

Me impresiona pensar en esta civilización que tienta a diario a los jóvenes con la mediocridad. Hubo tiempos en los que se les tentaba con la revolución, ahora se les invita a la siesta y la morfina, a infravivir, como si el lobo ya no soñara en comerse a Caperucita, sino simplemente en atontarla y domesticarla.

Por eso me ha dolido el anuncio que han colocado sobre las escaleras del "metro": porque profana dos de las palabras más sagradas de nuestro diccionario: "nacer" y "aventura". A mí me encanta entender la vida como una apasionante aventura. Creo que me mantendré joven mientras siga creyéndolo. Me apasiona entender la vida como un reto que debo superar, como un riesgo que debo correr y en el que tengo que vivir intensamente para realizar cada uno de sus minutos. Creo que la juventud es seguir teniendo largos los sueños y despierto el coraje, alta la esperanza e indomeñable ante el dolor. Odio la idea de dejarme arrastrar por las horas y estoy decidido a mantenerme vivo hasta el último minuto que me den en el mundo.

Hubo tiempos en los que las personas soñaban con ser santos, cruzar continentes, dominar el mundo, multiplicar la fraternidad o, al menos, trasmitir diaria y humildemente algunas gotas de alegría. ¿Y ahora bajaremos a esa tercera división de la Humanidad, cuyas metas consisten en "realizarse" teniendo un coche o poniéndonos una determinada marca de pantalones?

Para que una habitación esté templada es necesario que el fogón esté al rojo vivo. El fogón de nuestra vida es la juventud. ¡Y cómo temblarán mañana de frío todos esos muchachos a quienes hoy estamos llenando su juventud de carbones congelados!

Un mundo en el que los viejos fueran tristes y los adultos aburridos sería ya una tragedia. Pero una tierra de jóvenes hastiados o inteligentemente atontados sería la catástrofe de las catástrofes. Y uno teme a veces que si antaño "cuando caía una persona se mutilaba el universo", tal vez mañana en alguna tumba podrá escribirse el más macabro de los epitafios: "Aquí descansa Fulanito de Tal, que, al morirse, dejó vacíos unos pantalones".

José Luis Martín Descalzo
Razones para la alegría

CÓMO MIRAR AL JOVEN QUE SE CONVIERTE EN ALUMNO

En sus orígenes ser alumno implicaba seguir a un maestro. Las primigenias universidades europeas del Medievo sustentaban esa definición. Al cabo del tiempo la educación formal se diversificó, pero no fue sino hasta el siglo xix cuando la conceptualización de alumno se generalizó, de tal modo que la mayoría de los menores en el siglo pasado se ubicaba en esa condición. En los menores de los países industrializados, ser alumno se ha vuelto un refugio y un tiempo de "formación". En los menores de estratos bajos la escolarización se ha fundamentado básicamente como un mecanismo de control moral y social, sobre todo en la incipiente época de inserción del niño al mundo de la escuela.

La escolarización es vista actualmente con una absoluta naturalidad. Gimeno (2003) destaca: "El conjunto de saberes, representaciones, valoraciones y actitudes que tenemos y sostenemos en la relación con los menores constituye lo que podríamos denominar la *base cultural acerca de cómo educarlos*" (p. 22).

Ese conjunto es, *per se*, completamente dinámico, ya que sus elementos se transforman de modo incesante a partir de los sucesos macrosociales que han afectado a los grupos humanos durante generaciones: "El conglomerado de imágenes, actitudes, conductas dominantes, lazos afectivos, expectativas y valores que se manifiestan en las relaciones humanas constituye un rasgo de la cultura que conforma las pautas que rigen nuestras prácticas educativas, aunque cada uno de nosotros reflejemos ese bagaje de manera idiosincrásica; es una *orientación instituida* que actúa como marco de las conductas individuales" (Gimeno, 2003, p. 122).

El discurso en torno a la práctica educativa también ha sido relevante en extremo y es claro que los diferentes sistemas de pensamiento filosófico, antropológico y pedagógico han mediado los fundamentos de tal práctica.

Con estas consideraciones, puede establecerse que la representación de alumno se ha construido a partir de la larga experiencia basada en las relaciones familiares, en las aportaciones ofrecidas por la vida cotidiana, en lo que expresan los medios masivos de comunicación, etc. Por otra parte, en la representación se concatenan las tradiciones culturales emergidas de las instituciones escolares o no, involucradas con los procesos del desarrollo del menor.

La cultura de la que deviene la escolarización de los menores acumula y sintetiza aspectos de las múltiples creencias respecto al cuidado, la vigilancia y la educación. Cuando, en particular, la escuela se abrió a las mayorías se creó un discurso general acerca de la educación: "Escolarizar en nombre del progreso de la humanidad, para disciplinar por medios más refinados a los menores, buscar la felicidad universal, el avance y la movilidad sociales, el desarrollo económico, la creación de la identidad y el porvenir de la nación o el más reciente del capital humano. Ideales que los adultos proponen e imponen a los alumnos, a los que convierten en 'beneficiarios' o en 'víctimas de sus sueños'" (Gimeno, 2003, p. 130).

En contraparte a la conceptualización del "alumno" el rol del profesor se ha desplegado, de acuerdo con Gimeno (2003), con base en cuatro procesos históricos. Primero, como suplente del papel de los padres respecto al cuidado, guía y educación de los menores de las clases altas. Segundo, como sustituto encargado de cuidar, vigilar y moralizar a los hijos de quienes no estaban dispuestos o capacitados para ello. Tercero, como especialista depositario y difusor de saberes que se apreciaban como útiles, prestigiosos y legítimos. Finalmente, como figura que asume en nombre de la sociedad y el Estado las misiones de educar y difundir un proyecto afín a las necesidades de tal Estado.

En las sociedades contemporáneas los procesos educativos se tornan más complejos fundamentalmente porque las necesidades de todo orden estructural que se disgrega ante el carácter de un entorno que primero globalizó economías y después todo el bagaje intangible, son tan vastas y algunas en apariencia de difícil solución o incomprensibles. Un desafío esencial para abordar la problemática educativa es que no nos queda claro en qué consiste nuestro tiempo y cómo afecta a los menores. Se avizora una tendencia orientada a observar que la educación del presente y futuro más próximo debe encauzarse a través de mecanismos más democráticos, de mayor participación del alumno en la toma de decisiones para hacerlo flexible, comprometido y abierto a los cambios.

Se precisa, entonces, que el sujeto educado se torne en protagonista de su propio proceso de aprendizaje. Sin embargo, esa dinámica plausible y plena de posibilidades se confronta con hechos claros: la alta cualificación académica, como se ha mencionado, ya no es un aspecto clave para la movilidad social, y la formación técnico-profesional no siempre responde a un mercado laboral que se transforma de modo incesante. Por tanto, en muchos ámbitos la escuela está escindida de la realidad y expectativas de los escolares, quienes perciben a la escolarización como una actividad obligatoria que muchas veces se sufre.

Para renovar la escuela, Gimeno (2003) destaca algunos principios básicos en cuanto al contenido del currículo. Éstos son, entre otros:

- *a)* la relevancia del contenido que se aprende,
- *b)* que sea significativo para quienes deban aprenderlo,
- *c)* que resulte motivador,
- *d)* que transforme el modo de percibir el mundo de las realidades naturales para fundirlo al bagaje del sentido común que requiere reconstruirse constantemente,
- *e)* que proporcione un orden mental que se vaya haciendo más complejo y metacognitivo,
- *f)* que mejore las capacidades de expresión y comunicación,
- *g)* que se abra a otras formas de pensar, y
- *h)* cultivar las virtudes de una ética del saber (el valor de la verdad, la solución de confrontaciones...).

Las pedagogías tradicionales y modernas han abordado estos principios para entender cuál es el aprendizaje relevante, el que a partir de cualidades específicas proporcione una dirección clara para ejercer acciones pedagógicas asertivas, desde sus muy particulares fundamentos epistemológicos (tabla 1.1). En un ambiente de posmodernidad se precisa de posturas que son *de facto*, parteaguas en la historia de las sociedades. En lo concretamente educativo, es indispensable que el conocimiento permita al alumno vivir y entender el mundo para reconocer cómo actuar para mejorar su mundo personal y social, así como visualizar las expectativas que se presentan y la multiplicidad de caminos para aprender de modo permanente. Todo ello con apertura y sin temor al cambio. En este trayecto, la figura del docente tutor es toral como coordinador de todo el

TABLA 1.1. Características y condiciones de producción de los aprendizajes valiosos en la educación.*

	Pedagogías tradicionales y modernas		**Pedagogía posmoderna**
Tipos de aprendizaje	*Aprendizaje directo o primario*	*Aprendizaje de segundo grado o deutero aprendizaje: Aprender a aprender*	*Aprendizaje de tercer grado o aprender a desaprender*
Aprendizaje relevante: ¿En qué consiste?	En el mejor de los casos es la apropiación cognitiva de contenidos aprendidos de manera significativa, que el alumno entiende o comprende.	Consiste en adquirir habilidades cognitivas, saber cómo usar el conocimiento disponible, cómo ordenarlo, las formas de tratar la información, cómo pensar utilizando los segmentos de lo que es ya conocido, el saber buscarlo, argumentar con él reelaborar lo aprendido, aplicarlo.	Es la capacidad para cambiar las formas de pensar situándose fuera de ellas. Hábito de no habituarse.
Cualidades.	La finalidad se supone que es inherente. El poder dar cuenta de que se ha asimilado es la prueba de su adquisición. Se supone que es continuo, acumulativo, sistemático y de valor o vigencia permanentes.	No se puede adquirir sistemáticamente, sino en tanto es efecto indirecto de los aprendizajes de primer grado. Depende del modo en que se enseña y se aprende, de cómo se trabaja con los contenidos.	

*Tomado de J. Gimeno, *El alumno como invención*, Madrid, Morata, 2003.

TABLA 1.1. (*Continuación*).

	Pedagogías tradicionales y modernas		Pedagogía posmoderna
Tipos de aprendizaje	*Aprendizaje directo o primario*	*Aprendizaje de se-gundo grado o deutero aprendizaje: Aprender a aprender*	*Aprendizaje de tercer grado o aprender a desaprender*
	Se ordena según su lógica interna.	Es difícil de programar el aprender a pensar.	
Supuestos acerca de los sujetos, la sociedad y la cultura.	El conocimiento tiene un valor de uso estable. Lo que se enseña representa el canon valioso. La enseñanza se mantiene por su propia inercia y sometida a las tradiciones del pasado.	Aprender a ir más allá de lo dado y lo conocido por cada uno, pero dentro de un modelo estable. Se supone una identidad coherente que se modelará de manera continuada, que se irá estabilizando. Se tiene una perspectiva temporal en la que la vida resulta previsible. Se cree en la validez de modelos de racionalidad compartidos.	Contextos nuevos e imprevistos. Mundo sin estructuras o con muchas lógicas operando a la vez. Pluralidad y relativismo. Relatividad y provisionalidad del conocimiento. Dispersión de influencias y de estímulos. Autoridad descoordinada, dispersa o múltiple. Mundo complejo globalizado y aparentemente desorganizado.
	División de papeles entre quien aprende y quien enseña. Coherencia entre la acción de agentes diversos, autoridad segura. Mundo estable: el aprendizaje conserva su valor si las circunstancias no se alteran fuera de lo previsible, lo cual ya no depende del sujeto que aprende ni de la enseñanza. Marcos de pensamiento y de vida estables: actividades, formas sociales que permanecen, cultura y valores indiscutibles. Seguridad para abordar los problemas.		

dinamismo que se produce en el proceso de aprender. La escuela ha sido cuestionada en diferentes momentos de la historia, pero su pervivencia refiere su importancia, y su labor, sin duda, debe encontrar los cauces de la renovación para estimular mejores condiciones para los usuarios del servicio educativo y para el desarrollo global del entorno.

En resumen es indispensable que el conocimiento permita al alumno vivir y entender el mundo para reconocer cómo actuar para mejorar su mundo personal y social, así como visualizar las expectativas que se presentan y la multiplicidad de caminos para aprender de modo permanente.

Capítulo 2

Aprendizaje en COMPETENCIAS

La escuela es el espacio para formar el carácter, para construir espíritus capaces de hacer un uso crítico de los medios e instrumentos que ofrece el mundo de hoy.

SALVADOR MONCADA

Explique	Reflexione	Explore
¿Cuál es su noción personal de aprendizaje? ¿Cuál es el que usted promueve? Explique los aspectos multifactoriales que se vinculan a la experiencia de aprender.	En la sociedad contemporánea, ¿cuáles son las características que deben tener los nuevos modos de aprender? ¿Cómo se desarrollan las nuevas formas de evaluación del aprendizaje basado en competencias? ¿Cuáles son las competencias del docente que óptimamente debe convertirse en docente tutor?	Para reflexionar en torno al aprendizaje se le sugiere mirar el libro *La facilitación en la práctica (Aprendizaje reflexivo en la educación superior)*, de A. Brockbank y I. McGill, Morata, Madrid, 2002. Respecto a aprendizaje autónomo puede acudir al artículo *Retos, luces y sombras de la convergencia universitaria europea*, de Javier M. Valle, editado por la revista *Educación y Futuro*, núm. 16, 2007.

QUÉ ES EL APRENDIZAJE

Comprender los procesos que dan paso al aprendizaje ha creado toda una serie de planteamientos derivados de bases epistemológicas variadas, y que en la historia más reciente del saber sobre el comportamiento ha virado desde las posturas conductistas hasta las cognitivas y las que vinculan la aprehensión del conocimiento con todo aquello que psicoambientalmente ha rodeado a los sujetos.

Una reflexión práctica que proporciona Marín (2014) sobre las motivaciones y resultados del aprendizaje se resume en los siguientes cuadros:

¿Qué es el aprendizaje? Buenas y malas imágenes

Significantes carentes de significado	Sobre el aprendizaje hay un lenguaje confuso: a menudo se confunde con buenas condiciones de enseñanza o técnicas de estudio y se supone que es fácil	Reflexión:
	¿Es añadido o asimilado?	¿Fácil o difícil?

| Si con el significante verbal viajara su significado, sabríamos qué significan las palabras en chino | Un objeto bien conocido en una cultura piede ser totalmente desconocido para otras | Aprender no es como construir un muro o agrandar una bola de plastilina con trozos añadidos | El aprendizaje supone probar, equivocarse, ensayar, rectificar, en difinitiva no es lineal sino turtuoso | No es tan fácil como imaginar que conforme llegan las palabras se van aprendiendo. Sólo llegan significantes | Aprender requiere algo parecido al alimento: para que nutra debe sufrir un proceso de digestión |

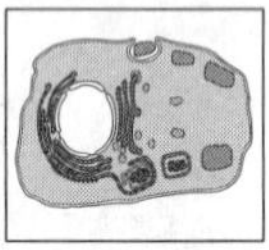

¿Reflexiona sobre el aprendizaje y expresa finalmente qué puede ser

| Es condición necesaria dar significado a lo que se va a aprender pero no significantes, ¿por qué? | No se aprende conforme llegan las palabras o se experimenta, sino que se precisan procesos más tortuosos | El aprendizaje en general supone un proceso de asimilación tan complejo como puede ser la digestión |

Tipos de aprendizaje para lograr una competencia

Categorizar la tabla "Para adquirir la competencia... aprendemos a..."

Se trata de volver sobre los diferentes tipos de aprendizaje que se precisaron en la tabla "Para adquirir competencia... aprendemos a...", y catalogarlos según los cinco tipos de aprendizaje estudiados: memorizar, comprender, asimilar, explicitar y operar. Observando donde se ubica en la tabla cada categoría y las regularidades detectadas, intentar sacar conclusiones sobre los tipos de aprendizaje que se requieren para fomentar una competencia. Por la dificultad inherente a catalogar tipos de aprendizaje, no es necesario aclarar que en esta tarea no se busca precisión sino reflexión.

Orientaciones para sacar conclusiones

- ¿Qué tipos de aprendizaje requieren mucho tiempo? Más o menos, ¿cuánto tiempo?
- ¿Qué tipos de aprendizaje se adquieren vía significantes?
- ¿Qué tipos de aprendizaje se adquieren por experiencia?
- ¿Qué tipos de aprendizaje desarrollan contenidos implicitos?
- ¿Qué tipos de aprendizaje combinan bien experiencia e información verbal?
- ¿Se requieren sobre tipos de aprendizajes más complejos?

Conclusiones

La influencia social para dar significado a las palabras

Es usual pensar que el significado de una palabra es lo que se encuentra escrito en un diccionario, sin embargo eso no es exactamente así

Reflexión:

¿Qué es el significado?

Es una cuestión cultural

¿Con qué se asigna el significado?

| La relación entre la palabra y el significado que se le asigna es arbitraria | Una palabra puede variar de una persona a otra con vivencias diferentes | Escritura encontrada de una cultura extinguida sobre la que no se tiene información | Hay palabras que cambian de significado con el tiempo por convenio social | Lo que hace sentir es el significado, no el significante y varía de una persona a otra | El significado se da no sólo con lo que se sabe y se siente, también con todo el cuerpo |

Reflexiona sobre las diferencias entre el significado personal y el significado del diccionario

| La palabra se vincula a los significados por convenio social y sólo vale en su contexto cultural. Ejemplo de palabras que pueden tener significados diferentes | Escritura y objetos de otras culturas no parecen tener significado para la nuestra. Ejemplo de palabras que hayan sufrido una etimología curiosa | Dar significado se da con lo que se sabe, se siente y con el propio cuerpo. Ejemplo de un significado que difiera mucho de una persona a otra |

La naturaleza humana que en su esencia es inteligencia y voluntad libre, es la que nos une, nos hace iguales y es el fundamento de la dignidad humana. La cultura, expresión peculiar de cada grupo humano, es la que nos hace diferentes. La existencia y sobrevivencia de cada cultura depende de la capacidad de los nuevos miembros para aprender habilidades, normas de comportamiento, creencias, folclor, etc. Esta es la razón por la que las sociedades crean instituciones educativas e invierten gran cantidad de recursos económicos en ellas, pasan mucho tiempo de su vida aprendiendo a hacer cosas en lugar de hacerlas. Las personas poseen una extraordinaria flexibilidad comportamental y una gran capacidad de adaptabilidad, pueden aprender a vivir como en la época de las tribus de la edad de piedra, o en el mundo sin gravedad de un astronauta que orbita alrededor de la Tierra. El aprendizaje no es exclusivo de los seres humanos, también lo podemos observar en las diferentes especies animales, sin embargo, la capacidad humana para el aprendizaje no es igualada por ningún otro ser vivo o inteligencia artificial.

El aprendizaje ha sido siempre un área muy importante de la investigación en las diferentes disciplinas científicas. Cuando aparece la psicología como ciencia, uno de sus principales intereses de investigación ha sido el aprendizaje. Dicho interés lo despertó la publicación de la obra *El origen de las especies* de Charles Darwin, en 1859; mientras Darwin estaba interesado en la adaptación de una especie a lo largo de generaciones, los teóricos del aprendizaje se enfocaron en la adaptación de un miembro individual de una especie durante su vida. Entender la relación entre la adaptación general de especies y el aprendizaje individual sigue siendo un tema actual de investigación.

Los comportamientos de las especies son modeladas por el aprendizaje en la medida en que sus ambientes son complejos y cambiantes; así entre más variable sea el ambiente, mayor debe ser la plasticidad del comportamiento. En los seres humanos el uso de herramientas creó un ambiente más complejo que requirió una capacidad de aprendizaje mayor, las herramientas van siendo cada vez más complejas, creándose así un efecto de bola de nieve: ambientes más complejos demandan mayor aprendizaje, más aprendizajes crean ambientes de enorme complejidad, y así sucesivamente. En cierto sentido la bola de nieve rueda sin control en la sociedad posmoderna, pues la tecnología, por un lado, brinda muchas soluciones, y por otro, ha creado grandes peligros (riesgos ambientales, armas nucleares, manipulación genética, etc.), que a nivel general no se ha sabido enfrentar ni nos hemos podido ajustar a ellas por medio de la evolución. Darwin había afirmado que los humanos eran una continuación evolutiva de otros animales; se creía que las leyes del aprendizaje que eran válidas para los animales, también son aplicables a los humanos. Hay dos tradiciones para el estudio del aprendizaje.

La tradición orientada a la conducta se centra en el aprendizaje animal; mientras que la tradición orientada a la cognición se centra en el aprendizaje humano. Para Anderson (2001) "el aprendizaje es el proceso por el cual ocurren cambios duraderos en el potencial conductual como resultado de la experiencia". El aprendizaje se refiere a un proceso de cambio relativamente permanente que se manifiesta en la conducta del individuo como resultado de la experiencia.

Respecto a la pregunta qué es el aprendizaje, Saljo (citado por Brockbank y McGill, 2002) obtuvo cinco categorías con las respuestas obtenidas en una encuesta realizada en adultos:

1. Un incremento cuantitativo del saber.
2. Memorización.
3. Adquisición de datos, métodos, etc., que pueden retenerse y utilizarse cuando sea preciso.
4. La abstracción del significado.
5. Un procedimiento de interpretación orientado a comprender la realidad.

Como complemento de lo antes expuesto, se recomienda la lectura de la obra *Desarrollo como profesional*, de Marton y cols. (citados por Brockbank y McGill, 2002).

Daniel, citado por Brockbank y McGill (2002) señala que los aprendices pueden ser **serialistas** u **holistas**. Los *serialistas* aprenden paso a paso creando nuevas hipótesis mientras avanzan, en tanto que los *holistas* aprecian la complejidad y miran "el cuadro completo". Otra dicotomía es la que considera al aprendizaje como una actividad *reproductora* o *transformadora*. Quienes reproducen de modo intacto un contenido pertenecen a los "reproductores", y los "transformadores" crean sus propios significados a partir de una investigación amplia e integral.

Por otra parte, Marton (citado por Brockbank y McGill, 2002) a través de una experiencia realizada con jóvenes, generó dos categorías de conducta de aprendizaje: **profunda** y **superficial**. La *profunda* es la que se centra en el tema de un discurso para comprender la idea principal, establece conexiones y extrae conclusiones. Éste es un enfoque activo. Por su lado, la conducta *superficial* se funda en lo que puede memorizarse y se relaciona con una actividad pasiva. El aprendizaje profundo se interioriza en el sujeto, quien lo hace suyo y lo vincula a la vida real.

Bateson (citado por Brockbank y McGill, 2002) establece una tipología de tres niveles de aprendizaje:

- *Nivel I*. Es un aprendizaje confinado a las características del contexto, como el aula. Este es un aprendizaje básico que emerge mediante la información y saberes recibidos por un experto.
- *Nivel II*. El aprendiz sale del marco constreñido para plantear comparaciones y vínculos que le permitan tomar decisiones ba-

sándose en datos más ricos. Es un aprendizaje activo, consciente de las condiciones del contexto, que relaciona la teoría con la práctica y que tiene la capacidad de cuestionar al experto.
- *Nivel III*. En esta categoría, el sujeto duda de la validez de lo trasmitido, se establece una metavisión y una reflexión sobre cómo aprende, sobre los contenidos y los procesos implicados en el acto de aprender. Allí se sustenta la verdadera posibilidad transformadora basada en la acción reflexiva. En este nivel se fundamenta el aprendizaje constructivista y crítico que relaciona lo cognitivo (saber), lo conativo (hacer) y lo afectivo o emocional.

El aprendizaje continuo que sitúa al aprendiz competente es, a decir de César Coll (2007), uno de los aspectos más destacados que apuntan a lo largo de la vida hacia un aprendizaje autónomo y autodirigido. Este potencial ha de asumirse en dos ejercicios particulares: la educación para la "ciudadanía universal", y para aquélla que está enraizada en la realidad social, cultural, nacional y regional a la que pertenece el educando (Coll, 2007).

APRENDIZAJE DE BUCLE SENCILLO Y APRENDIZAJE DE DOBLE BUCLE

En otro esquema de definición orientada a entender cómo se desarrolla el aprendizaje se han acuñado las expresiones "**aprendizaje de bucle sencillo**" y "**aprendizaje de doble bucle**". Sus creadores, Argyris y Schön (citados por Brockbank y McGill, 2002) asumen que en la concepción de *bucle sencillo* la enseñanza es instrumental y deja intactos los valores y la teoría subyacente. Por el contrario, el *doble bucle* cuestiona la premisa de los sistemas, amenaza los valores y rompe paradigmas. En él se toman en cuenta las incertidumbres y la discontinuidad del contexto sociopolítico.

Brockbank y McGill (2002) señalan que el aprendizaje de doble bucle es propio de un estudiante más maduro y con mayor experiencia educativa, pero esta clase de aprendizaje no puede normar íntegramente todos los procesos del estudiante, ya que el caos que puede producir esta manera de aprender es insostenible todo el tiempo, por lo que cabe la contención que establezca una dialéctica entre el aprendizaje impulsor de logros, basado en la práctica, y el revolucionario aprendizaje de doble bucle.

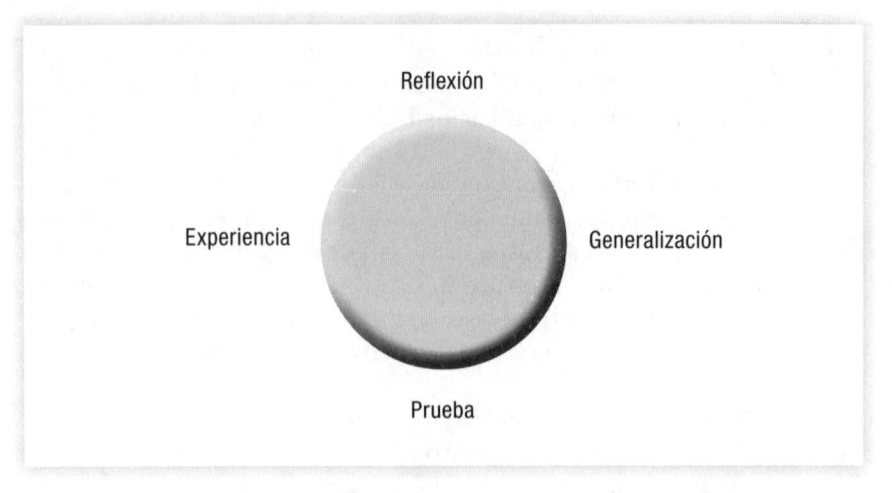

Figura 2.1. Aprendizaje de bucle sencillo.

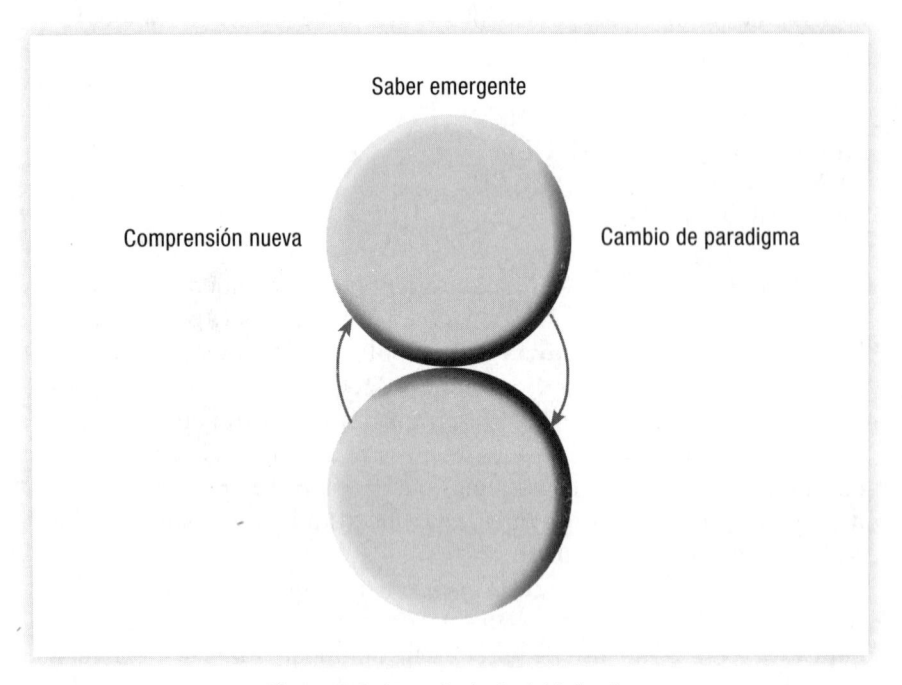

Figura 2.2. Aprendizaje de doble bucle.

"La órbita del doble bucle ofrece el potencial para el cambio de paradigma mediante el diálogo reflexivo en términos de saber, yo y acción en el mundo. De ahí que el retorno a la órbita del bucle sencillo vaya acompañado por una nueva comprensión de la disciplina, un desarrollo potencial de la concepción del yo y de los valores y la intención emergente de actuar" (Brockbank y McGill, 2002:61).

Un aspecto que impulsa el aprendizaje de doble bucle que se traduce en una pasión y un "hambre" por saber, es la energía emocional. De hecho, las emociones "fuertes" conducen a este tipo de aprendizaje, el cual también se alimenta de las situaciones derivadas del ámbito social y político en los que se desenvuelve el alumno.

El factor emocional, tan devaluado en las concepciones tradicionales y racionales del aprendizaje, cobra un poderoso auge en el concepto de doble bucle y valora las características de la inteligencia emocional como precursoras de una alianza efectiva entre un facilitador sensible y asertivo y un alumno capaz de reconocer su parte emotiva. Aquí cabe la consideración de la autenticidad que permite expresar los sentimientos, la confianza y la actitud empática.

En la formación integral de la persona, es esencial considerar el papel que desempeña la educación emocional. Asimismo, resulta fundamental el despliegue de las competencias intelectuales; éstas se definen como emocionales y se desarrollan en un contexto de cambio vertiginoso que demanda flexibilidad, capacidad adaptativa y reajuste emotivo. La obsolescencia del conocimiento demanda de los sujetos el ejercicio de fortalezas intelectuales y emocionales, que han de actuar sinérgicamente para afrontar las transformaciones sociales. La adaptación constituye un recurso emocional que puede orientar al éxito de las tareas académicas, profesionales o laborales realizadas en el ámbito social. Quienes tengan mayor actitud adaptativa serán quienes podrán asumir los cambios de manera eficiente y funcional.

Es más problable el desenvolvimiento exitoso de un alumno si éste recibe, del facilitador, comprensión, atención y autenticidad.

En suma, tomar en cuenta la multifactorialidad del aprendizaje es asumir un compromiso con los alcances de un proceso que al ser crítico, reflexivo y tendiente a la acción, dé paso a un aprendizaje autónomo e independiente, aunque inserto en un medio social. La facilitación o tutoría tiene ante sí la enorme tarea de hacer posible que esta dinámica se realice del mejor modo al trascender la acción trasmisiva para ser guía emotiva, inspiradora y estimulante.

EL APRENDIZAJE
EN EL ÁMBITO TUTORIAL

Aprender y enseñar son hechos consustanciales al ser humano, sus referentes, contenidos y condiciones requieren de continuos estudios, reflexiones y propuestas para que respondan a una sociedad cuya constante es el cambio, siendo el aprendizaje el mecanismo por el cual el hombre se adapta a un ambiente cambiante. En las últimas dos décadas, la sociología ha desarrollado una labor analítica de los cambios en los que en la actualidad nos hallamos inmersos. Los rasgos de las nuevas sociedades están caracterizados además de los fenómenos de la globalización y la mundialización, por la modernidad líquida, de la sociedad individualizada (Bauman, 2001), de la sociedad del riesgo global (Beck, 2000) y de la incertidumbre fabricada (Beck, 2000). Los profundos cambios tecnológicos suponen, además, un cambio cualitativo revolucionario, en la producción, gestión, difusión y empleo del conocimiento.

La noción de sociedad individualizada crea en los individuos la necesidad de pensar en una formación individual, a la carta y competitiva con un sentido de ser la propia agencia, dejando de lado los objetivos comunes de la educación. Se acabaron las seguridades que otorgaba la "modernidad sólida": la seguridad de clase social, del trabajo de por vida, de la profesión, etc. Los fines de los individuos se orientan a la formación de sus propios recursos en tanto forjadores de capacidades, actitudes y competencias.

La Conferencia Mundial sobre Educación en el Siglo XXI, convocada por la UNESCO, y celebrada en París, en 1998, centró su interés en la formación de los profesores como tutores. Realizó puntualizaciones para que la enseñanza en conocimiento y habilidades sea desplazada por una formación integral de la personalidad del estudiante: de la concepción del alumno como objeto de la educación, a la de sujeto de su propia formación. Este cambio en la concepción de la enseñanza implica una idea del aprendizaje como un proceso constructivo por parte del sujeto que aprende. La enseñanza es entendida, entonces, como un proceso de orientación al aprendizaje del alumnado en el que el profesor crea condiciones y situaciones de aprendizaje. En esta conferencia se reconoce al profesor como un tutor, un orientador del estudiante en su proceso de formación.

El profesor debe ser eficiente. No sólo le compete garantizar actividades favorables hacia la materia, sino que, además, debe enseñar los motivos por los que se aprende la materia, desarrollar estrategias de gestión del aprendizaje, despertar interés y valores para que el alumno por sí solo genere acciones que permitan nuevos aprendizajes, estimulando la toma de decisiones y la acción. Para ello, el profesor debe organizar el escenario de una clase, establecer la conducta adecuada, prevenir los problemas y tratar los trastornos. Tejedor (citado por Pérez, 2004) manifiesta que la eficacia docente proviene del dominio del currículo y del fomento de la socialización de los alumnos, de su desarrollo afectivo y personal. Los alumnos se sienten más interesados en las asignaturas cuando los profesores presentan los propósitos, las habilidades y competencias por desarrollar, así como los aprendizajes, las actitudes y los valores esperados de la materia. Para ello se orienta a los alumnos sobre las normas de participación, exigencia y procedimiento de evaluación. "Un profesor ha de favorecer la autonomía y la autogestión del aprendizaje en el alumno, y preocuparse más de cómo aprende que de qué aprende" (Pérez, 2004, p. 345).

Si se parte de su acepción básica, el término "tutoría" se asocia a "tutela" y a "curador" (cuidador). Así, quien desempeña el rol de tutor es un defensor, protector o director. Puede ser identificado como quien cuida de la persona o bienes de menores o discapacitados. Ariza (2005) señala que los orígenes de la tutoría se sitúan en la antigua Grecia, concretamente en la mayéutica socrática. Históricamente, la figura del tutor, descrita como la de un "guía", "acompañante", "mediador", se ha identificado como la del verdadero educador encargado de la formación integral del alumno.

De acuerdo con Shea (citado por Hernández y Torres, 2005) y a lo ya señalado, la historia de los tutores se inicia en tiempos de Ulises, cuando al partir a la guerra de Troya, encomienda el cuidado de su hijo Telémaco a un tutor llamado Mentor. Desde ese tiempo, los mentores o tutores han sido caracterizados como consejeros, amigos o maestros dispuestos a ayudar.

No obstante, con características más actuales, el rol docente se ubica en la universidad medieval. En el periodo medieval, en la Universidad de Oxford, los alumnos eran admitidos en la institución para ser formados como "hombres de carácter, conocimiento y religión, esto implicaba que se les inculcara el comportamiento, las reglas de vida y las ideologías propias de los hombres prominentes de la Inglaterra medieval" (Doherty, citado por Ariza, 2005).

En el siglo XIX, el papel del tutor adquirió un cariz más académico. Doherty (citado por Ariza, 2005) menciona que el propósito del tutor se refería a "enseñar a los estudiantes cómo usar sus mentes. A enseñar cómo pensar, no enseñar qué pensar". Este modelo inglés de tutoría ha sido ejemplo para diversas universidades alrededor del mundo y así se observa el modelo del consejero académico que ha caracterizado a la universidad estadounidense, y que en esencia se ha dirigido al logro de la eficiencia educativa.

La finalidad de la labor del docente tutor y mentor consiste en promover eficaz y conscientemente el aprendizaje, trabajo que conduce a la formulación de dos preguntas clave: ¿Cuál es la finalidad de la enseñanza? ¿Qué tipo de aprendizaje promover? Tomando en cuenta las aspiraciones relativas al aprendizaje se incluye el carácter instrumental, aunque lo trasciende debido a que en la sociedad del aprendizaje y del conocimiento aparecen otras necesidades y exigencias que conducen a otros tipos de aprendizaje como son el "aprendizaje crítico" y el "aprendizaje permanente". Esto conlleva a otra pregunta: ¿Cómo podemos promover y estimular estos nuevos tipos de aprendizajes para satisfacer las necesidades de la sociedad del conocimiento?

Partimos de las posturas de las corrientes constructivistas que sostienen que las personas no son vasos vacíos que requieren ser llenados, sino que cuentan con abundantes recursos de experiencia que ponen al servicio del aprendizaje; que el saber es un constructo social dependiente de los valores. El aprendizaje como proceso social es transformacional o crítico, que necesita del aprendiz la capacidad de cambiar de paradigma al reflexionar sobre lo que sabe. La finalidad de las instituciones educativas consiste en estimular el paso de lo simplemente trasmisivo a lo transformador. Esto nos lleva a que las relaciones de la comunidad educativa sean de aprendizaje.

En la segunda década del siglo XXI la sociedad del aprendizaje cambiará más de lo que se ha modificado en muchas décadas pasadas. El presente se caracteriza por una cantidad de información infinita, dinámica y cambiante. El conocimiento crece de una manera exponencial, tiene caducidad y es remplazado por nuevo conocimiento. En la era digital la educación hace uso de las autopistas cibernéticas en todas sus formas. El uso de los multimedia, redes locales, sistemas de comunicación y bases de datos compartidos, internet, materiales de autoaprendizaje informático, estudio guiado y apoyado por redes, sistemas de evaluación continua, etc., nos conducen a nuevas formas de aprendizaje y de enseñanza.

Cada vez es mayor la necesidad de aprendizaje transformacional y durante toda la vida. En épocas pasadas, el objetivo principal de la educación fue formar estudiantes con muchos conocimientos. La tarea fundamental consistía en construir un almacén de saberes básicos. La sociedad actual ha cambiado de forma notable estos objetivos. Se hace énfasis en la formación de individuos con altos conocimientos, pero también con habilidades para resolver problemas, es decir, con aprendizajes auténticos que le permitan desenvolverse eficazmente en la vida real.

Detrás de cada una de las corrientes filosóficas, pedagógicas y psicológicas que han estudiado el aprendizaje, hay una concepción implícita de la persona descrita por sus valores, y de la sociedad que se quiere construir. Al respecto, éstas son algunas definiciones:

- "El aprendizaje debe considerarse como un cambio cualitativo de la forma de ver, experimentar, comprender y conceptualizar de una persona con respecto a algo del mundo real" (Ramsden, 1988).
- "El aprendizaje es un cambio cualitativo relativamente permanente de una potencialidad conductual que se produce como resultado de una práctica reforzada" (*Enciclopedia Británica*).
- "La estructura cognitiva existente es el principal factor que influye en el aprendizaje significativo y en la retención, por tanto, mediante el fortalecimiento de los aspectos relevantes de la estructura cognitiva puede facilitarse en gran parte el nuevo aprendizaje y la retención" (Ausubel, 1975).
- "El aprendizaje es la comprensión de aquello a lo que alude un discurso escrito o hablado" (Marton, 1975).
- "El aprendizaje es un proceso humano que tiene un efecto en quienes lo emprenden" (Barnett, 1990).

El *Proyecto Tunning* europeo, ampliado a América Latina, se ha convertido en un planteamiento que centra el desempeño académico en el aprendizaje del alumno bajo un enfoque basado en competencias, lo que demanda más compromiso del alumno, quien debe desarrollar la capacidad de acceder a la información, manipularla y evaluarla de modos variados y creativos.

En el siguiente esquema realizado por González y Wagenaar (citado por Flores, 2009) se establecen las diferencias de una educación fundamentada en la enseñanza a una educación centrada en el aprendizaje.

Educación centrada en la enseñanza	Educación centrada en el aprendizaje
• Una educación centrada en el profesor. • El profesor estructura el proceso de aprendizaje. • Profesor como protagonista principal en la enseñanza, supervisa y evalúa conocimientos. • Énfasis en la trasmisión y adquisición del conocimiento.	• Evaluación del estudiante: centrada en el conocimiento. • Una educación centrada en el estudiante. • Nueva definición de objetivos: con indicadores medibles y más dinámicos teniendo en cuenta las necesidades de la sociedad y del mercado de trabajo. • Evaluación basada en las competencias, capacidades y procesos estrechamente relacionados con el trabajo. • Cambio en el enfoque de las actividades educativas. • Cambio de énfasis del suministro de información a los resultados de aprendizaje. • Cambio en la organización del aprendizaje.

CARACTERIZACIÓN DE COMPETENCIA

Es múltiple la conceptualización del término *competencia*. Para abordarla desde el ámbito tutorial vale la pena realizar una breve revisión que proporcione nociones claras y prácticas para introducirlas en el escenario educativo.

Fundamentalmente, la competencia implica la capacidad de movilizar y aplicar en algún contexto las habilidades, conocimientos y actitudes para la obtención de un resultado. En esa dinámica se destaca la interacción entre los recursos personales y las características del entorno. El propósito es saber hacer, saber estar y saber ser. La aplicación del conocimiento se encamina a la solución de una problemática de forma autónoma, transfiriendo la experiencia a situaciones novedosas y en las que el alumno o profesional estén dispuestos al entendimiento, la comunicación, la cooperación, tener un autoconcepto sólido, seguir las propias convicciones, asumir responsabilidades, tomar decisiones y relativizar las frustraciones (Echeverría, referido por Yániz, 2008).

En general, las competencias identificadas por el Proyecto Tunning (2003) como las más relevantes para describir las características de un perfil académico y profesional acorde con las necesidades que demanda la sociedad en sus miembros con la perspectiva de avanzar en su crecimiento y bienestar son:

Caracterización de competencia

- Capacidad de análisis y síntesis.
- Capacidad de organizar y planificar.
- Conocimientos generales básicos.
- Conocimientos básicos de la profesión.
- Capacidad de aplicar los conocimientos en la práctica.
- Capacidad de aprender.
- Comunicación oral y escrita en la propia lengua.
- Habilidades de investigación.
- Conocimiento de una segunda lengua.
- Habilidades básicas de manejo de la computadora.
- Habilidades de gestión de la información.
- Capacidad para generar nuevas ideas (creatividad).
- Resolución de problemas.
- Liderazgo.
- Toma de decisiones.
- Conocimiento de culturas y costumbres de otros países.
- Capacidad crítica y autocrítica.
- Habilidades para trabajar de forma autónoma.
- Trabajo en equipo.
- Diseño y gestión de proyectos.
- Habilidades interpersonales.
- Iniciativa y espíritu emprendedor.
- Capacidad de trabajar en un equipo interdisciplinario.
- Preocupación por la calidad.
- Capacidad para comunicarse con expertos de otras áreas.
- Motivación de logro.
- Capacidad para adaptarse a nuevas situaciones.
- Apreciación de la diversidad y multiculturalidad.
- Habilidad para trabajar en un contexto internacional.
- Compromiso ético

No obstante que el enfoque basado en competencias se ha introducido a la normativa curricular en muchos países, hay cuestionamientos que revelan los aspectos que deben ser ponderados. Perrenoud (citado por Yániz, 2008) menciona que en el tema de las competencias ha aparecido un esnobismo apoyado en la idea de que los miembros de un grupo profesional dicen saber perfectamente cuáles son las competencias que han de llevar a cabo; se muestra también un elitismo que oculta información y margina el acceso a la formación de potenciales alumnos que resultan "extraños", y hay una particular prudencia para preservar la posibilidad de ser evaluados, comparados y criticados al cotejar lo que se dice hacer y lo que realmente se hace. También se cuestiona que en muchas instituciones educativas que sustentan este enfoque no asumen con absoluta certeza su compromiso y responsabilidades sociales direccionadas a un hacer vinculado al bienestar común en todos los órdenes para propiciar que el enfoque sea el bastión de un "interés general humano". El humanismo es, básicamente, un punto clave en el desarrollo de competencias, pues de otra forma la estructura excesivamente operativa resulta insuficiente y estrecha.

Por otra parte, Yániz (2008) señala que los programas de formación basados en competencias deben identificarse por:

- Enfocar la actuación, la práctica o aplicación y no el contenido.
- Mejorar la relevancia de lo que se aprende.
- Evitar la fragmentación tradicional de programas academicistas.
- Facilitar la integración de contenidos aplicables a la realidad.
- Generar aprendizajes aplicables a situaciones complejas.
- Favorecer la autonomía de los estudiantes.
- Transformar el papel del profesorado hacia una concepción de facilitador.

Para el docente que se convierte en tutor y para el estudiante, el trabajo basado en competencias debe posibilitar una formación que aliente (Yániz, 2008):

- La reflexión sistemática sobre las propias acciones.
- La reinterpretación de las situaciones presentadas, dándole al currículo el carácter de un conjunto de posibilidades más que de normas.
- Un diálogo genuinamente abierto, al que se le presta atención y en el que se participa.
- La adhesión a las reglas del discurso racional junto al reconocimiento de que las reglas son convenciones susceptibles de ser cuestionadas.
- La disposición para desarrollar argumentos para la coevaluación.
- La apertura a diferentes métodos, perspectivas y enfoques.
- El desarrollo y la expresión de una perspectiva escéptica.
- La evaluación continua del propio aprendizaje.
- La comprobación de las implicaciones y de la validez del conocimiento en situaciones pragmáticas, incluyendo una evaluación ética.

Es claro que los modelos educativos orientados a la vanguardia y a la formación de estudiantes capaces de solucionar problemáticas de su entorno giran sobre el enfoque basado en competencias. Las definiciones que ahora se detallan tienen el propósito de entender los desafíos a los que ha de enfrentarse el docente tutor dispuesto a trabajar bajo este enfoque. Competencia es:

- Aptitud para enfrentar eficazmente una familia de situaciones análogas, movilizando a conciencia y de manera a la vez rápida, pertinente y creativa, múltiples recursos cognitivos: saberes, capacidades, microcompetencias, informaciones, valores, actitudes, esquemas de percepción, de evaluación y de razonamiento (Perrenoud, 2004).
- Capacidad efectiva para llevar a cabo exitosamente una actividad laboral plenamente identificada. Las competencias son el conjunto de conocimientos, procedimientos y actitudes combinados, coordinados e integrados en la acción adquiridos a través de la experiencia (formativa y no formativa) que permite al individuo resolver problemas específicos de forma autónoma y flexible en contextos singulares (OIT, 2000).
- Ejercicio eficaz de las capacidades que permiten el desempeño de una ocupación, respecto a los niveles requeridos en el empleo. Es algo más que el conocimiento técnico que hace referencia al saber y al saber-hacer. El concepto de competencia engloba no sólo las capacidades requeridas para el ejercicio de una actividad profesional sino también un conjunto de comportamientos, facultad de análisis, toma de decisiones, trasmisión de información, etc., considerados necesarios para el pleno desempeño de la ocupación (INEM, 1996).
- Combinación dinámica de atributos, en relación al conocimiento y su aplicación, a las actitudes y responsabilidades, que describen los resultados de aprendizaje de un determinado programa o cómo los estudiantes serán capaces de desarrollarse al final del proceso educativo (González y Wagenaar, 2003).
- Capacidad de responder a demandas complejas y llevar a cabo tareas diversas de forma adecuada. Supone una combinación de habilidades y prácticas, conocimientos, motivación, valores éticos, actitudes, emociones y otros componentes sociales y de comportamiento que se movilizan conjuntamente para lograr una acción eficaz (proyecto Definición y Selección de Competencias (DeSeCo), de la OCDE, 2002).

Para comprender cabalmente la esencia de las competencias es indispensable asumir que el ser competente supone seleccionar el conocimiento que resulte pertinente en cierto momento y situación para resolver el reto que debe afrontarse. Además, las competencias deben desarrollarse con formación inicial, permanente, y con experiencia a lo largo de la vida. Tienen un carácter recurrente y de crecimiento continuo. Nunca se "es" competente para siempre, a veces el sujeto puede ser competente y eso depende incluso del contexto o de la circunstancia. Su desempeño aplicativo no refiere una repetición mecánica e irreflexiva, sino una reflexión que se aleja de la estandarización del comportamiento.

Una representación del perfil profesional del docente tutor formado en competencias implica, de acuerdo con Castillo (citado por Flores, 2009, p. 65), el logro de una serie de metas deseables en los planos del saber hacer, del saber estar y del saber ser. Entre ellas distingue:

- Aman la vida, la suya y la de los demás.
- Aman su oficio, lo cultivan y lo valoran aun en condiciones de adversidad.
- Se ocupan de estudiar constantemente la ciencia que enseñan, pues saben que los alumnos necesitan ser invitados a conocer una ciencia y no una falsificación de ella.
- Conocen los objetivos de la escuela y los asumen. Están contentos de trabajar en la escuela.
- Creen en el valor de una buena relación interpersonal y se empeñan en vivir según esa creencia. También aceptan de buena gana la ayuda que se les ofrece y prestan ayuda cuando se les pide.
- Programan y desarrollan el aprendizaje junto con sus alumnos y, cada vez que es posible, con los padres.
- Entienden su oficio como el de suscitar un sentido positivo de la vida y un entusiasmo por el aprendizaje y profundizan constantemente este sentido.
- Perciben los contenidos de enseñanza como medios y no como fines; y por eso no definen su trabajo como el de pasar materias, sino el de generar aprendizajes.
- Nunca enseñan nada en un nivel en que los alumnos no puedan aprender.
- Ligan siempre su enseñanza al mundo de experiencias del alumno y, desde ahí, lo desafían a crecer más.
- Se comprometen con el aprendizaje de todos los alumnos que les han sido confiados. Se sienten profesores de los alumnos que les tocaron y no de los que les habría gustado tener.
- Nunca hacen ellos lo que los alumnos pueden hacer por sí solos. Ellos no son hacedores de clases. Son los conductores del trabajo del curso. Su misión es asegurar que en el curso se creen condiciones positivas de aprendizaje para todos. Ellos harán su parte, los alumnos la suya, los padres la suya.

- Unen el aprendizaje del saber y el aprendizaje de ser hombre; los latinos decían que no se aprende para la escuela sino para la vida. Se aprende para vivir, para vivir mejor la vida humana, para ir ganando espacios a la muerte, para ir erradicando toda forma de indignidad humana, para ir construyendo una sociedad en que todo hombre pueda vivir según su vocación.

Por su parte, la Agencia Nacional de Evaluación de la Calidad y Acreditación de España, en el Libro Blanco de Título de Grado en Magisterio, menciona que las competencias docentes más valoradas son, en orden descendente, las siguientes:

1o. Conocimiento de los contenidos que hay que enseñar, comprendiendo su singularidad epistemológica y la especificidad de su didáctica.
2o. Capacidad para comprender la complejidad de los procesos educativos en general y de los procesos de enseñanza-aprendizaje en particular (fines y funciones de la educación y del sistema educativo, teorías del desarrollo y del aprendizaje, el entorno cultural y social y el ámbito institucional y organizativo de la escuela, el diseño y desarrollo del currículo, el rol docente, etcétera).
3o. Respeto a las diferencias culturales y personales de los alumnos y demás miembros de la comunidad educativa.
4o. Diseño y desarrollo de proyectos educativos y unidades de programación que permitan adaptar el currículo al contexto sociocultural.
5o. Capacidad para promover el aprendizaje autónomo de los alumnos a la luz de los objetivos y contenidos propios del correspondiente nivel educativo, desarrollando estrategias que eviten la exclusión y la discriminación.
6o. Capacidad para desempeñar la función tutorial, orientando a alumnos y padres y coordinando la acción educativa referida a su grupo de alumnos.
7o. Capacidad para utilizar la evaluación, en su función propiamente pedagógica y no meramente acreditativa, como elemento regulador y promotor de la mejora de la enseñanza, del aprendizaje y de su propia formación.
8o. Asumir la dimensión ética del maestro potenciando en el alumnado una actitud de ciudadanía crítica y responsable integral.
9o. Compromiso de potenciar el rendimiento académico de los alumnos y su progreso escolar.

EDUCAR PARA LA VIDA

La escuela contemporánea se enfrenta a dos requerimientos que se vuelven paradójicos: educar en valores (justicia, libertad, respeto, equidad, etc.) y educar para la vida. La confrontación se observa cuando la vida real es pletórica en antivalores: corrupción, impunidad, consumismo, individualismo, falta de respeto a la dignidad humana, etc. En muchos casos, el éxito profesional o personal se basa en el ejercicio del egoísmo, del arribismo, de acciones antiéticas y corruptas que se imponen como necesarias para obtener anhelos mundanos. Evidentemente el rol culturizante de la escuela es fundamental, pero sus aspectos formativos se enfrentan a la seducción que ejercen otros medios, básicamente los de comunicación de masas, para generar en las personas una profunda escisión respecto a lo que es y lo que debería ser.

Los medios cosifican tanto acciones como seres humanos. Lo relevante en un medio informativo es, por ejemplo, cuantificar el número de muertos por la violencia terrorista, las cifras que arroja la trata de personas, los datos bursátiles. En los ámbitos publicitarios, lo "exitoso" refleja al que tiene más dinero, al que es más atractivo, a la más bella, a quien tiene más poder, a la película que rompe récord de taquilla, al *best seller* (más vendido), a quien gana en un medio competitivo. Hay un culto a la juventud, a la belleza, a la perfección estética que, a pesar de no representar la realidad general de las personas, se convierten en anhelos aspiracionales de muchos hombres y mujeres que son capaces de dañar incluso su salud, en pos de un aspecto que desea ser perfecto.

En tal contexto que desestima los valores que aún pueden dar viabilidad a una vida sana, la escuela en su mejor versión va contracorriente de las desafortunadas representaciones, y la pregunta sería: ¿Cómo lograr un desarrollo que toque las bondades del humanismo en un medio en el que privan los antivalores?

En primer término tendría que establecerse que el profesor, además de ser el facilitador de los aprendizajes académicos, necesita desempeñar un rol tutorial cimentado en un amplio bagaje que haga posible un óptimo acompañamiento personal. Un tutor sensible a las contradicciones del entorno puede ser capaz de reflexionar junto con sus alumnos sobre las profundas inquietudes gestadas de un medio adverso. Reconocer desde la escuela las inequidades, las desigualdades, las injusticias y los enconos propios de la sociedad globalizada es acción obligada para desterrar los mitos contemporáneos del presentismo, de la vida *light*, de la competitividad destructiva, del consumismo a ultranza, de las percepciones desesperanzadoras impulsadas por la violencia, y de la indiferencia hacia el dolor que viven los grupos vulnerables y hacia el daño ecológico.

Aun cuando la escuela tiene factores limitantes en su faceta formativa, tiene consigo la enorme posibilidad de propiciar desde su ámbito de acción, actitudes críticas que confronten los diversos órdenes de vida con el propósito de desarrollar orientaciones constructivas que sustenten auténticos compromisos sociales. La formación para la vida que desempeña la escuela debe asumirse con la plena conciencia de que el medio social no es el más favorable, no obstante, el alumno necesita llevar a cabo una reflexión que lo confronte y que le indique cómo vivir su faceta social con base en valores que enaltezcan el amor, la solidaridad, el humanismo, la justicia y la igualdad.

La escuela, en esos términos, trasciende su ejercicio reproductor del conocimiento para convertirse en formadora de intelectuales que comprendan la importancia de transformar su entorno. Comprender en plenitud las debilidades que aquejan la realidad y afrontarlas con espíritu crítico es uno de los ejes torales que deben caracterizar la tarea de la escuela contemporánea. La institución educativa no puede plantear un criterio neutral frente a los acontecimientos, por lo que ha de proveer a los alumnos de las herramientas necesarias para que ellos conozcan fielmente los desafíos y las adversidades generadas a partir de los antivalores que prevalecen en la cultura de nuestros días. Se reitera, así, el rol transformador de la escuela, su capacidad de estructurar nuevas realidades cimentadas en una versión alternativa del desarrollo que sea acorde con un orden axiológico que haga viable un mejor futuro.

> El mismo conocimiento que selecciona, organiza y presenta la escuela tiene un eje axiológico estructurador. Facilitar las herramientas para hacer inteligible el mundo en el que viven ha de ser un objetivo prioritario. Ayudar a comprender las causas y las consecuencias de la acción, tanto individual como colectiva es una prioridad insoslayable. Ayudar a conocer las claves por las que se rige el mundo del trabajo en esta sociedad en crisis es un deber de la institución escolar, que no puede situarse de espaldas a la realidad. Pasar de una mentalidad ingenua a una mentalidad crítica es, como proponía incesantemente Paulo Freire, una exigencia fundamental de la educación. (Santos, 2010, p. 30.)

La educación basada en competencias no sólo debe incorporar aspectos competitivos. Santos (2010) señala una serie de competencias que son cruciales para dignificar el quehacer humano:

- Pensar, analizar, saber por qué suceden las cosas. Saber que existen tramas ocultas que obedecen a intereses, saber cómo detectar esas tramas y denunciarlas en aras del bien común.

- Hablar, opinar, liberar la voz, expresarse con libertad sin las cortapisas del miedo al poder y sin caer en los señuelos de la adulación.
- Participar con su actividad laboral y social en la vida pública. Intervenir en asuntos de interés general, no sólo en los estrictamente privados.
- Agruparse, no permanecer aislados, agruparse para la acción, conscientes de que el grupo multiplica la fuerza individual.
- Exigir, asumir riesgos ante el poder, practicar la valentía cívica que es una virtud democrática.
- Informarse, leer críticamente, estar al día, cuestionar las explicaciones inconsistentes e interesadas tanto del gobierno como de la oposición (que debería denominarse más bien alternativa). Ser conscientes de que la política está al servicio de la ciudadanía y no a la inversa.
- Respetar a los demás y reconocer y valorar la diversidad. Saber que existen culturas diferentes y personas diferentes, más allá (o más acá) de la dignidad esencial de cada ser humano.
- Ser solidarios, sensibles a la injusticia, compadecerse de los que sufren, no encogerse de hombros ante las desigualdades que existen en el país y en el mundo.
- Vivir de forma honrada, trabajar responsablemente y esforzarse por mejorar ética y socialmente la sociedad en la que viven.
- Cumplir con los deberes públicos, conocer y cumplir las leyes, respetar las normas de tráfico y ser conscientes de que la libertad individual tiene unos claros límites en la del prójimo

En la adolescencia temprana, Carnegie Council (1995) señala que los jóvenes ante la perspectiva de convertirse en adultos productivos, constructivos y saludables han de tener las siguientes características:

- Sentirse valiosos como personas.
- Formar relaciones estrechas y duraderas.
- Formar parte de grupos constructivos.
- Saber usar el apoyo social.
- Tener curiosidad y capacidad de exploración.
- Ser útiles a los otros.
- Ser optimistas respecto al futuro.
- Tener habilidades sociales (manejar conflictos).
- Ser personas éticas.
- Ser ciudadanos responsables con la comunidad y el medio ambiente.
- Respetar la diversidad de culturas y otras diferencias.

Por otra parte, en la adolescencia tardía se puede esperar, de forma ideal, el desarrollo de las siguientes competencias:

1. La competencia de salud física, y lo que ella requiere en cuanto a conocimiento, actitudes y comportamientos que tiendan a una buena salud futura.
2. Las competencias personales y sociales, tales como la autodisciplina, la comprensión de las emociones, las habilidades para trabajar y tener interacciones positivas que den lugar a la empatía, la cooperación; una adecuada comunicación y negociación, así como habilidades de juicio (capacidad para planear, evaluar, solucionar problemas y tomar decisiones con responsabilidad).
3. La competencia cognitiva-creativa refiere la habilidad para aprender, para tener un adecuado manejo de habilidades del lenguaje oral y escrito. La motivación que tenga el joven, su apreciación y desenvolvimiento creativo, su capacidad analítica y la posibilidad de resolver problemas también se inscriben en esta competencia.
4. La competencia vocacional. Con ella, el joven tendrá los recursos para asumir su vocación profesional dentro de la serie de opciones de carrera que se le presenten.
5. La competencia de la ciudadanía. Alude a la ética y a la participación en un ámbito democrático. Para lograrlo, el adolescente debe conocer la historia, los valores de su comunidad y apreciar otros valores como la honestidad, el respeto, la equidad y la responsabilidad ciudadana.

Lerner (2004) establece las seis C's del sano desarrollo del joven adolescente:

- **Competencia.** Percepción positiva de su rendimiento en áreas de relación social, académicas, cognitivas y vocacionales.
- **Confianza.** Sentido de agencia personal: identidad, autovalía, autoeficacia, autoestima.
- **Contactos.** Vínculos afectivos y recíprocos con la familia; los iguales, con la escuela y con otras instituciones.
- **Carácter.** Autocontrol y respeto por las reglas y normas, valores y sentido moral.
- **Cuidado/compasión.** Empatía, perspectiva y cuidado de otros.
- **Contribución.** Agente activo con un impacto positivo en sí mismo, la familia, los pares, la escuela, la comunidad.

En el desempeño de las citadas competencias, el aspecto emocional y el asociado a la salud mental son básicos para asumir asertivamente la prevención de problemáticas suscitadas a partir de contextos que hacen vulnerables a los jóvenes (conflictos familiares, violencia doméstica, fracaso escolar, embarazos adolescentes, enfermedades de trasmisión sexual y adicciones).

Las acciones preventivas deben orientarse al reconocimiento de las fortalezas, más que de las debilidades. Con esta óptica, se refuerzan los factores positivos, los cuales deben apuntalarse para tender al bienestar.

Para avanzar en torno a la prevención, los programas más apropiados han de favorecer el desenvolvimiento de competencias que aludan al autocontrol, manejo de estrés, comunicación efectiva, asertividad, tolerancia a la frustración y a una sana interacción entre pares. La intervención profesional para trabajar sobre estos aspectos también debe tomar en cuenta cómo modificar situaciones de un tejido social adverso, lo cual implica considerar la realización de estrategias de trabajo dirigidas a la familia, a toda la comunidad educativa y a los allegados, con el soporte profesional de especialistas en salud emocional.

CURRÍCULO, COMPETENCIAS E INTENCIONES EDUCATIVAS

Las controversias actuales en el ámbito del currículo pueden ser analizadas a partir de cuatro aspectos: *a*) la función social de la educación escolar; *b*) la selección, caracterización y organización de los aprendizajes escolares; *c*) el papel de los estándares y las evaluaciones del rendimiento, y *d*) los procesos de reforma y cambio curricular.

En el ámbito de la función social es válido analizar de qué manera son afines o disonantes las necesidades del desarrollo productivo y los requerimientos de desarrollo personal del alumno. La pregunta sería: ¿el diseño de la escuela debe basarse fundamentalmente en las competencias, o desde las necesidades que las personas demandan para realizar una vida plena en consonancia con sus anhelos vocacionales? ¿Es posible armonizar y hacer complementarias ambas posturas? En el rubro de la función social cabe también considerar la tensión entre calidad y equidad, inclusión y segregación (Ainscow *et al.*, y Terwel, citados por Coll y Martín, 2006).

En el aspecto vinculado a la selección, caracterización y organización de los aprendizajes escolares destaca el debate sobre todo lo que el alumno y futuro ciudadano debe aprender, así como lo que debe enseñarse. Dar relevancia a lo esencial del currículo y renunciar a contenidos poco significativos es una tarea que exige evaluarse. También debe reflexionarse si la estructura de una sesión de clase con sus limitaciones tradicionales responde a los parámetros de una educación afín a las demandas de la sociedad del conocimiento.

También se ha planteado como una alternativa para impulsar las reformas curriculares la necesidad de "alinear" currículo y estándares de rendimiento y hacer coherentes ambas líneas de actuación (Coll y Martín, 2006).

La reforma y el cambio curricular constituyen otro tema complejo que independientemente de las características particulares de cada país y región, tienden a la descentralización curricular y a explorar las actuaciones autónomas de los centros educativos.

En este análisis nos centraremos en la caracterización de las *intenciones educativas* a partir de las competencias, si bien no soslayamos las reflexiones derivadas de los otros factores que influyen en la dinámica educativa.

La funcionalidad de las competencias con un orden significativo es uno de los grandes criterios para darles viabilidad. En este punto se asume que "la distinta naturaleza psicológica del conocimiento humano –se aprenden de distinta manera los conocimientos conceptuales, las habilidades, los valores y las actitudes– hace preciso tener en cuenta esta especificidad a la hora de enseñarlos y evaluarlos" (Coll y Martín, 2006, p. 29). La actuación sobre la realidad en pos de lograr propósitos implica movilizar de modo articulado e interactuante los diferentes tipos de conocimientos. Asimismo es necesario identificar cuál es el contexto en el que se produce el aprendizaje y sobre cuál se aplicará en el futuro, el que resulta complejo, diverso e incierto.

Al caracterizar la importancia de desarrollar competencias se recurre al concepto del aprendizaje para toda la vida, lo que debe implicar que se realice un trabajo metacognitivo que dé pie al aprendizaje autónomo. "Un aprendizaje competente es aquel que conoce y regula sus procesos de construcción del conocimiento, tanto desde el punto de vista cognitivo como emocional, y puede hacer un uso estratégico de sus conocimientos, ajustándolos a las circunstancias específicas del problema al que se enfrente" (Bruer, citado por Coll y Martín, 2006, p. 30).

Una postura crítica respecto a la instauración de las competencias que se integran a modalidades acordes con las necesidades globales plantea que la intención homogeneizadora tropieza con prácticas socioculturales muy particulares de quienes son los depositarios de esta manera de aprender. Cada sociedad tiene objetivos específicos que encaran un serio cuestionamiento sobre la significatividad de lo que se aprende y del para qué se aprende. Es evidente que una sociedad indígena no puede exigir el logro de competencias a una urbe desarrollada.

Otro problema que enfrentan las competencias es que no son susceptibles de ser siempre evaluadas de manera apropiada. De hecho, no son fácilmente evaluables.

> Hay que elegir los contenidos más adecuados para trabajarlas y desarrollarlas, definir la secuencia y el grado propio de los distintos niveles y cursos, establecer indicadores más precisos de evaluación (*attainment targets*, estándares, criterios de evaluación, niveles de logro, etc.) y acertar en las tareas que al final se le pide realizar al alumno. La dificultad de no "perder el hilo" de las competencias o capacidades en este complejo recorrido es sin duda muy grande (Coll y Martín, 2006, p. 32).

Los aprendizajes básicos que deben lograrse no se resuelven necesariamente al introducir las estrategias de las competencias, las que deben observarse de un modo crítico en el momento de tomar decisiones respecto a las intenciones educativas, dado que no es posible sustituir el análisis y los debates públicos que necesitan emerger para situar a las competencias en una dimensión real, no como la mágica solución de las problemáticas educativas.

APRENDIZAJE AUTÓNOMO

Con la expectativa de generar toda una corriente que exalte los valores intelectuales, más que los estrictamente económicos, para dar viabilidad a la solución de retos globales, se reconoce al conocimiento como el baluarte que articule la construcción de las nuevas sociedades. En esta tarea, la escuela se convierte en el bastión de todo ese proceso, y en ese sentido, se crea el paradigma pedagógico centrado en el *aprendizaje autónomo* del alumno.

En una dinámica educativa, el planteamiento del aprendizaje deberá ser diseñado a partir del trabajo del alumno. Esto implicará que el enfoque tradicional sea desplazado para dar cabida a una labor en la que el educando acuda a clases presenciales, desarrolle un estudio personal y trabajos individuales y colectivos (teóricos o prácticos); realice lecturas y analice libros, resuelva problemas, haga ejercicios, trabaje con el apoyo de las nuevas tecnologías y reciba la orientación tutorial, entre otras tareas.

Lejos de la rígida clase magistral que exigía la "toma de apuntes", ahora es imperativo edificar una arquitectura del procedimiento docente que permita experiencias autónomas de aprendizaje (Valle, 2007). Necesitan apuntalarse metodologías activas, tales como el aprendizaje basado en la resolución de problemas, la planeación de seminarios, o la realización de proyectos interdisciplinares.

Este diseño obliga a que la labor áulica se desenvuelva en grupos más reducidos, conformados por no más de 30 alumnos. Este requerimiento es preciso ante la necesidad de una tutoría verdaderamente personalizada. El aprendizaje autónomo tendrá ese carácter gracias a tutorías periódicas que atiendan las particularidades de cada alumno. La tutoría asertiva debe ser completamente profesional, bien diseñada y que implique el dominio de técnicas de comunicación y entrevista. El contenido y la duración de las sesiones deben planificarse en función de las necesidades de los alumnos. Un aspecto esencial para determinar el éxito del proceso tendrá que ver con la calidad y la fluidez del vínculo comunicativo entre el tutor y el joven.

Un factor que favorece la autonomía del aprendizaje se impulsará a través de las plataformas virtuales y las opciones digitales con las que el alumno podrá relacionarse de manera continua y en espacios extraescolares con su tutor.

En tal tarea, direccionada hacia una orientación profesional más práctica, se hace a un lado el "enfoque por objetivos" para pasar a un "enfoque por competencias". Trabajar en torno a las competencias exige un serio cuestionamiento de la institución educativa y de los docentes debido a que el cambio de perspectiva rompe con modalidades ya muy consolidadas que deben ser modificadas ante las nuevas exigencias de las sociedades. Asimismo, asumir el enfoque basado en competencias demanda otras formas de evaluar que verifiquen si objetivamente el alumno ha logrado desarrollar la competencia demandada.

En el ámbito docente, los retos más urgentes son la actualización y la superación académica inscritas en actividades de desarrollo profesional que proporcionen nuevos conocimientos didácticos y pedagógicos, además de otros esenciales, como es el caso de la intensa preparación en la modificación de actitudes sustentadas por los docentes para lograr en ellos la suficiente flexibilidad y apertura para detectar la importancia de los cambios como procesos inevitables y necesarios.

Para los alumnos la dinámica del aprendizaje autónomo los obliga a ser menos dependientes, más responsables y esforzados en la construcción de su conocimiento. La reflexión que se antepone a la mera manifestación de un punto de vista, así como generar las destrezas de búsqueda y tratamiento eficaz de la información son condiciones básicas para este tipo de aprendizaje. Es preciso que el joven alumno aborde la información que le permita contrastar los datos, asimilarlos, expresarlos de forma personal e integrarlos a una estructura sólida de conocimientos previos (Valle, 2007).

Se asume que el alumno alcanza la autonomía cuando es capaz de desarrollar percepciones con un sentido crítico, tanto en lo moral como en lo intelectual. La base de la autonomía se ubica en la posibilidad personal de tomar las mejores decisiones a partir de una serie de alternativas. Cuando se contrastan los puntos de vista, se fundamentan los razonamientos y opiniones, se negocian soluciones a determinadas problemáticas y se logra la autonomía intelectual. Una persona autónoma es "aquella cuyo sistema de autorregulación funciona de modo que le permite satisfacer exitosamente tanto las demandas internas como externas que se le plantean" (Bornas, citado por Manrique, L., 2004, p. 3).

La posibilidad metacognitiva inherente al aprendizaje autónomo permite al alumno tener conciencia sobre sus propios procesos mentales y de esas capacidades en los otros, con quienes se relaciona. También comprende las dificultades específicas de una tarea, las estrategias para solucionarlas, y las variables de su entorno para reconocer cómo abordar las potencialidades y limitaciones contextuales.

Al controlar sus procesos cognitivos, la persona es capaz de autorregularse al planificar, supervisar y evaluar su propia actuación, con el propósito de lograr el objetivo buscado. Manrique, L. (2004) propone estrategias encaminadas al desarrollo del aprendizaje autónomo, desde el nivel inicial, hasta el medio y el experto. Éstas son:

a) Desarrollo de *estrategias afectivo-motivacionales*. Se dirigen a que el alumno sea consciente de su capacidad y estilo de aprender, establezca confianza en sus habilidades y logre una motivación intrínseca hacia la realización de su actividad y pueda superar dificultades. Estas estrategias afirman en el alumno su voluntad de querer aprender.

b) Desarrollo de *estrategias de autoplanificación*. Comprende la planeación de aspectos diversos orientados a la formulación de un plan de estudio realista y efectivo que considere factores intrínsecos y contextuales.

c) Desarrollo de *estrategias de autorregulación*. Consiste en revisar continuamente los avances, dificultades y logros en la realización de la tarea. Implica considerar alternativas de solución y previsión de consecuencias para tomar decisiones.

d) Desarrollo de *estrategias de autoevaluación*. En ella el alumno compara la información obtenida y evalúa la eficacia de la planificación y valora el nivel que ha alcanzado su meta de aprendizaje y la actuación que ha desarrollado

Manrique, L. (2004) ofrece una propuesta práctica vinculada a las estrategias y sus dimensiones, las que a continuación se detallan:

Nivel elemental	Estrategias de motivación	Estrategias de planificación	Estrategias de auto-regulación	Estrategias de autoevaluación	Habilidades comunicativas y sociales de soporte
Capacidades	Valora positivamente su capacidad para aprender. Desarrolla confianza en sus capacidades y habilidades. Identifica condiciones emocionales que pueden influir en el estudio y sabe controlarlas. Demuestra motivación intrínseca por aprender a superar sus dificultades.	Identifica metas de aprendizaje (intrínsecas y extrínsecas). Se compromete a lograr metas de aprendizaje. Identifica condiciones físicas ambientales que pueden influir en su estudio y sabe manejarlas. Analiza condiciones de la tarea: tipo de actividad, complejidad, secuencia a seguir, condiciones dadas, entre otras. Analiza las estrategias de aprendizaje más convenientes para lograr metas de aprendizaje. Determina el tiempo necesario para cumplir sus metas.	Se inicia en la toma de conciencia de su capacidad de control sobre su aprendizaje.	**Sobre la planificación del estudio:** • Evalúa la efectividad de su plan. • Analiza errores, fallos, aciertos • Utiliza lo aprendido en la formulación del siguiente plan. **Sobre su actuación:** • Evalúa su actuación en función de las metas y plan formulados. • Introduce cambios o mejoras en su actuación. **Sobre sus resultados de aprendizaje:** • Se autoevalúa a partir de criterios dados. • Participa con idoneidad en procesos de coevaluación. • Utiliza la retroinforma-	**Desarrollo de habilidades comunicativas:** • Usa estrategias de comprensión lectora. • Produce textos comunicando con claridad el mensaje. • Lee e interpreta imágenes audiovisuales. **Desarrollo de habilidades sociales:** • Es capaz de integrarse a un grupo. • Participa aportando ideas, opiniones y llevando productos solicitados. • Se muestra asertivo. • Demuestra actitud de colaboración. • Es capaz de dar solución a conflictos que se presenten.

(Continuación).

Nivel elemental	Estrategias de motivación	Estrategias de planificación	Estrategias de autorregulación	Estrategias de autoevaluación	Habilidades comunicativas y sociales de soporte
	Formula su plan de estudio.			ción dada a sus trabajos y pruebas para mejorar su aprendizaje.	

	Nivel medio	Estrategias de motivación	Estrategias de planeación	Estrategias de autorregulación	Estrategias de autoevaluación	Habilidades comunicativas y sociales de soporte
Capacidades		Reconoce sus posibilidades y limitaciones y sabe aprovecharlas. Mejora el control sobre sus condiciones emocionales que pueden influir en el estudio. Demuestra una motivación intrínseca por aprender a superar sus dificultades.	Analiza con mayor criterio las condiciones de la tarea: tipo de actividad, complejidad, secuencia a seguir, condiciones dadas, entre otras. Mejora la selección de las estrategias de aprendizaje más convenientes para lograr metas de aprendizaje. Mejora la formulación de su plan de estudio que es realista y efectivo.	Revisa y ajusta las estrategias de aprendizaje utilizadas en función de la tarea. Revisa y ajusta las acciones que va realizando para lograr metas de aprendizaje.	**Sobre su actuación:** • Evalúa su actuación en función de metas y plan formulado. • Introduce cambios o mejoras en su actuación. **Sobre sus resultados de aprendizaje:** • Se autoevalúa a partir de criterios propuestos por sí mismo. • Propone criterios para la coevaluación. • Compara la progresión de sus resultados.	**Desarrollo de habilidades comunicativas:** • Mejora sus estrategias de comprensión lectora. • Produce comunicaciones en texto y video. **Desarrollo de habilidades sociales:** • Desempeña diversos roles en el grupo con idoneidad. • Desarrolla proyectos colaborativos. • Desarrolla habilidades para el trabajo individual.

Nivel avanzado	Estrategias de motivación	Estrategias de planeación	Estrategias de autorregulación	Estrategias de autoevaluación	Habilidades comunicativas y sociales de soporte
Capacidades	Demuestra autocontrol de sus capacidades y condiciones emocionales.	Demuestra dominio en la formulación de su plan de estudio.	Evalúa y decide durante su actuación qué debe cambiar; ajusta para lograr sus metas.	Demuestra dominio en la formulación de criterios de evaluación antes, durante y al final de su proceso de estudio. Asume la evaluación como actitud y estrategia permanente de mejora.	**Desarrollo de habilidades comunicativas:** • Produce comunicaciones multimediales. **Desarrollo de habilidades sociales:** • Toma decisiones sobre su interacción con los otros en función a sus metas de aprendizaje personales. • Valora el aporte de los otros en su proceso de aprendizaje.

METACOGNICIÓN

Como un ejercicio que proporciona autonomía sobre los mecanismos propios para aprender y reproducir el conocimiento, se encuentra la *metacognición* o proceso interno y autorreflexivo sobre nuestras formas de pensamiento. Es el conocimiento "que nace de la reflexión sobre nuestros propios procesos cognitivos" (Moreno, citado por Luchetti, 2008).

La metacognición es una revisión para entender cómo se hizo para aprender, cuáles fueron las operaciones mentales que se utilizaron. Esta conciencia permite adueñarse realmente de las herramientas de aprendizaje y usarlas a voluntad.

Propiciar la metacognición hace posible que los alumnos aprendan más y mejor porque serán capaces de dominar sus propios procesos. Quien aprende a aprender puede hacerlo en todo momento, fuera de la estructura formal de aprendizaje, para continuar sus procesos de aprender en las distintas etapas, para seguir estudiando, para incorporar nuevos conocimientos requeridos en su ámbito laboral; para enriquecerse, para no anquilosarse, etcétera.

LA DIVERSIDAD

Dentro del ámbito de la convivencia sana y funcional que enmarca los procesos de aprendizaje, es vital considerar al grupo de alumnos como un núcleo cuya característica esencial es la *diversidad*. Aun cuando los objetivos por alcanzar son comunes, el profesor debe ser sensible al inobjetable hecho de que cada alumno encierra un bagaje particular, una historia personal, un tipo o tipos de inteligencias más desarrolladas que otras. La heterogeneidad es la norma y el alumno debe ser respetado en su carácter diverso, en sus preferencias y rechazos. El profesor asume que en cierto sentido el trato es diferenciado y que las evidencias, productos del aprendizaje del alumno, son afines a las particularidades de cada uno de ellos, lo que tiene un impacto en la evaluación.

Al abordar la dinámica educativa es necesario considerar que cada alumno representa un microcosmos en el que conviven valores, creencias, normas de conducta, percepciones y ritos propios de una cultura singular. Los aspectos culturales que refieren un ámbito de diversidad se concatenan con los elementos de la naturaleza que remiten a la universalidad. Ambos, cultura y naturaleza, son los ejes torales a partir de los cuales se estructuran los procesos que dan lugar a la convivencia. "Sólo se es persona humana realizando la conducta y la vida desde la propia individualidad y desde la peculiaridad cultural" (Calvo, 2004, p. 176).

La búsqueda de la igualdad se construye a la par de la conformación de la diversidad, y en la conjunción de las dos se desarrolla el ser humano concreto asentado en un medio multicultural.

En el espectro educativo, la multiculturalidad se logra posibilitando la coincidencia y aceptando la diferencia y las alternativas que ofrece otra clase de experiencias. La sana convivencia multicultural es la fórmula ideal que se contrapone al individualismo, al fundamentalismo, al relativismo cultural, al chovinismo, y a otras formas de relación humana que no aceptan la igualdad. "Nos hacemos multiculturales cuando, a la vez que defendemos la igualdad de todos los hombres, reconocemos la legitimidad de las diferencias de otros, bajo el referente del respeto a los derechos humanos, como punto de encuentro de todos los pueblos" (Calvo, 2004, p. 177).

La educación formal debe asumir ese criterio y no ser sólo la trasmisora de contenidos culturales dominantes, pues "cada persona ha de formarse desde sí misma y desde su contexto social, con las características que su opción personal vaya haciendo posible, sin tener que ser una reproducción exacta de la mayoría estadística que le rodea" (Calvo, 2004, p. 177).

EVALUACIÓN PARA EL NUEVO APRENDIZAJE

La ingente necesidad de incorporar al ámbito laboral a profesionales formados a partir del enfoque basado en competencias obliga a los sistemas educativos a reformar los procedimientos para evaluar las habilidades. La evaluación, de cara al futuro, tendrá que establecerse a partir de criterios eficientes y efectivos.

Debido a la alta tecnologización y a los procesos que hacen más versátiles y complejas las interacciones entre los grupos humanos insertos en una dinámica de globalidad, resulta necesaria la formación de individuos con un alto nivel de conocimiento, pero también con habilidades para resolver problemas en contextos de la vida real.

El nuevo perfil de profesional afín a los requerimientos de las sociedades contemporáneas describe a personas que sean autónomas, adaptables, reflexivas, que aprendan de modo independiente y con capacidad de comunicarse apropiadamente y con aptitudes de cooperación. Sus competencias deben ser:

a) *Cognitivas*, para la resolución de problemas, pensamiento crítico, formulación de preguntas, búsqueda de información relevante, elaboración de juicios centrados, uso eficaz de la información, análisis de datos, inventiva, desarrollo orientado a la investigación, creatividad y alta capacidad para la expresión oral y escrita.
b) *Metacognitivas*, como la autorreflexión y la autoevaluación.
c) *Sociales*, para dirigir discusiones, conversaciones, ser persuasivo, que coopere y trabaje en grupo.
d) *Afectivas*, como la perseverancia, la motivación interna, la responsabilidad, la autonomía, la flexibilidad y la tolerancia a la frustración.

La capacidad de adquirir conocimiento de manera independiente es un rasgo esencial del nuevo alumno que se convertirá en profesional, ya que indudablemente tendrá que resolver situaciones imprevistas en su escenario de trabajo.

Por lo anterior, resulta obvio que las tradicionales mecánicas de evaluación ya no tienen cabida en las nuevas formas de abordar la etapa formativa del alumno. El test o el examen de preguntas cerradas poco pueden ofrecer respecto a las reales capacidades de un alumno para afrontar conflictos, pensar críticamente y razonar con bases sólidas.

Es preciso reconocer la relevancia de que el estudiante sea el responsable de su propio aprendizaje. El profesor es guía del proceso, quien planteará tareas que impliquen retos significativos para el joven con el propósito de generar en él estrategias creativas de aprendizaje y comprensión, todo ello en un espacio vinculado a la vida real. En ese sentido la evaluación debe estar dirigida hacia tal rumbo, al del análisis y al de solución de problemas auténticos.

Las nuevas estrategias de evaluación considerarán, entonces, la interpretación, el análisis, la evaluación de problemas y la explicación de sus argumentos. Procesos y productos son objetos de evaluación. El alumno se convierte en participante activo que practica la autoevaluación, la reflexión, la colaboración y realiza un diálogo continuo con el docente.

Asimismo, en la evaluación no hay presión de tiempo, se permite el uso de herramientas usadas en la vida real para abordar tareas similares, se contempla una amplia variedad de investigaciones; los alumnos documentan sus reflexiones en un diario y utilizan portafolios para registrar su desarrollo académico.

Una buena pregunta para la evaluación debe admitir respuestas derivadas de la integración de múltiples componentes o teorías. La coherencia del conocimiento, su estructura e interrelaciones son objeto de evaluación.

Al considerar no sólo el qué, sino también el cuándo, dónde y cómo, motivan respuestas que advierten los mecanismos causales que subyacen en la situación que merece resolverse. Se reitera que la evaluación de la aplicación del conocimiento a casos reales es el objetivo principal de una evaluación innovadora.

La evaluación deberá mostrar a los alumnos sus puntos fuertes, sus debilidades y su proceso de desarrollo, así como guiarlos hacia el logro de sus metas de aprendizaje. En este tenor, se desplaza el aprendizaje memorístico por uno significativo y real.

Es claro que en el ámbito de la evaluación hay un cambio significativo entre las modalidades tradicionales y la fundamentada en las competencias. Poblete (2007) refiere el siguiente cuadro para identificar unas y otras:

Evaluación tradicional	Evaluación por competencias
Sumativa.	Formativa.
Se realiza en un momento puntual (con frecuencia, al final del periodo docente).	Es un proceso planificado y continuo.
Se basa en partes del programa o en su totalidad.	Los contenidos de los temas del programa cuentan como un aspecto más a evaluar.
Se basa en escalas numéricas.	Se basa en adquisición de niveles de competencia.
Suele hacerse por escrito o con ejercicios simulados.	Se centra en las evidencias del desempeño de la competencia.
Compara al individuo con el grupo.	Es individual.
Los evaluados no conocen lo que se les va a preguntar.	Los evaluados conocen las áreas que cubrirá la evaluación.
Los evaluados no participan en la fijación de objetivos de la evaluación.	Los evaluados participan en la fijación de objetivos de la evaluación.
No incluye conocimientos más allá del programa.	Incluye conocimientos o habilidades previos.
Es fragmentada.	Es globalizadora.
El evaluador vigila la realización de la prueba.	El evaluador juega un papel de formador.

Romero (2004) ofrece una estructura de evaluación más detallada:

	Evaluación sumativa	Valoración formativa
Concepto	Se habla de evaluación sumativa para designar la forma mediante la cual se mide y juzga el aprendizaje con el fin de certificarlo, asignar calificaciones, determinar proporciones, etcétera.	Se habla de evaluación formativa cuando se desea averiguar si los objetivos de la enseñanza están siendo alcanzados o no, y lo que es preciso hacer para mejorar el desempeño de los educandos.
Propósito	Asignar una calificación totalizadora a cada alumno que refleje la proporción de objetivos logrados en el curso, semestre o unidad didáctica correspondiente.	Tomar decisiones respecto a las alternativas de acción y dirección que se van presentando conforme se avanza en el proceso de enseñanza-aprendizaje (ya sea una intervención, una política, un programa, una organización, etcétera).
Interés	Objetivos de la acción.	Cualidades y defectos del objetivo evaluado.
Función	Emitir juicios y generalizaciones sobre los tipos de operaciones eficaces	Globalmente lograr sugerencias de mejora.

(Continuación).

	Evaluación sumativa	*Valoración formativa*
	y condiciones en que los esfuerzos son eficaces.	Específicamente: *a)* Dosificar y regular adecuadamente el ritmo del aprendizaje. *b)* Retroalimentar el aprendizaje con información desprendida de los exámenes. *c)* Enfatizar la importancia de los contenidos más valiosos. *d)* Dirigir el aprendizaje sobre las vías de procedimientos que demuestran mayor eficacia. *e)* Informar a cada estudiante acerca de su particular nivel de logro. *f)* Determinar la naturaleza y modalidades de los subsiguientes pasos.
Momento/s	Al finalizar el hecho educativo (curso completo o partes o bloques de conocimiento previamente determinados).	Durante el hecho educativo, en cualquiera de los puntos críticos del proceso, al terminar una unidad didáctica, al emplear distintos procedimientos de enseñanza, al concluir el tratamiento de un contenido, etcétera.
Instrumentos e informes	Pruebas objetivas que incluyan muestras proporcionales de todos los objetivos incorporados a la situación educativa que se va a calificar. Informes para responsables de evaluación, planificadores de la evaluación, etcétera.	Pruebas informales, exámenes prácticos, observaciones y registros del desempeño, interrogatorios, etcétera. Informe oral, conferencia, informe interno, limitada difusión entre evaluadores y programas similares al estudiado.
Manejo de resultados	Conversión de puntuaciones en calificaciones que describen el nivel de logro en relación con el total de objetivos pretendidos con el hecho educativo. El conocimiento de esta información es importante para las actividades administrativas y los estudiantes, pero no se requiere una descripción detallada del porqué de tales calificaciones, ya que sus consecuencias prácticas están bien definidas y no hay corrección inmediata dependiendo de la comprensión que se tenga sobre una determinada circunstancia	De acuerdo con las características del rendimiento constatado, a fin de seleccionar alternativas de acción inmediata.
Criterio de valor	Capacidad para establecer generalizaciones y aplicaciones a futuras acciones, programas, etcétera.	Utilidad para la audiencia en el contexto estudiado

Similitudes y diferencias entre
evaluación formativa y sumativa (Romero, 2004)

El desfase entre la cultura de evaluación/examen a una de evaluación encaminada al desarrollo se convierte en un problema real para el docente, quien requiere de un cambio actitudinal. Para propiciar la trascendencia del formulismo tradicional es necesario:

- Cambiar los objetivos de la evaluación.
- Identificar los nuevos roles y funciones que desempeña la evaluación.
- Aprender y manejar técnicas de evaluación afines a las características de las competencias que serán evaluadas.
- Reflexionar y dejar claro lo que el estudiante puede esperar de la evaluación.

Cambiar los objetivos de la evaluación supone considerar la competencia como una realidad compleja derivada de la integración de contenidos cognitivos, emocionales, conativos, normativos, etc. Por ello, se trata de evaluar comportamientos humanos complejos.

Al identificar los nuevos roles y funciones de la evaluación, ésta trascenderá la medición y se centrará en el aprendizaje. La evaluación debe permitir al estudiante aprender sobre sí mismo, sobre los contenidos de las competencias y a mirar los procesos de una manera holística, entre muchos otros propósitos.

El docente tendrá que diversificar su conocimiento y manejo de las técnicas de evaluación para distinguir claramente los contenidos de las competencias que serán evaluadas. Asimismo, es necesaria la retroalimentación entre el profesor y el alumno para comprender a cabalidad cuál es el sentido de este modo de evaluar, a fin de que el alumno pueda reconstruir el conocimiento y hacer respecto a éste los ajustes adecuados.

Poblete (2007) destaca que el nivel de dominio de cada competencia puede establecerse a partir de las siguientes dimensiones: profundización en los contenidos, desempeño autónomo y complejidad de las situaciones o contextos de aplicación.

Al formular lo anterior, Poblete (2007) considera que:

- Para ser competente se requiere un conocimiento cuya profundidad dependerá de la situación específica que merezca ser solucionada.

- Una competencia requiere autonomía personal. La supervisión es importante en alguna parte del proceso de aprender, pero en general quien se conduce competentemente debe manejar una alta independencia.
- La competencia se desempeña al interior de un contexto situacional que puede tener altos niveles de complejidad.

Los tres planteamientos derivan en una matriz que advierte sobre los aspectos de la profundidad, la autonomía y la complejidad en el ámbito de dominio de la competencia:

	Profundización	*Autonomía*	*Complejidad*
Nivel 1	Basándose en normas y criterios básicos de comportamiento demuestra un dominio de los contenidos básicos.	Necesita orientación y supervisión. Canaliza los casos difíciles a otro nivel.	Afronta situaciones sencillas y resuelve problemas habituales en contextos estructurados.
Nivel 2	Selecciona la información más importante de la situación de forma sistemática y fluida, aplicándola con eficacia. Desarrolla todo el curso de la actuación.	Asume riesgos y toma decisiones en el contexto de situaciones nuevas.	Interviene en situaciones menos estructuradas y de creciente complejidad.
Nivel 3	Anticipa, planifica y diseña de manera creativa respuestas y soluciones a situaciones complejas.	Asume riesgos y emprende actuaciones con total independencia.	Se desenvuelve en situaciones complejas, hallando soluciones integrales y globales. Tiene muy en cuenta las interrelaciones y la transferibilidad de las posibles soluciones.

Dimensiones para establecer tres niveles de dominio

En todo el proceso, el docente tutor contribuye a la planificación del aprendizaje; coadyuva a dar sentido al conocimiento de las asignaturas en el contexto experiencial del alumno; lo hace reflexionar sobre la intencionalidad de las competencias que se van a desarrollar; da dirección al sentido de los conocimientos y experiencias que el estudiante va adquiriendo para generar su propio *background*; facilita la creación de una cultura escolar en la que se compartan intereses, conocimientos, pensamientos, experiencias; modera los debates y sigue de cerca los procesos de aprendizaje, los que evalúa y orienta.

MÉTODOS DE EVALUACIÓN

Entre los métodos de evaluación más importantes destacan:

1. **Evaluación por portafolios.** En él se reúnen los trabajos del alumno, se hace referencia a su trayecto de esfuerzo, a sus progresos y logros. Él decide libremente qué contenidos elige y los criterios para su selección que se constituyen en la evidencia de su autorreflexión. La misma construcción del portafolio refiere competencias (búsqueda de datos, organización de los análisis de datos e interpretación) que son fundamentales para motivar un aprendizaje para toda la vida.
2. **La prueba general.** Evalúa cómo los alumnos son capaces de analizar problemas y contribuir a su solución aplicando las herramientas adecuadas. Hay un énfasis en el cuándo y el dónde. En esta prueba el profesor propone la simulación de situaciones del mundo real con problemas auténticos, así como una política de libro abierto. A su disposición estarán todos aquellos recursos que el alumno considere necesarios para abordar la problemática.
3. **La autoevaluación.** Refiere la participación de los alumnos en la elaboración de juicios acerca de su propio aprendizaje, de sus logros y resultados. Con ella se fortalece el rol activo del estudiante.
4. **La evaluación de iguales o pares.** Los grupos de alumnos evalúan a sus compañeros en esta clase de estrategia. Sus criterios de evaluación versarán sobre el dominio del contenido, de habilidades científicas o académicas, dominio de habilidades sociales, de comunicación, etcétera.
5. **La coevaluación.** Es realizada por el profesor y el alumno de manera mancomunada, aunque el profesor conserva el control sobre la evaluación final. Esta evaluación colaborativa requiere que tanto el alumno como el docente se pongan de acuerdo para clarificar objetivos y criterios. Aunque no es el principal responsable de la evaluación, el estudiante colabora en la determinación de lo que debe ser evaluado.

Vargas (2008, p. 66), por su parte, establece que: "la evaluación por competencias es un proceso de recolección de evidencias sobre un desempeño profesional, con el propósito de formarse un juicio a partir de un referente estandarizado e identificar aquellas áreas de desempeño que deben ser fortalecidas mediante capacitación para alcanzar el nivel de competencia esperado".

Los objetivos y métodos de evaluación han de fundamentarse en una perspectiva holística que permita asomarse a los conocimientos adquiridos, a la comprensión, a la solución de problemas, a las habilidades técnicas, a las actitudes y a la ética (Vargas, 2008).

Con base en lo sustentado por McDonald, R., Gonczi, A. *et al.*, Vargas (2008) presenta los siguientes métodos de evaluación en la formación por competencias:

Entrevistas	Clarificar temas planteados en la evidencia documental presentada y/o revisar el alcance y profundidad del aprendizaje. Puede ser particularmente útil en áreas donde el juicio y los valores son importantes (puede estar constituido mediante preguntas determinadas o relativamente no estructuradas (semiestructuradas) sin preparación específica previa).
Debate	Confirmar la capacidad para sostener un argumento, demostrando un conocimiento amplio y adecuado sobre la materia.
Presentación	Verificar la habilidad para mostrar información de manera adecuada a la materia y a la audiencia.
Evaluación del desempeño	Evaluar las aplicaciones de la teoría en un contexto estructurado de manera correcta y segura (en un medio simulado, en el taller de laboratorio o en el lugar de trabajo).
Examen oral	Verificar la profundidad de la comprensión de temas complejos y la habilidad para explicarlos en términos simples.
Ensayo	Verificar la calidad y el estándar de escritura académica y el uso de referencias, la habilidad para desarrollar un argumento coherente y confirmar la extensión, comprensión y transferencia de conocimiento y evaluación crítica de ideas. (Los ensayos pueden ser similares en extensión o formato a los ensayos académicos formales diseñados para los estudiantes inscritos.)
Ejemplos del trabajo hecho, desempeñado o diseñado	Verificar la calidad del trabajo, la relevancia para la acreditación buscada y la autenticidad de la producción (a menudo comparado con entrevistas o con examen oral).
Proyectos especiales	Puede ser usado para una variedad de propósitos, como añadir más fluidez al conocimiento y a las habilidades, completar aprendizajes o para ampliar el aprendizaje previo.
Revisión de bibliografía básica	Asegurar que el conocimiento y la capacidad de análisis de la literatura pertinente se encuentran en un nivel satisfactorio (esto es a menudo usado cuando el postulante tiene aprendizajes acreditables, pero carece de puntos de vista específicos que son prerrequisitos para los estudiantes inscritos y son básicos para estudios futuros en el área).
Revisión comentada de la literatura	Para conocer el rango de lecturas realizadas por el postulante y asegurar el rango apropiado de lectura para los requerimientos de la materia (esto es particularmente adecuado para las evaluaciones en posgrado).

(Continúa)

Informes, crítica, artículos	Para indicar el nivel de conocimientos y evaluar las habilidades para el análisis, la escritura y temas de actualidad en un área.
Portafolio	Para validar el aprendizaje de los postulantes proveyendo una colección de materiales que reflejan el aprendizaje anterior y los logros. Incluirá el trabajo propio, las reflexiones sobre su práctica y la evidencia indirecta de otros que estén calificados para comentarlo. El portafolio identificará las conexiones pertinentes entre el aprendizaje y el crédito específico o no específico buscado.
Evaluación del aprendizaje previo	El proceso para evaluar una postulación de un estudiante involucra un número de etapas: información preliminar y orientación, preparación de la postulación, evaluación y acreditación, orientación posterior a la evaluación, y registro de los resultados.

FUENTE: Gonczi McDonald, *et al.*, "Nuevas perspectivas sobre la evaluación: Métodos de evaluación", Boletín CINTERFOR, núm. 149, mayo-agosto, 2000. Citado por Vargas (2008).

Las evidencias pueden ser de desempeño, producto y conocimiento. La primera considera lo que el alumno hace; la evidencia por producto es el resultado de la actividad desarrollada en la realidad, y la evidencia de conocimiento se fundamenta en la aplicación de tales conocimientos en el ejercicio de las actividades y de los resultados (Sledogna, referida por Vargas, 2008).

COMPETENCIAS Y APRENDIZAJE PARA TODA LA VIDA

Otro aspecto que debe normar el trabajo académico es generar todo un pensamiento acerca de que el aprendizaje necesita ser permanente, sobre todo si se considera que, en general, el conocimiento en ciencias es obsoleto cada siete años (Luchetti, 2008). Por tanto, la directriz se orienta a aprender a aprender continuamente. En ese tenor, el docente debe ser capaz de modificar de manera constante las operaciones de pensamiento (funciones mentales, funciones epistemológicas, habilidades operatorias) y las técnicas de trabajo intelectual. Las operaciones de pensamiento ponen en juego todas las áreas del saber, son interdisciplinarias y transversales (Luchetti, 2008, p. 25). Esta es una tarea que el profesor debe promover en los alumnos, pues no puede soslayarse que el éxito y desarrollo profesional están destinados a quienes sustentan una actitud abierta al aprendizaje permanente.

Es importante reiterar acerca de la importancia de que el alumno se conciba a sí mismo como el protagonista de su propia formación con la expectativa de que la etapa escolarizada es crucial en cuanto a la adquisición de los recursos que le permitan incorporarse al mundo profesional, pero el aprendizaje deberá ser asumido como una práctica permanente. El aprendizaje no tiene caducidad, se desarrolla a lo largo de la vida para constituir una de las competencias esenciales que toda persona necesita asimilar. Una actitud funcional respecto a este dinamismo favorecerá el espíritu de superación frente a cualquier adversidad y preparará para el autoaprendizaje y el trabajo continuo y organizado.

La comunidad académica, en particular quienes intervienen de modo directo como promotores del aprendizaje, deben ser conscientes que uno de los más importantes retos educativos no se refiere sólo a formar ciudadanos competentes, sino personas que dentro del modelo de sociedad que emerge se introduzcan a toda modalidad de aprendizaje permanente, es decir, el aprendizaje a lo largo de la vida. Necesitamos entender que la perspectiva tradicional que situaba una etapa para la formación y estudio, y otra para el trabajo, ya no existe. "Nunca como ahora la inestabilidad, el caos y la incertidumbre, como elementos de transformación y creación, son tan importantes para el aprendizaje y, en consecuencia, tendremos que saber desenvolvernos en ellos" (Cabero, 2006, p. 139). "Educarse hoy exige adaptarse cultural, social, laboral, profesional y personalmente al ritmo de cambio y su velocidad, cifrando las claves de nuevas concepciones culturales, de producción, de relaciones sociales, económicas e industriales, etc." (Tejada, citado por Cabero, 2003).

En la dinámica formativa, como se ha señalado, se necesita privilegiar el modelo centrado en el alumno que gire en torno al aprendizaje de habilidades, contenidos y competencias que él ha de adquirir. Las nuevas capacidades y competencias no se dirigen únicamente al dominio cognitivo, sino también a la necesidad del alumno para capacitarse en el aprender, desaprender y reaprender, para adaptarse a las nuevas exigencias sociales. La educación del futuro tendrá características esenciales como: ser realizada en cualquier momento, ejecutada en cualquier lugar, personalizada, y respetando los ritmos, estilos de aprendizajes e inteligencias múltiples de las personas (Cabero, 2006). Asimismo, este autor señala que las nuevas realidades demandan una serie de competencias que deben forjarse desde las más tempranas etapas formativas. Destaca que la persona deberá:

- Adaptarse a un ambiente que se modifica rápidamente.
- Trabajar en equipo de forma colaborativa.
- Aplicar la creatividad a la resolución de problemas.
- Aprender nuevos conocimientos y asimilar nuevas ideas con rapidez.

- Tomar nuevas iniciativas y ser independiente.
- Identificar problemas y desarrollar soluciones.
- Reunir y organizar hechos.
- Realizar comparaciones sistemáticas.
- Identificar y desarrollar soluciones alternativas.
- Resolver problemas de forma independiente.

El alumno, orientado al desarrollo de esas competencias, tendrá que adoptar un papel activo al ser protagonista de su propio proceso de aprendizaje; en tanto que el docente tutor habrá de convertirse en el dinamizador, el guía, el facilitador. Además, deberá acompañar al estudiante a la entrada de un nuevo contexto formativo, más abierto, menos normativo, más libre y por ello, menos protector (Cabero, 2006).

En una educación de cara al futuro es insoslayable el empleo de las TIC como instrumentos fundamentales en el ámbito educativo formal y no formal. Si bien ahora en ciertos ámbitos su introducción se convierte en un problema económico, tecnológico e instrumental, los conflictos reales son metodológicos, culturales, organizativos y estructurales. El reto es afrontar la problemática con la perspectiva de que las TIC continuarán su diversificación y su uso será generalizado. Estos medios tecnológicos son, de hecho, instrumentos que pueden apoyar sólidamente el desarrollo de una cultura del aprendizaje, pues es claro que la mejor manera de aprender no es reproducir los conocimientos, sino construyéndolos en una sociedad tan cambiante como la del conocimiento. Entre las ventajas que ofrecen las TIC, Cabero (2003) apunta las siguientes:

- Ampliación de la oferta informativa.
- Creación de entornos más flexibles para el aprendizaje.
- Eliminación de las barreras espacio-temporales entre el profesor y los estudiantes.
- Incremento de las modalidades comunicativas.
- Potenciación de los escenarios y entornos interactivos.
- Favorecer tanto el aprendizaje independiente y el autoaprendizaje como el colaborativo y en grupo.
- Romper los clásicos escenarios formativos, limitados a las instituciones escolares.
- Ofrecer nuevas posibilidades para la orientación y la tutorización de los estudiantes, y
- Facilitar una formación permanente.

APRENDER, DESAPRENDER Y REAPRENDER

Es innegable que la actual dinámica de las sociedades hace que la base del conocimiento crezca con rapidez, pues el mundo está cambiando de forma inusitada e impredecible. Los referentes ya no son fijos y pensar en el futuro supone introducirnos a lo desconocido. En este contexto, aprender es una necesidad para dar viabilidad a un desarrollo humano que sepa actuar ante lo imprevisto. En la medida en que avanza el nuevo siglo es importante realizar de manera novedosa aprendizajes más asertivos y coherentes con las nuevas circunstancias. El rol del docente consiste en promover en el alumno la conciencia de que el aprendizaje permanente es vital para afrontar las tensiones y la presión del mundo cambiante e impredecible que les tocará vivir.

La innovación que se impone exige creatividad, imaginación, autonomía y correr riesgos (Moreno, 2005). Así, el objetivo esencial de la educación es: "aprender a aprender, aprender a crear, a resolver problemas, a pensar de manera crítica, a desaprender y reaprender, y a preocuparse por los demás y el entorno" (Moreno, 2005:587). Los desafíos que deberán afrontar los nuevos ciudadanos giran en torno a desplazar las creencias existentes, establecer conexiones con las nuevas situaciones sociales, internalizar y practicar nuevas ideas y habilidades, así como trabajar sanamente con las emociones que generen esta suerte de cambios.

El aprendizaje deberá incluir "objetivos educativos avanzados y habilidades complejas como pensar, resolver problemas, emitir juicios con criterio, distinguir entre lo correcto y lo incorrecto, trabajar independientemente y en grupo, y manejar la ambigüedad" (Moreno, 2005:589). Por su parte, el docente deberá también ser un sujeto encaminado al aprendizaje permanente y en su carácter de facilitador y especialista tendrá que comprender el aprendizaje, conocer los contenidos, tener conocimientos pedagógicos, saber y reflexionar sobre la parte emocional, la propia y la de sus alumnos; tener un serio compromiso con los fundamentos del cambio, abordar una tesitura más profesional y abordar el metaprendizaje. Las siete claves de la curvatura del aprendizaje de los docentes según Moreno (2005) son: reflexión, práctica y mejora, lectura, escritura, investigación, relacionarse, y riesgo.

De este modo, el desempeño de un profesor acorde con los requerimientos del aprendizaje debe estimular, de acuerdo con Fernández y Carballos (2008), que sus alumnos sean:

- Activos, no pasivos en el aprendizaje.
- Comprometidos con un enfoque de aprendizaje indagativo.

- Responsables de su propio aprendizaje.
- Originales y creativos.
- Hábiles en la solución de problemas, tomas de decisiones y de evaluación.
- Amplios respecto a su visión del mundo.

El debate y comprensión en torno a los procesos de aprendizaje se han hecho más complejos debido al uso generalizado de las TIC dentro del ámbito educativo. En el nivel contextual se presentan dos condiciones: la liberalización de la economía obliga a cambios constantes en la dinámica de desempeño laboral, lo que obliga a aprender, desaprender y reaprender, en ciclos muy cortos. Por otra parte, hay una sobredemanda de los sistemas educativos a los que se les demanda ampliar su cobertura con calidad y equidad. De esta manera, la práctica educativa exige fundamentalmente desencadenar mecanismos de autoaprendizaje que apuntalen la reflexión y la crítica en un escenario de autogestión y autonomía estudiantil (Fernández y Carballos, 2008).

Para abordar el nuevo orden que se orienta hacia la complejidad e incertidumbre es preciso, primero, acceder a una manera distinta de entender los procesos cognitivos, y segundo, comprender en ese marco cómo se suscitan los aprendizajes.

Según refiere Andrade (2005), conocer supone el establecimiento de una dinámica entre la construcción y reconstrucción continua de la realidad. En esta experiencia concurren factores cognitivos, perceptivos, motores, emocionales e intuitivos, entre muchos otros. En esta perspectiva la estructura conceptual acerca de la realidad se ve influida por el modo en que el sujeto se ve a sí mismo en su relación con los otros. Así, los mecanismos de aprehender las situaciones e informaciones del contexto son únicas y personales.

Al asumir la vastedad de procesos que se implican en el conocer, lo que deriva, a pesar de todo, en una estructura suficientemente estable, debe entenderse que si bien ciertas conceptualizaciones y valores son fijos en esencia, la reconstrucción y desconstrucción es permanente. No se puede mirar la realidad como algo inamovible, eso sería negar la máxima de todo proceso humano y natural: el cambio.

Por lo anterior, desaprender es una tarea necesaria que exige acoplarse con las leyes de la vida, que demanda flexibilidad, reconsiderar y modificar valores, distinguir lo relativo de las verdades y, finalmente, salir de las zonas de seguridad personal para afrontar desafíos inéditos e imprevistos.

Andrade (2005) señala que si el conocimiento es la forma como el organismo se adapta al ambiente modificándolo y modificándose, permitiendo de esta manera un reiterado desaprendizaje, resulta valioso que el docente tutor realice el siguiente ejercicio:

- ¿Quién soy?
- ¿Cómo se articula mi proceso particular de conocimiento?
- ¿Cuál ha sido mi experiencia vital en el camino del conocimiento?
- En esa particular y esencial coherencia experiencial, ¿dónde se encuentran los hitos esenciales?
- ¿Qué cuestiones, conductas, procesos, internalizaciones y conocimientos debo desmontar para abordar un desaprendizaje consciente?
- ¿Cuáles son los aspectos fundamentales de mi proceso de auto-organización de las relaciones entre mi ser interno y lo externo?
- ¿Qué papel he jugado en la coevolución de la realidad que percibo como propia?, ¿cómo me reconozco en ella?

Desaprender "es tomar conciencia de que somos movimiento, devenir, creación, descubrimiento permanente y metamorfosis; un *continuum* hacerse, deshacerse y rehacerse, abierto a la interrogación. Desaprender no es más que dejarnos permear por lo imprevisto, por lo incierto; no perder nunca la capacidad de asombro" (Andrade, 2005, p. 7).

TRABAJO POR COMPETENCIAS

Al destacar su matiz pragmático, una definición clara de competencias puede identificarlas como "capacidades complejas, que poseen distintos grados de integración y se ponen de manifiesto en una gran variedad de situaciones correspondientes a los diversos ámbitos de la vida humana, personal y social. Son expresiones de los distintos grados de desarrollo personal y participación activa en los procesos sociales. Toda competencia es una síntesis de las experiencias que el sujeto ha logrado construir en el marco de su entorno vital amplio, de su pasado y de su presente" (CFCyE. Recomendación 26/92. Citado por Luchetti, 2008).

Las competencias implican movilizar los recursos necesarios para actuar y solucionar eficazmente una problemática específica. En este sentido, el docente requiere incorporar este enfoque, para favorecer que el alumno se vincule de modo más directo a su contexto real, a fin de ofrecer su bagaje formativo y reflexivo como un recurso de real utilidad para resolver situaciones de carácter profesional y social.

¿Cómo evaluar el proceso enseñanza-aprendizaje de competencias?

Debido a que la evaluación es el indicador del avance del proceso enseñanza-aprendizaje, tanto para el profesor como para el alumno, es preciso tomarlo en cuenta desde la planeación.

En España se introdujo el constructivismo como modelo docente para la enseñanza de las ciencias, sin embargo, los exámenes diseñados por el Ministerio de Educación estaban basados en el modelo de trasmisión de conocimientos.

El resultado fue aplastante; según el Ministerio el nuevo modelo no aportaba conocimientos a los estudiantes y era necesario volver al anterior. Los maestros que habían hecho un gran esfuerzo para cambiar su docencia y los alumnos que habían hecho bien su parte, quedaron todos decepcionados. Fueron necesarias muchas horas de discusión y de convencimiento para aprobar un nuevo plan que fuera congruente con los seguidores de ambos modelos.

Actualmente, la evaluación basada en "competencias" representa un cambio en el perfil del estudiante, y para evaluar ese cambio se requieren nuevos instrumentos y nuevas herramientas. Es un proceso centrado en identificar el desempeño como resultado del producto cognitivo que realiza una persona. Se necesita, por tanto, recopilar las evidencias durante el proceso de manera que todo pueda ser expuesto, para que el estudiante y el docente reconozcan los aciertos para repetirlos y los errores para ser evitados.

En idiomas parece fácil evaluar, hablan o no hablan, contestan o no contestan correctamente, pero en ciencias…

Prefiero mostrarles algunos temas, problemas y procedimientos que nos permiten evaluar competencias:

- Para relacionar la lectura con su comprensión, es decir, que el alumno tenga que demostrar que ha entendido lo que lee, no sólo copiarlo (por ejemplo de Internet) y sin leerlo, entregarlo como tarea. Si lo ha entendido podrán explicarlo con sus propias palabras y dar una interpretación personal, podrá resumirlo, comentarlo y hacer juicios de valor, esto es, detectando lo que le interesa o considera útil.

Por lo tanto sólo aceptamos como tarea las respuestas a unas pocas preguntas bien concretas que les obliguen a leer y razonar, argumentar, criticar y valorar el tema.

- Acostumbrar a redactar para superar la dificultad de pasar sus palabras, ideas, pensamientos y sentimientos al papel, de tal forma que al que lea le quede claro lo que piensa o siente.
- Empleamos POE (predecir, observar y explicar) cuando se muestra alguna experiencia de cátedra o bien los estudiantes hacen una pequeña experiencia en el laboratorio. Por ejemplo, búsqueda de argumentos en pro y contra para explicar, de acuerdo a sus observaciones una experiencia, que podría ser:

  – La combustión de una vela en un sistema cerrado.
  – Calentamiento de distintas sustancias.
  – Conexiones con baterías.
  – Análisis e interpretación de datos y gráficos.

Cap. 2. Aprendizaje en competencias

- Caída de una caja desde un avión.
- Trasmisión del sonido en distintos medios
- Presentar varias teorías de un fenómeno para demostrar su validez.

- El estudio de mapas conceptuales elaborados por los estudiantes permite visualizar rápidamente su capacidad para organizar ideas y hechos.
- La V de Gowin es muy útil para diseñar experimentos y tomar conciencia de lo que están haciendo pues tienen que indagar y ordenar los conceptos, tales como: qué experimento van a hacer, cómo lo van a hacer, qué equipo y sustancias requieren, qué van a observar y también se puede terminar preguntando los juicios de valor que han formulado, es decir, ¿Qué sentido le has encontrado a esta práctica o a esta averiguación? ¿Qué representa para ti este aprendizaje?
- Pasar de una notación general a un caso en particular, pues cuando en una fórmula se cambian "x" o "y" por concentración de carbonatos [$CO_3=$] y de bicarbonatos [HCO_3-] tienen dificultades en despejar.
- Establecer las ecuaciones necesarias para resolver sistemas con muchas variables.
- Predecir, por ejemplo: Sin hacer mediciones ni cálculos, predecir el número de pelotas de ping-pong necesarias para llenar el aula.
- Problemas abiertos.

No requiere el mismo esfuerzo calcular la aceleración de la velocidad de un automóvil aplicando una fórmula, que especificar cuáles son los datos que se requieren para conocer la aceleración y explicar cómo se calcula.

Ejemplos (Ramírez et al., 1994):

1. *Enunciado habitual*: Un ciclista lleva una velocidad de 30 km/h. ¿Qué distancia recorrerá en 5 h y 27 min?
   Enunciado transformado: ¿Qué distancia ha recorrido un ciclista? (lo cual implica saber cómo se calcula la distancia en función de la velocidad y qué datos se requieren).
2. *Enunciado habitual*: Un tren se aproxima a una estación con una velocidad de 36 km/h, entonces frena y tarda en pararse 16 s. ¿Cuál es la aceleración de frenado? ¿Qué distancia recorre hasta parar?
   Enunciado transformado: ¿Qué fuerza ha actuado sobre el tren para detenerlo? ¿Chocará el tren con el obstáculo?
3. *Enunciado habitual*: ¿Qué potencia consume una bombilla con las indicaciones 40 w, 110 w al conectarla a 220 v?
   Enunciado transformado: ¿Qué potencia consume una bombilla?
4. *Enunciado habitual*: ¿Qué cantidad de cal viva (CaO) se obtiene por calcinación de una tonelada de caliza ($CaCO_3$) si el rendimiento de la operación es de 90 %?
   Enunciado transformado: ¿Qué cantidad de cal viva se obtiene al calcinar caliza, si el rendimiento de la operación no es 100%? (el estudiante deberá establecer las fórmulas y la ecuación balanceada, las masas moleculares y relacionarlas con el rendimiento).

$$\text{pm CaO}/\text{pmCaCO}_3 \times \text{Cantidad inicial} \times \text{Rendimiento/unidad}$$

5. *Enunciado habitual*: ¿Qué cantidad de vapor de agua se obtiene al quemar 1000 g de gas butano?
   Enunciado transformado: ¿Qué cantidad de vapor de agua desprende una cocina encendida?
6. *Enunciado habitual*: Se mezclan dos disoluciones de azúcar: una de 400 ml con una concentración de 60 g/ℓ y otra de 800 ml con concentración de 100 g/ℓ. ¿Qué concentración resulta?
   Enunciado transformado: Si mezclamos dos disoluciones de la misma sustancia ¿Cuál es la concentración resultante?

La evaluación por competencias difícilmente puede llevarse a cabo con un examen final; lo que se ha recomendado son varias evaluaciones:

1. Evaluación diagnóstica mediante la cual el docente puede empezar a conocer a los estudiantes, principalmente concepciones alternativas y actitudes, que le permitirán definir una línea base sobre la cual empezar.
2. Evaluación formativa centrada en observar y tomar nota de las variables del proceso para lograr las competencias y retroalimentarlo.
3. Evaluación sumativa para determinar el resultado alcanzado por las actividades desarrolladas para lograr las competencias esperadas.
   ¿Es posible lograrlo? ¿En qué condiciones?

(GÓMEZ MOLINÉ, MR)

Referencias

Ramírez, J. L., Gil, D. y Martínez, J. *La resolución de problemas de física y química como investigación*, MEC, Madrid, 1994.

Por su parte, la práctica tutorial se vincula estrechamente a la *orientación*, la cual, de acuerdo con Sampascual (citado por Torres) tiene básicamente tres objetivos:

1. Educar para la vida y la autonomía, hecho que permite la creación de aprendizajes significativos y funcionales conectados con el entorno y con el futuro previsible de los alumnos.
2. Asesorar sobre las opciones que ofrecen el sistema educativo y el mundo laboral para que el alumno reflexione y tome decisiones respecto a su elección profesional.
3. Desarrollar la capacidad de aprender a aprender, la que trasciende el solo aprendizaje de contenidos académicos para adquirir y manejar conocimientos, habilidades, procedimiento y técnicas.

La *orientación* como condición indispensable del trabajo de tutoría debe ser continua y sistemática a lo largo del proceso educativo. Es, asimismo, una actividad interdisciplinaria que implica a todos los miembros de la comunidad educativa; abarca todos los procesos de desarrollo del alumno; atiende la diversidad al considerar las particularidades de cada alumno, y, en esencia, conduce al educando para que asuma decisiones acertadas para su vida personal y académica.

En el ámbito escolar, la orientación pretende mejorar la calidad de los procesos de aprendizaje para desarrollar en plenitud las capacidades del alumno y su rendimiento académico. En lo profesional, esta práctica se dirige a que el estudiante contemple las opciones formativas más afines a sus intereses, en concordancia con las necesidades del mundo laboral. En lo personal, la orientación se lleva a cabo para lograr el ajuste emocional, la autoaceptación, el equilibrio y el sano desenvolvimiento afectivo, cognitivo y social del alumno. Dentro del espectro familiar la orientación también tiene ingerencia y trata que los padres de familia ajusten sus expectativas a las características de sus hijos, interviene para mejorar las relaciones en el seno del hogar y coadyuva así a un mejor desempeño en el proceso formativo del educando.

El tutor, en su rol de orientador debe tener una formación sólida en:

- Los principios básicos del aprendizaje.
- Psicología evolutiva.
- Orientación escolar.
- Manejar la entrevista, la observación amplia y objetiva, los sociogramas, los cuestionarios, las dinámicas de grupo, etcétera.

Diferencias entre acción tutorial individual y en grupo	
Acción tutorial individual	Acción tutorial grupal
Conocimiento del alumno.	Situación del alumno en el grupo.
Diagnóstico individual.	Diagnóstico colectivo.
Técnicas de conocimiento individual.	Técnica de conocimiento de grupos.
Información individualizada: Observación. Entrevistas.	Información colectiva: Grupo de alumnos.
Programas de orientación personal.	Aplicación de técnicas de grupo.
Motivación individual específica.	Motivaciones de socialización y grupales.
Atención a los momentos evolutivos.	Atención a conflictos colectivos.

Acción tutorial individual y grupal (López y Sola, 2003, citados por Torres).

En el escenario de la educación media superior y superior la tutoría ejerce un papel fundamental al propiciar un aprendizaje autónomo que haga posible que el alumno, de manera independiente, llegue a construir el conocimiento e interpretar funcionalmente el contexto que habita. Un proceso de este tipo se vislumbra de modo ideal a partir de un enfoque basado en competencias.

Se han especificado algunas de las tareas del ejercicio tutorial, pero cabe reiterar y destacar ciertos propósitos que resultan centrales para un acompañamiento eficaz y útil: motivar la reflexión, el diálogo, la autonomía y la crítica, así como el desarrollo de estrategias para el aprendizaje, la participación en órganos institucionales o estudiantiles, y explorar los recursos formativos curriculares y extracurriculares. El tutor además necesita conducir con espíritu crítico y profesional el uso de las nuevas tecnologías para manejar de manera expedita y eficiente las diversas tareas académicas que debe realizar el alumno. En su carácter de orientador animado por la obtención de logros, el tutor debe asesorar sobre los métodos particulares de trabajo y personalizar, conforme a las particularidades del alumno, su sistema de estudio. También deberá ser capaz de identificar tempranamente las situaciones de carencia o conflicto que vive el alumno para encontrar la manera de abordar esas condiciones, subsanar las que sean factibles y permitir que el desempeño del alumno sea el esperado por él y por la institución, con la intención de evitar el fracaso escolar y la deserción.

De igual modo, el tutor tiene la tarea de plantear estrategias didácticas que faciliten al alumno *aprender a hacer*, de forma colaborativa.

Torres ofrece un camino constituido por las fases que puede seguir el tutor para planear sistemáticamente la tarea que se le ha asignado:

1. *Fase de planificación.* Se deberá considerar: la cantidad de alumnos a su cargo, el curso en el que se encuentran y las características de la trayectoria escolar del alumnado. A partir de ello se preparará la acción tutorial y el calendario básico.
2. *Fase de desarrollo de la tutoría.* Las funciones serán: el diagnóstico de las condiciones y problemas académicos del alumnado, la recomendación de actividades para el buen desempeño personal y académico y el seguimiento y la valoración de los resultados obtenidos.
3. *Fase de evaluación de la tutoría.* Se recomienda: analizar la planificación de la tutoría, su desarrollo e impacto, con el concurso del alumnado; identificar todos los planteamientos surgidos de esa interacción para incluirlas en la evaluación final.

Al seguir un trayecto sistematizado, el desempeño del docente tutor requiere impactar en el área personal, académica y profesional. Torres describe cada una:

a) *Área personal.* El inicio de la interacción se dará con una acción de recibimiento. En ella se explicarán los objetivos de la tarea por iniciar, el planteamiento de la forma de trabajo, de organizar las labores, etc. Se estimulará asimismo la participación de los alumnos, quienes podrán expresar sus necesidades, problemas y expectativas. Los encuentros iniciales deberán ser sumamente significativos al elaborar un plan de objetivos con perspectivas realistas para lograr un adecuado desempeño académico. El tutor también desarrollará técnicas relacionadas con la toma de decisiones. Por otra parte, promoverá que el grupo establezca su identidad y sus propósitos, así como mirar sus zonas de conflicto y reconocer creativamente cómo deben ser abordadas. En toda esta dinámica, el trabajo en grupo es crucial. Otras actividades que necesitarán ser consideradas son: promover el conocimiento de los sentimientos y emociones de los alumnos, trabajar sobre la comunicación verbal y no verbal, aplicar técnicas de autorregulación que permitan manejar sanamente las emociones, orientarlos a la aceptación de las críticas y responder a ellas asertivamente; establecer las bondades del diálogo, del trabajo cooperativo y ser escuchas activos para afrontar conflictos y proponer soluciones.

b) *Área académica.* En este rubro se deberá profundizar en las características de los planes de estudio, la manera de programar el trabajo a lo largo del curso, promover el uso de recursos para la búsqueda de información (bibliotecas, otros centros educativos, internet, etc.), y motivar a los alumnos para que acudan a actividades extracurriculares vinculadas a su interés académico (congresos, simposios, jornadas de análisis y reflexión, etcétera).

c) *Área profesional.* Se buscará que el alumno conozca las alternativas profesionales acordes a sus necesidades y expectativas. En este aspecto el tutor acompañará al alumno para que tenga un acercamiento con el ámbito profesional de su interés. En su caso, auxiliará a los alumnos indecisos sobre el rumbo profesional y canalizará sus inquietudes para aclarar situaciones de carácter vocacional.

COMPETENCIAS SOCIOEMOCIONALES

Entre las múltiples caracterizaciones que describen a la competencia, Repetto y Pérez-González (2007) señalan que ésta, en esencia, es aprendida o susceptible de ser desarrollada, e implica la realización adecuada y observable de una determinada actividad o tarea. Se indica, por ejemplo, que los comportamientos derivados de la competencia ponen en práctica los conocimientos, aptitudes o rasgos de personalidad. También hace referencia a la integración de los tres niveles de funcionamiento humano: conocimientos, habilidades y actitudes. Sin embargo, las competencias no son fijas o estables, dependen de factores intrínsecos del sujeto, que suelen variar, y de las situaciones contextuales. La respuesta competente dependerá de la manera como se asuman ambas condiciones. Por ello es importante establecer que la expresión y el desarrollo de la competencia es situacional, vinculada a una circunstancia personal y externa muy particulares. En esta consideración no sólo es importante el saber, el saber hacer y el saber ser, sino el *querer hacer*, que refiera una motivación orientada al actuar. A las aptitudes personales relacionadas con las capacidades cognitivas, la inteligencia emocional y los rasgos personales, la competencia se manifiesta con plenitud cuando las características de la realidad son lo suficientemente favorables para *poder hacer*.

Las bases teóricas de la inteligencia emocional han sido asumidas por ciertas corrientes educativas, y en el caso específico de las competencias, se menciona que este tipo de inteligencia expresada en el marco del contexto social da lugar a la conceptualización de competencias socioemocionales. Ellas contemplan cuatro categorías: conocerse a uno mismo y a los demás (un ejemplo es el reconocimiento de los propios sentimientos); tomar decisiones responsables (lo cual requiere una adecuada regulación emocional); cuidar de los demás (aquí se involucra la empatía), y saber cómo actuar (al desarrollar estrategias de comunicación verbal, no verbal y manejo interpersonal asertivo).

Otra descripción muy difundida es la que plantea que las dimensiones emocionales más relevantes son: adaptabilidad, asertividad, valoración emocional de uno mismo y de los demás, expresión emocional, gestión emocional de los demás, regulación emocional, baja impulsividad, habilidades de relación, autoestima, automotivación, competencia social, gestión del estrés, empatía, felicidad y optimismo (Petrides y Furnham, citados por Repetto y Pérez-González, 2007). Por otra parte, diversos estudios establecen que el amplio desempeño de las competencias socioemocionales son cruciales para la satisfacción existencial, la salud mental, el desarrollo de la actividad académica o profesional, el desempeño laboral, el liderazgo efectivo, el enfrentamiento sano del estrés y la disminución de la agresividad.

COMPETENCIAS DEL DOCENTE TUTOR

La transformación no planificada que protagonizan las sociedades actuales ha impuesto cambios que se han derivado fundamentalmente del uso de las nuevas tecnologías. En este ámbito que privilegia el conocimiento como factor esencial de intercambio que mueve economías exige un replanteamiento sobre la naturaleza de cada actividad productiva.

La institución escolar dedicada a la generación y reproducción del conocimiento se ve afectada en sus procesos de enseñanza y aprendizaje por los modelos de sociedad que emergen. Los contenidos del aprendizaje, sus condiciones y referentes deben contextualizarse de acuerdo con las características de los cambios sociales. En este sentido, uno de los retos principales, análogos a los modos de aprender, se centra en entender cómo debe ejercer su tarea quien es el encargado de coordinar el proceso educativo. El profesor adquiere otra manera de asumir su labor si se considera que el alumno se torna más autónomo, con más fuentes de acceso al conocimiento y vive procesos psicosociales en los que la figura tradicional del profesor se devalúa. El maestro se encuentra inmerso en una dinámica de producción de conocimientos que demandan innovación y capacidad de emprender que no se detienen. El vertiginoso caudal de nuevo conocimiento propicia que los profesionales actualicen constantemente sus competencias. Así, la formación y el desarrollo profesional se han convertido en actividades fundamentales si se pretende dar viabilidad a cualquier tarea productiva. Desde esta lógica, un aspecto toral consiste en entender que el profesor necesita concebirse como un profesional en permanente proceso de aprendizaje. Se trata de reestructurar el perfil del profesor contemporáneo para hacerlo afín a los requerimientos de la escuela de hoy.

En el contexto de esta nueva sociedad, la escuela adquiere un papel protagónico al deprimirse la interacción y la educación que se desarrolla en el seno de la familia. Las familias disfuncionales, las monoparentales, la inserción de las mujeres al mundo laboral que conlleva un manejo limitado de la calidad de la educación que se ofrece en el hogar al no otorgar los centros de trabajo tiempos destinados al cuidado de los menores, entre otros factores, apuntan a que la educación formal sea en el imaginario social la principal fuente de aprendizaje. La tarea para la institución educativa es ardua, sobre todo por el carácter del nuevo alumno, quien en lo general es el portador explícito de lo que aqueja a los ciudadanos de la sociedad del conocimiento: la apatía, la desesperanza, la despolitización, el consumismo, la evasión, la superficialidad y el individualismo. A lo anterior se suman otros factores que aquejan a ciertos países en mayor medida, como la multiculturalidad motivada por la inmigración que genera exclusión, rechazo y segregación, aunque una obligada convivencia que no sostiene certezas sobre lo que puede propiciar en el largo plazo.

La complejidad del escenario que se presenta impone reflexionar en torno al papel que han de desempeñar las instituciones educativas y su respectivo equipo académico. En principio, Dalin y Rust, referidos por Marcelo (2001) señalan que se requieren escuelas y profesores comprometidos con el aprendizaje continuo, flexible, en colaboración; escuelas que promuevan una enseñanza para la comprensión, la diversidad y la indagación. Estos mismos autores se cuestionan en el siglo XXI:

- ¿Quiénes serán los alumnos? En el futuro los alumnos serán desde los recién nacidos hasta los adultos y mayores. Lo relevante es el que aprende y la escuela debe dar respuestas a las necesidades.
- ¿Qué y quién será profesor? El profesor tradicional seguirá siendo en algunos sectores importante, pero la distinción entre profesor y estudiante será más diluida. Los estudiantes podrán ser profesores y los profesores deberán seguir aprendiendo. Los padres tendrían que integrarse más ampliamente a la dinámica del aprendizaje. Podrían darse contribuciones de voluntarios.
- ¿Qué currículo? Será muy difícil sostener un currículo rígido, debido a la revolución del conocimiento y debido a las necesidades cambiantes de los alumnos.
- ¿Qué libro de texto? La información proviene del libro, de la computadora, del CD-ROM.
- ¿Qué será una clase? La mayor parte de la información no está en la escuela, sino en computadoras, bibliotecas, locales comunitarios, en los medios, en los lugares de trabajo.

Al seguir con la línea de reflexión sobre el perfil docente más acorde a las circunstancias de la escuela que está emergiendo, es importante mencionar que la necesaria transformación del ejercicio del profesor tiene implicaciones que cuestionan drásticamente el tipo de desempeño que tradicionalmente ha desarrollado. De hecho, señala Marcelo (2001), la docencia convencional es, por encima de muchas, una actividad muy rígida, aislada, casi siempre carente de la retroalimentación que pueden ofrecer otros actores educativos, y sujeta a las creencias y percepciones de una época que ha sido trascendida a partir de la revolución tecnológica. Una clave del nuevo quehacer es la horizontalidad, y entender que profesores y alumnos se desenvuelven en un medio en el que todos aprenden. De allí surge la construcción activa del conocimiento, la conciencia de los retos y las oportunidades de la nueva realidad, el ánimo transformador, la maleabilidad del currículo, la flexibilidad, la colaboración, la generación de comunidades de aprendizaje, la evaluación basada en la actuación y logro de competencias, entre otros aspectos.

De acuerdo con Marcelo (2001, p. 553):

"La escuela debe promover en los alumnos una identidad propia como personas con capacidad de aprender, de ser responsables y de emprender. Una capacidad para aprender que se concreta en lo que se ha denominado *aprendizaje autorregulado*, mediante el cual se genera en los alumnos un estilo propio de implicarse en la resolución de tareas, estableciendo sus propias metas, planteando sus propias estrategias para evaluar el grado de cumplimiento de las metas, procesando información y encontrando recursos para aprender. Y esto que es necesario para los alumnos en una sociedad cambiante lo es también para los profesores."

Aquí se introduce el concepto de *aprendizaje para toda la vida*, el que exige innovación, abordaje de los desafíos, espíritu emprendedor, alta autoestima, aplicación de lo aprendido con confianza, disfrute, pasión y creatividad.

En esa dinámica del aprendizaje, Himanen (referido por Marcelo, 2001) expone que el ánimo de aprender en esta sociedad del conocimiento debe ser impulsado por el que domina al *hacker*, quien desarrolla por sí mismo y en colaboración con otros, alternativas y desarrollos informáticos desafiantes.

Tal como está condicionado por el espíritu del *hacker*, "el conocimiento tiene que estar asociado con la pasión, con el interés por lo desconocido, por las preguntas más que por las respuestas, por el apoyo de otros que conocen, por la resolución de problemas de manera colaborativa. Ese modelo de aprendizaje en el que lo que agrupa a las personas que aprenden no es la edad sino el problema que se pretende resolver, algo parecido a la *Academia* de Platón" (Himanen, referido por Marcelo, 2002, p. 561).

Un aspecto esencial para avanzar en la trayectoria del aprendizaje se sustenta en tratar de entender cómo aprenden los profesores a enseñar, tema por demás amplio y complejo. Para visualizar una propuesta que retoma aportaciones de autores diversos, Marcelo (2001) propone un cubo que incluye las fases formativas, los temas en los que se implican los conocimientos de los profesores, creencias, disposiciones, actitudes, autoeficacia percibida, los contenidos de la formación, los métodos y estrategias formativas, los formadores de profesores, las prácticas, así como el ambiente y la evaluación. En tercer término aparecen los enfoques de investigación, que en general pueden clasificarse como cualitativos o cuantitativos.

[Figura: cubo tridimensional "LA INVESTIGACIÓN SOBRE APRENDER A ENSEÑAR" con ejes: FASES DE LA FORMACIÓN (Desarrollo profesional, Inserción profesional, Formación inicial); TEMAS DE INVESTIGACIÓN (Los profesores en formación, Contenidos, Métodos, Los formadores, Prácticas, Ambiente, Medios, Impacto/evaluación); ENFOQUES DE INVESTIGACIÓN (Orientación cualitativa, Orientación cuantitativa).]

Por su parte, Cochran-Smith y Lytle, referidos por Marcelo (2001), al correlacionar el conocimiento que se produce y su aplicación en la práctica de la enseñanza, diferencian entre:

- Conocimiento **para** la práctica. Aquí, el conocimiento sirve para organizar la práctica. Conocer más se traduce en mayor eficiencia. El conocimiento para enseñar es formal y la práctica se orienta a su aplicación.
- Conocimiento **en** la práctica. Se basa en la adquisición del conocimiento a través de la práctica. Sobre ella se indaga, se reflexiona y se confronta. El acceso al conocimiento se realiza a partir de la experiencia.
- Conocimiento **de** la práctica. Se fundamenta en la investigación cualitativa, y el profesor se asume como investigador que construye el conocimiento mediante el trabajo colaborativo. No da lugar al conocimiento formal ni al práctico.

En el análisis de las etapas formativas del docente cabe apuntar la relevancia de identificar que desde la formación inicial las creencias tienen un papel esencial en el desempeño académico. Las *creencias* son valoraciones subjetivas que influyen en el modo en el que el profesor aprende y en cómo internaliza los cambios que se ven reflejados en su desempeño.

Marcelo (2001, p. 568) formula con base en investigaciones diversas que las creencias se fundamentan en tres tipos de experiencias:

1. *Experiencias personales.* Incluyen aspectos de la vida que determinan una visión del mundo, creencias hacia uno mismo y en relación con los demás, ideas acerca de las relaciones entre la escuela y la sociedad, así como sobre la familia y la cultura. La procedencia socioeconómica, étnica, el sexo y la religión pueden afectar las creencias acerca del aprender a enseñar.
2. *Experiencia con el conocimiento formal.* El conocimiento formal, entendido como aquello sobre lo que debe trabajarse en la escuela. Las creencias acerca de la materia que se enseña, así como la forma de enseñarla.
3. *Experiencia escolar y de aula.* Incluye todas aquellas experiencias como estudiante que contribuyen a formar una idea acerca de qué es enseñar y cuál es el trabajo del profesor.

Las creencias son un factor determinante que desde la etapa inicial de formación influyen de manera crucial en las subsecuentes etapas formativas y en el respectivo ejercicio profesional. Las creencias son tan poderosas que difícilmente permiten flexibilidad al convertirse en constructos fijos con un fuerte componente emotivo. A diferencia del conocimiento, que se fundamenta en procesos racionales, las creencias se desarrollan a partir de principios emocionales y se arraigan con el paso de los años. Las creencias más antiguas son las más difíciles de modificar, en tanto que las nuevas creencias son más susceptibles de ser cambiadas. Lo interesante de toda esta formulación es que las creencias de los docentes tienen en ocasiones mucho más poder en el desempeño académico que las aportaciones objetivas y racionales que precisa todo acto educativo.

En el ánimo de reconocer la inevitable inserción de las creencias en el ejercicio de aprender a enseñar, pero exaltando el papel del conocimiento, Ball y Cohen, citados por Marcelo (2001, p. 571) plantean que los profesores:

a) Deberían comprender bien la materia que enseñan, de forma muy diferente a la que aprendieron como estudiantes. Necesitan comprender en profundidad el contenido, así como la forma en que éste se conecta con la vida cotidiana para resolver problemas.

b) Además de su materia, los profesores deben conocer a los alumnos, cómo son, qué les interesará, etcétera.

c) Los profesores necesitan aprender que conocer a los alumnos no significa simplemente conocerlos de manera individual. Debido a que los profesores enseñan a alumnos de procedencia muy diversa, deben conocer acerca de las diferencias culturales, incluyendo el lenguaje, clase social, familia y comunidad.

d) Los profesores necesitan conocer también sobre didáctica, modelos de enseñanza, así como sobre la cultura del aula.

Grossman (citado por Marcelo, 2001) destaca la necesidad de que los profesores posean "un conocimiento sobre técnicas didácticas, estructura de las clases, planificación de la enseñanza, teorías del desarrollo humano, procesos de planificación curricular, evaluación, cultura social e influencias del contexto en la enseñanza, historia y filosofía de la educación, aspectos legales de la educación, etcétera."

Cabe reiterar que nos enfrentamos a una realidad que enmarca nuevas marginaciones, inmigraciones desaforadas, crisis y enfrentamientos civiles, nuevas riquezas y pobrezas, así como nuevas necesidades de alfabetización bajo la perspectiva de las nuevas tecnologías. El profesor debe reconocer las condiciones del contexto como fenómenos desafiantes que exigen respuestas creativas y diferentes al atender su práctica educativa.

Lo anterior enmarca la necesidad de forjar un perfil profesional acorde con las condiciones del entorno, dado que las transformaciones propician múltiples tensiones de carácter ético y cognitivo transversales a todo el currículo (Tribó, G., 2008).

> Algunas de estas tensiones se expresan en las dicotomías siguientes: local/global, tradición/modernidad, natural/social, simplicidad/complejidad, identidad/alteridad, pensamiento concreto/pensamiento abstracto, valor social/comportamiento social, emotividad/racionalidad. El proceso de escolarización debe ayudar a superar positivamente estas dicotomías e integrar los extremos aparentemente contrapuestos en una visión alternativa que contemple su articulación dinámica (Tribó, 2008, p. 185).

La nueva visión conlleva un replanteamiento epistemológico que sitúe al alumno como protagonista en su proceso de aprendizaje. Además, los más recientes paradigmas científicos no son ajenos a la integración cada vez más obvia de las ciencias experimentales con las ciencias sociales y humanísticas. La objetividad de las ciencias "duras" es cuestionable debido a que ellas se reformulan de manera constante, lo que permite un dinamismo de reiterada construcción social.

En su dimensión ética, el nuevo conocimiento debe alentar la emancipación como factor central de la justicia social, a la vez que "nos conduce a otorgar centralidad al metaaprendizaje como paradigma docente. La escuela del siglo XXI debe enseñar a los alumnos a transformar la información en conocimiento" (Tribó, 2008, p. 186). En ese proceso, el educando debe reorganizar el caos informativo para abordar con visión global la solución de los problemas más acuciantes.

Todo modelo que se estructure para guiar la facilitación del docente tutor debe, ante lo señalado, ser abierto, con la fuerte certeza de que todo es inacabado y cambiante. Meirieu (citado por Tribó, 2008) propone un modelo de formación profesional para el docente en tres etapas: formular un proyecto, identificar los obstáculos y buscar los recursos para resolver las dificultades de aprendizaje. Lo anterior supone para alumnos y profesores desarrollar un trabajo en equipo. También destaca la continua reflexión sobre la práctica educativa que avizore construcciones teórico-prácticas, que evidentemente tienen un carácter perfectible, aunque siempre transformable. Esta reflexión deberá orientarse a la autorregulación del proceso de aprendizaje, lo que encauza la conformación de equipos docentes y el trabajo en red.

Metodológicamente, el profesor ha de optar por aquella propuesta en la que se estructure una congruencia entre la lógica de la disciplina (conceptos y contenidos) y la lógica psicopedagógica del alumno (nivel de conocimientos, aptitudes, dificultades de aprendizaje, contexto sociocultural). Una habilidad esencial del docente es afrontar correctamente una decisión, ya que en la dinámica del aula siempre se presentarán situaciones imprevistas (Tribó, 2008).

Las "reflexiones sobre cómo aprender y enseñar en una sociedad basada en el conocimiento nos define un nuevo perfil de profesor: un profesor que sepa investigar en su área, que enseñe investigando y que enseñe a investigar. Para ello es necesario reforzar los procesos de aprendizaje autónomo por parte de los alumnos, en los que la investigación, a partir de localizar información, gracias a las TIC y otras fuentes documentales, puede aportar muchos recursos a la construcción del conocimiento" (Tribó, 2008, p. 190).

El perfil docente de un profesional comprometido con su desempeño, se reitera, debe aglutinar aspectos tales como el conocimiento científico y metodológico de su área de conocimiento y áreas afines; manejar una didáctica específica de la disciplina que considere la diversidad social, cultural y cognitiva de los alumnos; saber aplicar las estrategias, habilidades y competencias derivadas de su práctica profesional; tener conocimientos de pedagogía, sociología de la educación, psicología educativa, y ser consciente de los problemas que de manera transversal afectan al sistema educativo. Debe ser mediador entre la información y el conocimiento, plantear a sus alumnos problemas propios de la disciplina que imparte, ayudar a localizar la información, seleccionarla, analizarla críticamente, procesarla e interpretarla. "Sólo si el profesor sabe transmitir esta capacidad de transformar la información en conocimiento será capaz de favorecer en los alumnos la adquisición de la autonomía cognitiva" (Tribó, 2008, p. 193).

Asimismo, el docente ha de entender su ejercicio como una responsabilidad colegiada que lo vincule al trabajo colaborativo con equipos de profesores. Debe asumir un estatuto ético como promotor de acciones que favorezcan la paz, la democracia a través de la aceptación de la alteridad y la asunción positiva de la identidad propia. También debe desarrollar con su desempeño educativo acciones justas, solidarias, comprometidas con el bienestar de los grupos vulnerables que permitan la igualdad y la libertad.

En el ámbito de las competencias, el docente tutor que realiza un ejercicio eficaz necesita integrar simultáneamente la competencia *disciplinaria* (saber), la competencia *metodológica* (saber hacer), la competencia *social* (saber estar) y la competencia *personal* (saber ser), así como aplicar todo ello en la práctica, observable en la solución real de problemáticas particulares del entorno.

> En el escenario educativo, se deben trabajar las competencias para gestionar el conocimiento y el aprendizaje, y convertirse en un aprendiz permanente. En relación al mundo profesional, la escuela debe ayudar a adquirir competencias para acceder al mundo del trabajo y para ser un profesional eficaz. En el ámbito comunitario, se han de educar las competencias para la convivencia y las relaciones interpersonales para que los chicos y las chicas se conviertan en ciudadanos participativos y solidarios. Y, en el escenario personal, se deben trabajar las competencias que permiten construirnos como personas felices, o sea, las competencias que denominamos *intrapersonales*, educando la autoestima y los mecanismos de equilibrio emocional (Tribó, 2008, p. 198).

Respecto a la noción de *tutoría*, ésta puede ser caracterizada como el "proceso de acompañamiento de tipo personal y académico para mejorar el rendimiento académico, solucionar problemas escolares, desarrollar hábitos de estudio, trabajo, reflexión y convivencia social" (ANUIES, 2000, p. 44, citado por González e Ysunza). El ejercicio del tutor, se reitera, debe ser el de un verdadero formador y amplio conocedor de las personas y sus procesos, rasgos que le permitan promover en el alumno una formación integral que desarrolle en él capacidades de reflexión, capacidad analítica y sintética, agilidad mental y capacidades expresivas, tanto de forma oral como escrita, entre otras habilidades.

Además de las particularidades de la formación profesional del docente, éste requiere acceder a la preparación que le dé la posibilidad de ser tutor, ya que lo óptimo es que el profesor se convierta en docente tutor. En su trabajo formativo éste debe reconocer en sí mismo integridad, voluntad y vocación; necesita ser, asimismo, orientador, coordinador, formador, conductor de grupos, experto en relaciones humanas; apoyar a los alumnos para que en ellos se generen valores, actitudes, habilidades, destrezas y aprendizajes significativos; además de atender problemáticas escolares y existenciales.

González e Ysunza distinguen otros atributos en el docente tutor: ética y empatía, creatividad, espíritu crítico, ser observador y conciliador, escuchar atentamente las necesidades de los alumnos, tanto en el nivel personal como en el académico. Debe tener la posibilidad de explicar con total conocimiento las características del modelo educativo institucional; poder entablar una efectiva comunicación entre los miembros de la comunidad educativa; manejar técnicas de trabajo grupal; conocer los estilos de aprendizaje de los alumnos; promover en ellos habilidades cognitivas y metacognitivas y saber cuáles son los mecanismos de evaluación.

En otra descripción del perfil del tutor, éste debe poseer:

a) Cualidades humanas (que permitan la relación profunda, rica y eficaz con los otros: autenticidad, madurez cognitiva, afectiva y volitiva, responsabilidad y sociabilidad).
b) Las ya referidas cualidades científicas (además de las propias de su profesión, otras provenientes de la psicología, la filosofía, la pedagogía), y
c) Cualidades técnicas (capacidad de planificar procesos, de coordinar y moderar, dominar técnicas de diagnóstico e intervención psicopedagógica, saber aplicar técnicas grupales y de motivación, así como conocer la entrevista diagnóstica y aquélla que propicia confianza y reducción de tensiones).

En la Universidad Nacional Autónoma de México (UNAM) se ha elaborado un modelo a seguir en la práctica cotidiana del docente tutor, quien debe identificarse por ser: "investigador (asesoría teórica y metodológica y guía del proceso de investigación), docente (facilitación en la adquisición, construcción y sistematización de conocimiento, habilidades intelectuales y procedimentales), entrenador (de habilidades intelectuales, pragmáticas y de investigación), apoyo psicosocial (para el desarrollo personal y profesional y la resolución de conflictos), consejero académico (enlace entre el tutorado y el programa de estudio), patrocinador (facilitación de oportunidades) y socializador (transferencia de normas, valores, prácticas, actitudes de la profesión y los pares)". (De la Cruz y Abreu, citados por González e Ysunza.)

Otras tareas esenciales vinculadas al ejercicio tutorial se relacionan con el manejo de situaciones conflictivas, ya sea de modo reactivo o proactivo. Las más destacadas son: la percepción del alumno de no sentirse integrado a su grupo o comunidad, su bajo rendimiento académico, los cambios psicológicos que vive, su baja autoestima y la manifestación de conductas de riesgo.

Al ser identificados los problemas, el tutor necesita planear las estrategias adecuadas a los requerimientos de cada estudiante y que tengan como propósito que éste no trunque sus estudios.

En otro momento se han establecido algunas de las funciones básicas del tutor. Adicionalmente a las señaladas, se plantean las siguientes:

- Prevención y anticipación de situaciones conflictivas.
- Asesoramiento y orientación a las familias.
- Estimular la toma de decisiones del tutorado por medio de la construcción y análisis de escenarios, opciones y alternativas de acción en su proceso educativo.
- Promover en el alumno el desarrollo de la capacidad de autoaprendizaje a fin de que el estudiante mejore su desempeño escolar y favorezca su futura práctica profesional.
- Creatividad, para aumentar el interés del alumno.
- Tener capacidad para reconocer el esfuerzo en el trabajo realizado por el joven estudiante.

La acertada respuesta a las inquietudes del alumno es importante para evitar la sensación de abandono que éste puede tener. Aquí, la capacidad comunicativa del tutor es fundamental para desplegar un diálogo abierto, sincero y retroalimentador.

En la dimensión académica, el tutor, con su práctica, ejerce una labor de mediación entre el conocimiento y el aprendizaje, apoya en el alumno sus capacidades reflexivas y de planeación. El tutor debe ser un complemento para educar para la vida, debe fomentar un proyecto de vida, donde los alumnos adquieran los conocimientos, actitudes y habilidades para resolver problemas, permitiendo su desarrollo integral y su inserción al mundo social y productivo.

En el marco descriptivo de las competencias tutoriales se entiende que una competencia constituye un saber actuar movilizando recursos propios (vinculados al saber, al saber hacer y al saber ser) y los referidos al contexto real para resolver problemas prácticos o satisfacer necesidades emanadas de la realidad (Inostroza, 2008).

Entre las competencias del docente tutor, Inostroza (2008) establece algunas que son fundamentales en su quehacer:

1. Compromiso ético relacionado con su práctica tutorial:
    a) *Saber.* Se concientiza sobre los valores éticos y su rol de docente.
    b) *Saber hacer.* Argumenta los principios éticos en la toma de decisiones, resuelve situaciones problemáticas basándose en principios éticos.
    c) *Saber ser/convivir.* Respeto por los principios éticos que lo regulan como docente tutor, conecta los valores propios con su comportamiento profesional, desarrolla responsabilidad social y profesional.
2. Genera un ambiente de facilitación propicio y de apertura:
    a) *Saber.* Conoce las características y conceptos de las habilidades interpersonales y sociales.
    b) *Saber hacer.* Promueve el aprendizaje a partir de entender las habilidades interpersonales y sociales de sus alumnos, genera instancias de participación.
    c) *Saber ser/convivir.* Tiene empatía y respeto por el otro, acepta reflexivamente las características de los demás, considera los errores como opciones de crecimiento, acepta las opiniones y aportaciones de los otros.
3. Comunica sus ideas en los diversos escenarios de acción.
    a) *Saber.* Tiene competencias conversacionales, es competente para escuchar, tiene competencias comunicativas verbales y no verbales.
    b) *Saber hacer.* Escucha en forma efectiva, conversa orientado a coordinar acciones, usa estrategias verbales y no verbales adecuadas a la situación.
    c) *Saber ser/convivir.* Tiene responsabilidad respecto a los compromisos asumidos, acepta y respeta al interlocutor y a su mundo.
4. Genera situaciones para la construcción del aprendizaje significativo.

a) Saber. Conoce los principios que conducen a la construcción de aprendizajes.

b) Saber hacer. Diagnostica intereses y necesidades de aprendizaje del alumno, detecta en él sus conocimientos previos, formula preguntas y explicaciones para la articulación de la teoría y la práctica.

c) Saber ser/convivir. Asume una actitud crítica y se preocupa por el rigor en el procesamiento de la información, promueve el trabajo cooperativo, está dispuesto a compartir conocimientos y recursos.

5. Gestiona el tiempo en función de las necesidades.

a) Saber. Planifica, conoce las fases de la enseñanza, valora la calidad de los aprendizajes.

b) Saber hacer. Jerarquiza prioridades, selecciona criterios para el uso de los tiempos, administra el tiempo de tutoría con responsabilidad, establece metas a corto, mediano y largo plazos y las cumple.

c) Saber ser/convivir. Tiene responsabilidad y es organizado, tiene actitud crítica y preocupación por el rigor en el cumplimiento de las metas.

6. Promueve que el alumno se asuma como agente de cambio.

a) Saber. Tiene liderazgo, acepta la innovación y el cambio, maneja los grupos y sus conflictos.

b) Saber hacer. Gestiona e implementa procesos de cambio, asesora, apoya y evalúa logros y dificultades de los alumnos, utiliza estrategias de anticipación y control del estrés frente a los cambios.

c) Saber ser/convivir. Tiene responsabilidad social y desarrolla trabajo colaborativo.

7. Genera redes para la inserción del alumno en su realidad profesional.

a) Saber. Conoce la organización, estructura y componentes de la comunidad educativa, conoce los contextos profesionales y sociales, reconoce el papel de la familia como grupo clave en el desenvolvimiento del proceso educativo.

b) Saber hacer. Diseña ambientes propicios para la futura inserción del educando en los ámbitos profesionales, utiliza las tecnologías de la información en el desarrollo de redes de trabajo colaborativo, implementa acciones de acercamiento de los padres de familia a la acción educativa.

c) Saber ser/convivir. Tiene responsabilidad social y valora el trabajo colaborativo.

En otras nociones desarrolladas por Bozu y Canto (2009) vinculadas con las razones que dan viabilidad al enfoque basado en competencias, se destaca que este perfil:

- Se centra en el desarrollo de capacidades en los sujetos, favoreciendo la formación de profesionales críticos y reflexivos, autónomos y responsables en su desempeño profesional, capacidad para plantear alternativas pedagógicas y participar en las decisiones concernientes a la educación, en los niveles y ámbitos que les corresponda actuar.
- Nos remite a la necesidad de la formación permanente que busca profundizar y desarrollar nuevas capacidades a lo largo de la vida.
- Abre espacios de interrelación de capacidades y saberes, potenciando un desarrollo personal y profesional integral.
- Por ser contextualizado, es flexible para adecuarse a las demandas sociales, a las necesidades de desarrollo integral de los estudiantes, de aprender permanentemente y de atención a la diversidad cultural y a las condiciones en que se desarrolla la docencia.
- Proporciona versatilidad al proceso de enseñanza-aprendizaje y, por tanto, su mayor capacidad para adecuarse al ritmo de cambios propio de la actualidad.

Respecto al repertorio de competencias del docente tutor, Bozu y Cano (2009)[1] describen con amplitud las más relevantes. Entre ellas figuran (citando a Zabalza, 2003):

1. Planificar el proceso de enseñanza-aprendizaje.
2. Seleccionar y preparar los contenidos disciplinarios.
3. Ofrecer información y explicaciones comprensibles y bien organizadas (competencia comunicativa).
4. Manejo de las nuevas tecnologías.
5. Diseñar metodologías y organizar las actividades.
    - Organización del espacio.
    - La selección del método.
    - Selección y desarrollo de las tareas instructivas.
6. Guía en el proceso de aprendizaje del alumno.
7. Facilitador del logro de competencias.
8. Estimulador del aprendizaje autónomo y responsable del alumno.

[1] Agencia Nacional de la Evaluación de la Calidad y la Acreditación, ANECA, 2004, citada por Bozu y Canto, 2009.

9. Creador de contextos para el aprendizaje crítico natural (cuestiones y tareas).
10. Comunicarse-relacionarse con los alumnos.
11. Evaluar.
12. Reflexionar e investigar sobre la enseñanza.
13. Identificarse con la institución y trabajar en equipo.
14. Rol de tutor, de motivador en el aprendizaje de los alumnos:
    - Ayudar a los estudiantes "a aprender a leer en la disciplina".
    - Ayudar a los estudiantes a ser mejores aprendices autoconscientes.
    - Ayudar a los estudiantes a construir su comprensión sobre lo que se está contando en la disciplina.

Otra clasificación en la que se implican competencias que transversalmente involucran áreas de trabajo diversas pero complementarias son:

Instrumentales

Capacidad de análisis y síntesis; capacidad de organización y planificación, comunicación oral y escrita en la lengua nativa; conocimiento de una lengua extranjera; conocimientos de informática relativos al ámbito de estudio; capacidad de gestión de la información, resolución de problemas, toma de decisiones.

Personales

Trabajo en equipo; trabajo en equipo de carácter interdisciplinario; trabajo en un contexto internacional; habilidades en las relaciones interpersonales, reconocimiento a la diversidad y la multiculturalidad; razonamiento crítico y compromiso ético.

Sistémicas

Aprendizaje autónomo; adaptación a nuevas situaciones; creatividad; liderazgo, conocimiento de otras culturas y costumbres, iniciativa y espíritu emprendedor; motivación por la calidad; sensibilidad hacia temas medioambientales.

Respecto a la formación, ésta alude al posicionamiento ético del sujeto ante el mundo, cómo se asume y cómo se responsabiliza de sus actos, los que emanan del ejercicio libre de su capacidad para decidir. Asimismo, la formación se desarrolla como proceso que relaciona dialécticamente al sujeto con su contexto. La vinculación entrecruzada es intelectual, psíquica, social, moral, ética y profesional (Jiménez y Páez, referidos por Barrón, 2011). La formación responde a condiciones históricas y en su dinamismo propicia la transformación del docente tutor.

De acuerdo con la definición de la ANUIES (2000), la tutoría es el "proceso de acompañamiento durante la formación de estudiantes, que se concreta mediante la atención personalizada a un grupo reducido de alumnos, por parte de académicos competentes y formados para esta función".

La formación abarca una teoría asociada a la práctica y una práctica que derive de la tutoría; refiere una serie de tareas complejas que exigen un entramado de conocimientos ligados a la experiencia y a una concepción de la educación (Barrón, C., 2011).

En la acción, el trabajo del tutor consiste en "cuestionar, a través de los análisis que lleva a cabo, terrenos que le son propios, las evidencias y los postulados (que le permiten) sacudir los hábitos, las formas de actuar y de pensar, en disipar las familiaridades admitidas, en retomar la medida de las reglas y de las instituciones y a partir de esta reproblematización (en la que se desarrolla su oficio específico de intelectual) participar en la formación de una voluntad política que tiene la posibilidad de desempeñar su papel de ciudadano" (Foucault, M., citado por Barrón, 2011).

La tutoría se plantea como una actividad con una fuerte carga afectiva. Como señala Cefali (citado por Barrón, 2011) cabe la afirmación de que "yo me relaciono con mi historia, mis afectos... en nuestra relación con el otro o con lo social, entramos en una relación afectiva, pasional, en la que nos cegamos por lo que somos; en este tipo de relación no podemos no estar implicados".

Además de considerar los aspectos afectivos, el docente tutor necesita definir su concepción de tutoría a partir de la comprensión del contexto cultural del alumno, el que le permite desarrollar una serie de planteamientos y formas de pensar que el tutor necesita conocer para establecer procesos asertivos de comunicación y negociación. De este modo, la acción tutorial trabaja sobre los supuestos que sustentan la práctica: la memoria, la identidad, las representaciones, las rutinas, las labores cotidianas, las informaciones, las actitudes, los esquemas de pensamiento... (Barrón, C., 2011).

Por su parte, Moreno (2011) establece como resumen un decálogo de las competencias profesionales del tutor:

1. Capacidad para adaptarse al cambio constante. Cambiar o morir. Aprendizaje permanente. Aprender, desaprender y reaprender.

2. Admitir el sentido de educabilidad del sujeto que aprende.
3. Reconocer y respetar la diversidad del alumnado.
4. La colegialidad docente.
5. Hacer frente a crisis o conflictos entre personas. El conflicto no se puede evitar pero sí se puede aprovechar de forma constructiva.
6. Informar e implicar a los padres. Las familias como aliadas de la escuela en la formación de sus hijos.
7. Construir una cultura escolar democrática. Educación para la ciudadanía democrática o compleja.
8. Actuar éticamente en las relaciones interpersonales.
9. Mostrar un interés genuino por el otro.
10. Espíritu de investigación y actitud crítica ante la realidad.

¿Qué era un buen maestro en el mundo azteca?

Las características y aportaciones de los profesores son valoradas por cada alumno de acuerdo con sus criterios. También cada época y cada cultura, de acuerdo con sus valores y las metas que desean alcanzar, han variado sus criterios.

Veamos un ejemplo muy antiguo. Proviene de la cultura náhuatl y lo tradujo el doctor Miguel León-Portilla, del Código Matritense, con los comentarios de Tlacatzin Stivalet.

¿Qué era un buen maestro en el mundo azteca a la llegada de los españoles?

Según Sahagún, el maestro, *tlamatini*, era también un filósofo y un sabio.

TLAMATINI

1. **In tlamatini: tlahuilli, ocotl, tomahuac ocotl ahpocyoh**
   El sabio: una luz, una tea, una gruesa tea que no ahuma.
   El que siente (las cosas): es luz, es ocote (encendido), grueso ocote (encendido) no humeante. Es luz brillante y poderosa.
   El tlamatini aporta luz para que sus discípulos vean las cosas con sus propios ojos.
2. **Tezcatl, coyahuac tezcatl, necoc xapoh**
   Un espejo horadado, un espejo agujereado por ambos lados.
   Es amplio espejo que refleja por ambos lados. Cuando uno se mira en un espejo se descubre a sí mismo y a través de él puede ver, al mismo tiempo, todo lo que le rodea y sentir que ambos son parte de una totalidad.
3. **Tlileh, tlapaleh, amoxhuah, amoxeh**
   Suya es la tinta negra y roja, de él son los códices.
   Es poseedor del negro, es poseedor del color, es poseedor de libros, es dueño del libro (es dueño de la sabiduría).
4. **Tlilli, tlapalli**
   Él mismo es escritura y sabiduría.
   Es el negro y el color de los libros.

110   Cap. 2. Aprendizaje en competencias

5. **Ohtli, teyacanqui, tlaneloh**
   Es camino, es guía veraz para otros.
   Es guía que acompaña para ayudar a reconocer el camino de cada quien, es el que impulsa a los otros.
6. **Tehuicani, tlahuicani, tlayacanqui**
   Conduce a las personas y a las cosas. Es guía en los negocios humanos.
   Es caudillo que acompaña a sus alumnos para que se organicen adecuadamente y puedan siempre tener éxito en sus propias acciones.
7. **In cualli tlamatini: ticitl, pialeh, machizeh**
   El sabio verdadero, es cuidadoso (como un médico) y guarda la tradición.
   El buen tlamatini es responsable de las personas, es poseedor de la civilización, es responsable reconocido por derecho propio.
8. **Temachtli, temachiloni, neltoconi, neltoquizli**
   Suya es la sabiduría trasmitida, él es quien la enseña, sigue la verdad.
   Conmueve, hace sentir esperanza, es digno de crédito, es digno de ser creído.
9. **Temachtiani, tenonotzani**
   Maestro de la verdad, no deja de amonestar.
   Es maestro, es consejero.
10. **Teixtlamachtiani, teixcuitiani**
    Hace sabios los rostros ajenos, hace a los otros tomar una cara (una personalidad), los hace desarrollarla.
    Alegra los rostros, impulsa a tomar rostro
11. **Teixtomani, tenacztlapohuani**
    Les abre los oídos, los ilumina.
    Abre los ojos de las personas, abre las orejas de las personas.
12. **Tetlahuiliani, teyacanani, teohtequiliani**
    Es maestro de guías, les da su camino.
    Ilumina a las personas, es guía excelente, abre caminos.
13. **Itech pipilcotiuh**
    De él uno depende.
    De él se va dependiendo.
14. **Tetezcahuiani, teyolcuitiani, neticiihuiloni, neixcuitiloni**
    Pone un espejo delante de los otros, los hace cuerdos, cuidadosos; hace que en ellos aparezca una cara (una personalidad).
    Hace que la gente se mire en el espejo, ayuda a responsabilizarse, ayuda a uno a formarse, le ayuda a uno a descubrir la rectitud.
15. **Tlahuica, tlaohtlatoctia, tlatlalia, tlatecpana**
    Se fija en las cosas, regula su camino, dispone y ordena.
    Detecta los errores, hace avanzar, pone orden, coloca en orden.
16. **Cemanahuactlahuia**
    Aplica su luz sobre el mundo.
    Ilumina al mundo.
17. **Topan, mivtlan onmati**
    Conoce lo (que está) sobre nosotros (y), la región de los muertos.
    Siente intensamente lo que está encima de nosotros y lo que está entre los muertos.
18. **Ahquehquelti, ahxihxicti**
    (Es hombre serio).
    No hace burla, no ridiculiza.

19. **Itech nechicahualo, itech netzahtzililo, temachilo**
    Cualquiera es confrontado con él, es corregido, es enseñado.
    Cerca de él uno se esfuerza, cerca de él uno es convocado, es enseñado.
20. **Itech netlacaneco, itech tlacuauhtlamacho**
    Gracias a él la gente humaniza su querer y recibe una estricta enseñanza.
    En él uno deposita su confianza, junto a él uno se esculpe.
21. **Tlayolpachihuitia, tepachihuitia, tlapalehuia, ticiti, tepahtia**
    Conforta el corazón, conforta a la gente, ayuda, remedia, a todos cura.
    Certifica las cosas, satisface a la gente, ayuda, cura, sana a la gente.

¿Son acaso coincidencias?

Traducción de Miguel León Portilla bajo asesoramiento lingüístico de Ángel M. Garibay, citado por Gómez Moliné, MR.
En León Portilla, M., 1974, *La filosofía náhuatl*, 4a. ed., p. 65.
Serie de Cultura Náhuatl, Monografías, 10 Instituto de Investigaciones Históricas, México, UNAM.
Complementación en Tlacatzin Stivalet (1996-1997), Revista *Comunidad*, agosto, 1996 - marzo, 1997.

En resumen, la aplicación del conocimiento se encamina a la solución de una problemática de forma autónoma, transfiriendo la experiencia a situaciones novedosas y en las que el alumno o profesional estén dispuestos al entendimiento, la comunicación, la cooperación, tener un autoconocimiento sólido, seguir las propias convicciones, asumir responsabilidades, tomar decisiones y relativizar las frustraciones.

Nunca se "es" competente para siempre, a veces el sujeto puede ser competente, y eso depende incluso del contexto o de la circunstancia. Su desempeño aplicativo no refiere una repetición mecánica e irreflexiva, sino una reflexión que aleja de la estandarización del comportamiento.

Para los alumnos el dinamismo del aprendizaje autónomo los obliga a ser menos dependientes, más responsables y esforzados en la construcción de su conocimiento. La reflexión que se antepone a la mera manifestación de un punto de vista, así como generar las destrezas de búsqueda y tratamiento eficaz de la información son condiciones básicas para este tipo de aprendizaje.

Capítulo 3

La TUTORÍA en la PRÁCTICA

> *El ignorante afirma, el sabio duda y reflexiona.*
>
> Aristóteles

Explique	Reflexione	Explore
¿Cuál es la importancia de la acción tutorial? ¿De qué modo el tutor puede coadyuvar al incremento de la calidad de los aprendizajes?	¿Cómo y con qué elementos podría mejorar su desempeño tutorial? ¿Cómo abordaría sistemáticamente un plan de acción como docente tutor? ¿Cuál es la importancia de los aspectos no verbales y afectivos en la práctica tutorial?	Para abundar sobre el desempeño de la actividad tutorial puede acudir al libro *La acción tutorial en la Universidad*. Informe técnico, de Vicente Hernández y Jorge Torres, Departamento de Educación, Universidad Pontificia Comillas, de Madrid, 2005. Para reflexionar en torno a los métodos para abordar la acción tutorial se le sugiere consultar el libro *La facilitación en la práctica (Aprendizaje reflexivo en la educación superior)*, de A. Brockbanck e I. McGill, Morata, Madrid, 2002.

PLAN DE ACCIÓN DEL DOCENTE TUTOR

En la caracterización de la labor tutorial resulta necesario entender cómo se construye y desarrolla en el docente su vocación y actitud hacia su ejercicio académico. Barrón (2010) ofrece al respecto las siguientes reflexiones:

Los saberes del docente son el resultado de su historia personal y de su historia colectiva; el proceso de socialización le ha dotado de respuestas, mucho antes que la formación en el ámbito de la docencia. Resulta claro que la práctica docente no implica únicamente seleccionar opciones epistemológicas, didácticas y prácticas, sino también tomar decisiones éticas y políticas, en donde se pone en juego el juicio moral y su aplicación en distintas situaciones de la vida diaria.

En la práctica, los docentes articulan diversos saberes procedentes de su *formación profesional, disciplinaria, curricular, experiencial* o *práctica*, construidos a lo largo de su vida y de su trayectoria profesional. En este sentido, Tardif (citado por Barrón, 2010) señala la importancia de reconocer el entramado de relaciones desde las cuales construyen las prácticas los docentes: *los saberes, el tiempo y el trabajo*. En gran medida, lo que saben los docentes sobre la enseñanza proviene de su experiencia como alumnos y a partir de ésta construyen y reconstruyen sus prácticas en el aula, a través de un permanente movimiento de continuidad y rupturas con las teorías y perspectivas teóricas desde las cuales cobra sentido. Lo que implica el reconocimiento de que los saberes que fundamentan la enseñanza son *existenciales, sociales* y *pragmáticos*. Son *existenciales* porque involucran a los seres humanos en su totalidad, con sus anhelos, sus deseos, sus emociones, sus relaciones con los otros y consigo mismo; son *sociales* porque provienen de distintos núcleos y tiempos de formación escolar y de la vida cotidiana. Por último, son *pragmáticos* porque aluden a las experiencias y prácticas en el marco de las instituciones escolares y de las prácticas profesionales del docente.

Los saberes profesionales del docente pueden ser agrupados en: *temporales, plurales y heterogéneos, personalizados y situados,* y llevan consigo las señales de su objeto, que es el ser humano (Tardif, citado por Barrón, 2010). Son *temporales* en tres sentidos, porque provienen de su historia de vida personal y escolar, de ritos iniciáticos y de rutinas que le dan seguridad en el aula, y de las prácticas escolares institucionalizadas (Zeichner y Gore, citados por Barrón, 2010), (Carter y Doyle, citados por Barrón, 2010). Son *plurales y heterogéneos* en función de las diversas situaciones a las que se enfrentan cotidianamente (Doyle, citado por Barrón, 2010). Son *personalizados y situados* al ser saberes apropiados, incorporados, subjetivados; no es posible disociarlos de la persona, de su experiencia y de su situación de trabajo.

Con base en todo lo anterior se puede afirmar que para transformar la educación se requiere que el docente realice una revisión a fondo de las relaciones con el conocimiento, a partir de la reflexión y del análisis del reconocimiento de algunos resabios en su práctica, tales como los resabios emanados del "platonismo", es decir, de un mundo de ideas fijado de una vez y para siempre, de la negación de su historicidad, su condicionamiento social y político, y de los resabios del Iluminismo; se trabajan sólo con certezas, verdades inmutables y con un autoritarismo dogmático. El desafío mayor en las relaciones del docente con el conocimiento es el cómo quedamos cuando realizamos esta revisión. No es cierto que no podamos enseñar, porque la realidad es menos esencial de lo que creíamos, y la verdad menos cierta de lo que imaginábamos. Esto implica el reconocimiento de la equidad en la distribución de los saberes, la autonomía en la producción del conocimiento, la libertad para expresarnos y gozar las posibilidades de trabajar de manera creativa, solidaria y fundamentalmente en el reconocimiento de los derechos humanos (Barrón, 2010).

Un aspecto central de los saberes que los docentes desarrollan implica un fundamento axiológico. La "educación en valores" parte así de una concepción transversal que abarca todas las asignaturas del nivel de estudios. Hablar de educar en valores es una suerte de tautología porque la educación es valorizar. Es un sistema de valores, de modo que ésta es una forma de designación reiterativa. Lo que está faltando en estos momentos no es precisamente la teoría de los valores ni desarrollos expositivos desde el punto de vista filosófico, teológico o pedagógico sobre este tema, sino el didáctico. El deber docente es motivar al alumno para que descubra en primer lugar los valores; que se conviertan en una aspiración, en segundo lugar y, en tercer lugar, que los incorpore en su opción, los asuma y encarne y los aplique en su vida cotidiana. Éstos son, en última instancia, los tres pasos de la didáctica de los valores.

El valor, desde la raíz griega de la palabra, tiene un componente que indica lo "que arrastra" y, efectivamente, cuando uno descubre un valor lo arrastra, lo atrae como un imán hacia él. El ser humano es una criatura valorante, es connatural a nuestra especie esta capacidad de valoración. La valoración da sentido a la vida en una doble acepción. Por un lado, sentido como dirección, orienta la vida, la orienta como proyecto. Y el proyecto es lo que nos está faltando y es lo que no sabemos hacer y que los adolescentes y jóvenes no saben organizar. Por esto es responsabilidad del profesor trabajar en este campo. En segundo lugar, el valor también le da sentido en la acepción que plenifica de significado la vida.

Un problema de los adolescentes y jóvenes es que en ocasiones no distinguen cuáles son sus valores. El adolescente no siempre tiene conciencia de los méritos que posee, de los valores que encarna y vive. No hay dos personas que, estrictamente hablando, evalúen de la misma forma los valores, y esto hay que entenderlo para ver cómo se matiza el diálogo entre la gente y para entender a los adolescentes cuando tienen una adhesión de un grado u otro a una realidad. Los valores están encarnados siempre, están integrados a realidades, un gesto, un libro, una elección. Por eso, la pedagogía del valor debe partir de realidades concretas.

¿Como se enseñan los valores? Primero, el profesor debe partir de una sólida convicción respecto a su vocación docente en la que el quehacer formativo es central. En segundo lugar, sobre su hacer, es necesario que no exista contradicción; en tanto que, en tercer lugar, su decir debe ser congruente con su acción. La coherencia entre el ser, el hacer y el decir, es fundamental.

La enseñanza de los valores hoy en día es lo que se llama el transversal de los transversales. ¿Qué es la *transversalidad*? Es lo que da coherencia a la actividad institucional. Es otro nombre de la coherencia educativa de un colegio. Cuando hay transversales que funcionan, el centro educativo es coherente. Sí, son contenidos relativos a valores y actitudes los que dan coherencia institucional, son contenidos de carácter globalizador e interdisciplinario.

¿Qué aporte hace el profesor en esto, desde una perspectiva individual? En primer lugar, la programación de su asignatura con un carácter participativo. Este tipo de metodología beneficia la asunción de valores, las formas de la evaluación, el desarrollo de los contenidos, el currículo oculto. ¿Cuáles son los contenidos del currículo oculto? ¿El profesor es consciente? ¿Lo hace explícito? La figura del profesor, que no puede ser neutral, es capital en este plano. La formación del profesor en valores requiere, para hacerlo coherentemente, primero una fundamentación básica filosófica para el marco de la ética; en segundo lugar, un conocimiento de las distintas corrientes éticas contemporáneas que hay que elegir; en tercer lugar, una conciencia de la actitud de neutralidad que algunos adoptan, desde el otro extremo o de su contrario, un adoctrinamiento excesivo. El saberse modelo, el entender las implicaciones morales de los contenidos de su materia, el conocimiento de algunas técnicas de la enseñanza en valores y la decisión de aplicar todo ello en la tarea cotidiana, es lo que debemos hacer, con creciente urgencia, los centros educativos y los profesores (Barrón, 2010).

El ejercicio tutorial, más allá de ser observado con el sesgo burocrático que da cauce a una "moda inevitable" que "complementa" el trabajo docente, es una acción que en la promoción del aprendizaje autónomo del alumno desarrolla en él la responsabilidad y el compromiso personal hacia su formación. Hernández y Torres (2005, p. 4) mencionan que el tutor debe ser "competente para estructurar experiencias de aprendizaje significativas para el desarrollo de sus estudiantes de competencias personales valiosas para su maduración humana y de competencias profesionales específicas relevantes en términos de empleabilidad. Selecciona la propuesta de aprendizaje y marca los tiempos. Supervisa personalizadamente durante el proceso los resultados que va alcanzando el estudiante, proponiéndole oportunidades de mejora que le permitan alcanzar la excelencia y, finalmente, acredita ante la sociedad las competencias adquiridas principalmente a través de las calificaciones que otorga a sus estudiantes".

En este contexto, es vital tomar en cuenta los valores y el crecimiento personal dentro del currículo. Los principios pedagógicos que sustentan esta visión subrayan que el arte y la ciencia de la enseñanza incluyen una perspectiva humanista del mundo y de la persona que se pretende formar, con el propósito de impulsar un crecimiento global del educando. Las relaciones de respeto y confianza mutua que deben caracterizar el vínculo entre el alumno y el docente son las que crean un clima propicio para dialogar acerca de la madurez. La tarea del tutor dentro de este ámbito consiste en felicitar los esfuerzos realizados por los alumnos y alentar a quienes por diversas razones se encuentran rezagados. Con ellos la labor es ardua, y el tutor necesita desplegar amplias capacidades para animarlos al presentarles nuevas preguntas y orientaciones, así como sugerirles mirar su realidad desde otros puntos de vista. Aquí el profesor está al servicio del alumno para detectar cualidades y debilidades especiales con la expectativa de desarrollar el potencial interior de cada uno de ellos.

En un trabajo ideal, el alumno debería sentir la suficiente confianza para compartir con su tutor los factores que le alegran o los que lo desalientan, tanto a nivel personal como académico. Para eso, el tutor debe fundamentar sus acciones con un profundo respeto por la libertad del estudiante, quien muchas veces avanzará de acuerdo con su madurez y ritmos personales.

El ejercicio orientador y formativo parte de las necesidades del alumno y se organiza a partir de los propósitos formativos planteados por la institución escolar. Para detectar las necesidades que requieren atención basta tener una visión amplia del proceso que sigue el alumno desde el inicio de sus estudios hasta su integración al campo laboral. De esta mirada se visualizan cuatro hitos o momentos críticos que los alumnos han de resolver (Hernández y Torres, 2005):

1. Transición de la secundaria al bachillerato.
2. Transición desde el bachillerato a la universidad.
3. Permanencia y aprovechamiento.
4. Transición desde la universidad al empleo.

En esta dinámica la tarea del docente tutor es fundamental para avanzar sólidamente en los problemas que surjan alrededor de esos hitos. En la transición de la secundaria al bachillerato el alumno aún tiene en lo general grandes dudas sobre sus aptitudes y preferencias profesionales. El docente tutor debe ser sensible a las condiciones de esa etapa, ser un respaldo para el adolescente y hacerlo consciente sobre las asignaturas que este alumno considere como las más fáciles y agradables. Aquí puede configurarse un primer acercamiento a las nuevas profesiones para su investigación y reflexión.

En la transición del bachillerato a la universidad se viven cambios drásticos similares a los acontecidos cuando se va a otro país con cultura, normas, lenguaje, exigencias y comportamientos distintos. Resolver esa transición será crucial para el desenvolvimiento posterior del joven educando. Es el tiempo para que se realice con responsabilidad y conciencia la elección profesional. Para ello el alumno debe desplegar todos sus recursos interiores y haber realizado una introspección realista y evidentemente apegada a sus aspiraciones para optar por lo que dará significado y sentido a su futuro.

Las necesidades del alumno que se incorpora a la universidad se refieren, por un lado, al requerimiento de información que le permitirá conocer la estructura institucional, los servicios que ofrece la entidad, los deberes y normas académicas. Por otra parte, al abordar ese requerimiento, se generará en el joven estudiante la necesidad de sentirse atendido ante su integración a un medio nuevo que le puede propiciar inseguridad e incertidumbre, por lo que sin duda apreciará notablemente el apoyo personal y directo de sus nuevos directivos y docentes. De modo particular, el docente tutor es el personaje idóneo que muestra al alumno el "rostro" de la institución. "Es (el tutor), en el fondo, la figura mediadora que posibilita el contacto personal entre la institución y el alumno" (Hernández y Torres, 2005, p. 11).

En los aspectos relativos a la calidad y al aprovechamiento, la acción tutorial extiende su acción mediadora para convertirse en proceso fundamental que haga posible abrir las necesidades de desarrollo personal al vincular esa práctica con el enfoque de aprendizaje basado en competencias.

Por otra parte, Hernández y Torres (2005, p. 12) señalan que la tarea del tutor debe coadyuvar a que el alumno sea encaminado en los siguientes procesos:

- Hay que posibilitar que el alumno elija orientada, reflexiva y competentemente cuál es el área optativa más afín a sus intereses.
- Esto supone ayudar al alumno a que haga un desarrollo coherente de sus estudios, los que deberán ser acordes con sus aptitudes y expectativas.
- Promover que el alumno vaya madurando progresivamente su perfil profesional.
- Establecer un seguimiento académico individualizado permanente y consistente que asegure el máximo desarrollo de las capacidades de cada uno de los estudiantes.
- Aprovechamiento de oportunidades que, en el marco de la institución, permiten acceder a otro tipo de aprendizajes: becas, intercambios, voluntariado y cooperación al desarrollo, participación en talleres, congresos, jornadas, simposios, etcétera.

Lo anterior sugiere que el estudiante debe asumir reflexivamente un papel activo en su proceso de transición. Al sentir que tiene el control, el alumno tendrá la posibilidad de mirar su éxito como resultado de una tarea personal en la que ha tomado una decisión concienzuda mediada por el control de sus conductas para cumplir con sus propósitos.

QUIÉN ES EL TUTOR Y CUÁLES SON SUS ÁMBITOS DE ACCIÓN

En la actualidad, el ejercicio tutorial puede ser considerado como una competencia del perfil profesional de todo docente, y se ha descrito a la tutoría como una actividad de carácter formativo que se ocupa de la formación personal, social y profesional de los estudiantes. La tutoría tiene que entenderse como un elemento dinamizador para que todos los subsistemas de la organización educativa apoyen al estudiante para conseguir que éste sea el agente activo de su aprendizaje (Hernández y Torres, 2005).

Las tres dimensiones o ámbitos de la tutoría podrían identificarse del siguiente modo:

1. Tutoría personal (*counseling*): orientación personal y académica curricular.

2. Tutoría docente (*tutoring/mentoring*): orientación del aprendizaje.
3. Tutoría para la transición profesional: orientación vocacional, profesional y laboral.

Tutoría personal

Es indispensable ante la reciente incorporación del alumno a otro nivel educativo, ya que le facilita la información básica y lo orienta para su integración adecuada al nuevo nivel. Una tutoría personal desempeñada con eficacia puede evitar la deserción escolar o la repetición de cursos. Abarca los ámbitos extracurriculares que tocan las situaciones de vida personal del alumno, proporciona información sobre el plan de estudios, sobre los aspectos que deberán considerarse al tomar decisiones académicas; es mediador entre las necesidades de los alumnos y las oportunidades y recursos institucionales; atiende y ayuda a resolver asertivamente las problemáticas de alumnos irregulares, entre otras acciones.

Tutoría docente

Se encarga de acompañar a los alumnos en su proceso de aprendizaje. Él, como facilitador del logro de capacidades, "... será quien estimule y proponga aprendizajes autónomos, mientras que asesorará en la selección de materiales y fuentes y organizará la temporalización de la variedad de experiencias de aprendizaje que permita que el estudiante alcance las competencias previstas en el programa... (y que) comprenda la lógica de la asignatura, el sentido de la misma, los procedimientos básicos, los sistemas de evaluación y vaya desarrollando un método personal de trabajo" (Hernández y Torres, 2005, p. 21). El tutor docente debe desenvolverse de modo proactivo, no reactivo, y en ese sentido debe ayudar al alumno a plantear sus métodos y hábitos de estudio, orientarlo respecto al trabajo colaborativo y hacerle reconocer sus limitaciones y su responsabilidad frente a su aprendizaje. La tutoría docente ha de convertirse, entonces, en un lugar de diálogo y colaboración para construir las redes de procesos interpersonales en los que se implican el profesor y el alumno.

La tutoría docente se concibe como un ejercicio fundamental, no marginal, por lo que su práctica debe desarrollarse en momentos preestablecidos dentro del currículo y, como se ha señalado, necesita ser una tarea que privilegie la orientación hacia el aprendizaje autónomo. El tutor debe apoyarse en los recursos que ofrecen las TIC, aunque la interacción es básica.

También es importante señalar que el tutor de manera implícita o explícita necesita introyectar en el alumno valores esenciales para su vida personal y profesional: espíritu crítico, constancia, rigor, esfuerzo para concluir lo emprendido, compromiso, eficiencia y ética. Naturalmente, por congruencia, el tutor debe poseer esos valores y su ejemplo de vida es para el alumno el parámetro para seguirlo por su calidad humana y profesional.

Tutoría para la transición profesional

La inserción en la dinámica laboral es la culminación de todas las etapas formativas precedentes. Desde la educación media superior el alumno, con el respaldo del tutor, debe forjar un anteproyecto profesional susceptible de modificarse de acuerdo con las circunstancias académicas, contextuales o personales. En lo que concierne al compromiso institucional de formar profesionales de alto nivel, es preciso que los planes de estudio respondan al desarrollo de competencias viables y necesarias para permitir la empleabilidad del estudiante. Para ello, la condición de la escuela es enfatizar en las asignaturas la funcionalidad y significatividad de los aprendizajes para responder a las demandas reales del mundo del trabajo.

ACTIVIDADES TUTORIALES DE GRUPO

Respecto a las actividades tutoriales dirigidas al grupo, Hernández y Torres (2005), señalan, entre otras, las siguientes:

- Organizar actividades de bienvenida al principio del curso.
- Hablar inicialmente sobre los derechos y deberes del alumnado, así como las normas internas de disciplina y acerca del funcionamiento cotidiano de la institución.
- Explicarles las tareas y funciones que él tiene como tutor del grupo, además de darles la oportunidad de participar en la planeación de actividades grupales.
- Promover y coordinar acciones que fomenten la convivencia y la integración de los alumnos a la vida de la escuela, tales como la elección de representantes, fiestas, excursiones, campamentos y otras de carácter cultural o deportivo.
- Enseñar a estudiar: organización de los tiempos de estudio, lugar apropiado, necesidades de tiempo libre y descanso, etcétera.

- Informar sobre opciones académicas y profesionales.
- Celebrar reuniones con los alumnos para preparar las sesiones de evaluación y tomar decisiones tras sus resultados.
- Organizar sesiones de reflexión sobre asuntos que tengan que ver con actividades académicas o profesionales.
- Aplicar cuestionarios de identificación de competencias.
- Orientar el desarrollo del proyecto de vida y profesional del alumno.

ACTIVIDADES DE TUTORÍA INDIVIDUAL

En la entrevista individual se contemplan, entre otros, los siguientes aspectos (Hernández y Torres, 2005):

- Entrevista inicial de bienvenida y presentación.
- Seguimiento a lo largo del curso.
- Valoración de cada curso.
- Valoración final.
- Orientación sobre materias obligatorias y optativas.
- Orientación personalizada sobre contenidos trabajados en grupo.
- Respuesta a una dificultad personal del alumno.
- Seguimiento del proyecto profesional.

Para el eficaz funcionamiento del sistema tutorial es clave una apropiada selección y formación de tutores. Sin duda, una característica esencial del tutor es su capacidad de comunicarse con empatía, así como tener una alta inteligencia emocional y social que le permita interactuar asertivamente con los alumnos.

Hernández y Torres (2005) establecen algunas condiciones que necesita cubrir quien sea asignado como tutor:

- Un perfil de cualidades humanas: madurez, empatía, sociabilidad y responsabilidad.
- Un conocimiento amplio de los planes de estudio.
- Un conocimiento amplio de la institución escolar y del ámbito profesional para el que se prepara a los alumnos.
- Facilidad de acceso a la información institucional.
- La voluntad y los recursos para orientar los procesos de desarrollo de los estudiantes en los aspectos curriculares, profesionales y personales.

- La voluntad y los recursos para estimular actitudes académicas en los alumnos: estrategias de estudios y complementos formativos.
- La voluntad y los recursos para motivar la mejora de los estudiantes de excelencia.
- La disponibilidad y la dedicación para la atención de alumnos, para la propia formación permanente y para las tareas de coordinación de la tutoría.
- Una actividad positiva hacia la función tutorial. Voluntad de desarrollar esta función y compromiso de permanencia durante un cierto tiempo.
- Facilidad para la relación personal con alumnos y profesores.
- Una capacidad crítica y voluntad constructiva en las relaciones con el alumnado y la institución.
- Credibilidad y prestigio en su área de conocimiento.

CUESTIONARIO DE EVALUACIÓN DE LAS FUNCIONES TUTORIALES[1]

1	2	3	4	5	6	7
Lo hago a menudo.	Lo hago de vez en cuando.	Lo puedo hacer cuando es necesario.	Lo tengo previsto aunque no lo puedo hacer todavía.	Me gustaría tener previsto hacerlo.	No tengo previsto hacerlo.	No me corresponde hacerlo.

1. Presto atención personal a todos los estudiantes sin manifestar preferencias por mi parte. ( )
2. Dejo claras cuáles son mis funciones como tutor a los estudiantes y que las distingan de otras prestaciones que se ofrecen en la institución educativa como las del servicio de atención psicológica. ( )
3. Soy receptivo y estoy disponible para escuchar las necesidades individuales de los estudiantes que están en las asignaturas que imparto. ( )
4. Cumplo con los horarios publicados en mi tutoría. ( )
5. Procuro que las entrevistas de tutoría se hagan en un espacio físico que garantice la comodidad y la seguridad. ( )
6. Establezco una cita previa de entrevista donde el estudiante escribe sus propósitos y necesidades. ( )
7. Procuro mantener un equilibrio en las funciones y límites de mi rol como tutor docente. ( )

[1] Citado por Hernández y Torres. *La acción tutorial en la Universidad*, 2005.

8. Sigo el progreso de cada estudiante mediante entrevistas periódicas programadas durante el semestre. ( )
9. Mantengo contacto con los servicios a los estudiantes de la universidad para derivar a mis alumnos cuando éstos me plantean demandas de atención específicas de estos servicios. ( )

EL TRABAJO GRUPAL

Para generar un clima que favorezca la interacción entre docentes tutores y los alumnos, se deben considerar diversos aspectos que al ser tomados en cuenta pueden contribuir al desarrollo de ambientes de aprendizaje más óptimos. El primer factor es el entorno en el que se lleva a cabo el trabajo grupal. Éste debe permitir que todos los participantes se relacionen entre sí, y para ello la disposición de los asientos dentro del espacio físico necesita ordenarse en forma de semicírculo o de circunferencia. Asimismo, el docente, si bien es el actor que coordina la experiencia, debe ubicarse en un nivel físico que no connote superioridad, ya que la comunicación que se realiza requiere ser horizontal.

El docente tutor, al ser consciente de que los miembros del grupo pueden tener diversas barreras psicológicas motivadas por temores e inseguridades pocas veces reconocidos, debe crear una atmósfera de confianza, calidez y seguridad para la libre expresión. Debe propiciar, así, una comunicación honesta, pero debe respetar la decisión particular de ciertos alumnos para no exponerse más de lo necesario. Este proceso puede organizarse a través de dinámicas de grupo que principan con la intervención clara, asertiva y serena del docente.

Brockbank y McGill (2002) señalan que en el trabajo de grupo deben imperar, entre otras, las siguientes condiciones para aprovechar y enriquecer la dinámica que se establezca:

- Confidencialidad.
- Igualdad de tiempo para hablar.
- Escuchar a los demás mientras hablen.
- Ser sinceros y abiertos.
- No atacar a los demás.
- Hacer críticas constructivas.
- No manifestar compulsión para hablar.
- Posibilidad de expresar sentimientos.
- Aceptación de toda clase de sentimientos.
- Conciencia y aceptación de la diversidad.
- Observar los límites de tiempo.

Por su parte, según los mismos autores, las destrezas del tutor deben orientarse al desarrollo de una actitud paciente, que estimule, que ofrezca apertura, accesibilidad, valoración de las aportaciones ofrecidas por los alumnos, con independencia de su importancia, y no denotar favoritismos.

En la perspectiva de emprender un diálogo reflexivo, las destrezas básicas se dan en torno a la presencia del orientador, la autorrevelación, la escucha atenta y precisa, y la asertividad básica.

El trabajo en equipo de los gansos

La ciencia ha descubierto que los gansos vuelan formando una V porque cada pájaro bate sus alas produciendo un movimiento en el aire que ayuda al ganso que va atrás de él. Volando en V la bandada completa aumenta por lo menos en un 71 % más su poder de vuelo, a diferencia de que si cada pájaro volara solo.

Cada vez que el ganso se sale de la formación, siente la resistencia del aire y se da cuenta de la dificultad de volar solo. Por lo anterior, de inmediato se incorpora a la fila para beneficiarse del poder del compañero que va delante.

Cuando el ganso que va a la cabeza se cansa, se pasa a uno de los puestos de atrás y otro ganso o gansa toma su lugar.

Los gansos que van detrás producen un sonido propio de ellos para estimular a los que van delante para mantener la velocidad.

Cuando una gansa o ganso enferma o queda herido, dos de sus compañeros se salen de la formación y lo siguen para ayudarlo o protegerlo. Se quedan con ella o él hasta que esté nuevamente en condiciones de volar o hasta que muera. Sólo entonces los dos compañeros vuelven a la bandada o se unen a otro grupo.

Parece que cuando compartimos una dirección común y tenemos sentido de comunidad, podemos llegar adonde deseamos más fácilmente y más rápido. Éste es el beneficio del mutuo apoyo.

(Tomado de www.educarueca.org/article.php3?id_article=15.)

PRESENCIA DEL DOCENTE TUTOR

Al entrar al aula, el docente manifiesta diversas expresiones no verbales que comunican aspectos de sí mismo aun antes de utilizar su voz. El lenguaje corporal, la expresión corporal, la expresión facial y el tipo, manejo y tono de voz, con independencia del contenido discursivo, trasmiten significados que crean en los alumnos una noción del carácter y personalidad del profesor. Incluso, se piensa que la comunicación no verbal es en muchas situaciones más determinante que una exposición verbal específica. Este es el caso de la postura que asume el profesor a lo largo de la sesión en el aula. Con el propósito de expresar apertura, interés y receptividad, el facilitador debe ser consciente de que la postura más adecuada es aquella en la que la cabeza, el cuello y la columna den sensación de estar elevados, en tanto que la espalda se alarga, los pies abiertos se afirman en el piso, y los brazos se colocan también abiertos a lo largo del tronco, y las manos descansan en los muslos. Así, el docente se coloca con una postura abierta en la que domina y destaca el poder.

En cuanto al ritmo de la expresión verbal, la gran rapidez que caracteriza a múltiples interacciones connota ansiedad, tensión y urgencia. Por ello, para elaborar un discurso más cordial y profundo es preciso que el facilitador hable con mayor lentitud, con pausas, con silencios intencionales, y estimular con ello una mejor disposición por parte de sus alumnos. Lo óptimo es lograr un equilibrio entre la comunicación ágil, característica de la clase magistral, y la pausada y serena, sobre todo cuando son abordadas asignaturas de un alto significado humano.

COMPONENTES NO VERBALES DE LA CONDUCTA ASERTIVA, NO ASERTIVA, AGRESIVA

Son tan importantes o más que los componentes verbales. La investigación muestra que la mayor parte de nuestra comunicación es no verbal.

Eisler, Miller, Hersen (1992) señalan como los más importantes:

1. Duración de la mirada hacia la otra persona.
2. Duración de lo que se dice.
3. Fuerza en lo que se dice (tono, ademanes).

4. Emoción en lo que se dice.
5. Tiempo que se tarda en dar la respuesta (Galassi, Litex, 1991).

No asertiva	Asertiva	Agresiva
1. Conducta no verbal	*1. Conducta no verbal*	*1. Conducta no verbal*
No da soporte, énfasis, fuerza, a los mensajes verbales.	Congruente con los mensajes verbales.	Trata de dominar o degradar a la otra persona.
2. Contacto visual	*2. Contacto visual*	*2. Contacto visual*
Evasivo.	Firme.	Mira inquisitivamente.
3. Tono de voz	*3. Tono de voz*	*3. Tono de voz*
Monótona o demasiado suave, titubeante, pausas.	Fuerte (apropiado a la situación).	Estridente (no se ajusta a la situación
4. Ademanes corporales	*4. Ademanes corporales*	*4. Ademanes corporales*
Manos entrelazadas. Sujetándose a algo o a alguien. Encorvando los hombros. Retrocediendo cuando la otra persona hace una observación asertiva.	Firmeza.	Rígidos (apuntan demasiado con el dedo).

AUTORREVELACIÓN

En las situaciones de aprendizaje que sustenten un verdadero crecimiento, la relación que se estableza en el aula se orientará al diálogo reflexivo. Para lograrlo, se requiere mayor profundidad en cuanto al conocimiento que cada quien tiene respecto de sí mismo y sobre los otros. En ese ámbito se fundamenta la necesidad de la *autorrevelación*, la que permitirá tener una conciencia más desarrollada acerca de las propias debilidades y fortalezas. Un procedimiento muy útil de autorrevelación que a la vez muestra formas particulares de establecer relaciones es la Ventana Johari. Este modelo se basa en los siguientes supuestos (Brockbank, McGill, 2002, p. 195):

1. Los factores subjetivos dictan nuestras impresiones sobre los demás.
2. Las emociones influyen en la conducta más que la razón o la lógica.
3. Los seres humanos tienen una conciencia limitada de su yo y se benefician de la información procedente de otras fuentes.

4. El cambio promueve la posibilidad de aprender y desarrollarse.
5. La experiencia es fluida y siempre cambiante.

	Conocido por el yo	Desconocido por el yo
Conocido por los otros	1	2
Desconocido por los otros	3	4

Cada cuadrante de la Ventana Johari representa a una persona en relación con los demás; revela así el conocimiento de la conducta y los sentimientos. Parte de este conocimiento es compartido y parte no. A continuación se describe lo que está implicado en los cuadrantes de la Ventana.

Cuadrante 1

En el cuadrante abierto, la conducta y los sentimientos de la persona son conocidos por él y por los otros. A partir de este conocimiento se dan la mayoría de las interacciones voluntarias.

Cuadrante 2

El cuadrante inconsciente se refiere a las conductas, motivaciones y expresiones de sentimientos que los demás ven, pero el "yo" no. La persona en un intercambio manifiesta su yo público. Los demás ven esa parte, pero también pueden percatarse de ciertas actitudes que la persona no asume conscientemente, las que revelan facetas que comunican aquello que el individuo no ha incorporado a su conciencia.

Cuadrante 3

En el cuadrante oculto se encuentran las conductas, sentimientos y motivaciones que "yo" conozco de mí mismo, pero que no estoy dispuesto a revelar a otros. Cuando por alguna razón la persona revela aspectos de ese cuadrante, éste "reduce" su tamaño y aumenta el del cuadrante abierto.

Cuadrante 4

En el cuadrante desconocido las conductas y los sentimientos no son conocidos ni por el "yo" ni por los demás. Asomamos a ella probablemente a través de los sueños, de los actos fallidos, o en alguna ensoñación diurna. Desentrañar ese cuadrante requeriría en ciertos casos de un trabajo introspectivo dirigido a través de un proceso psicoterapéutico.

Mediante la Ventana Johari podemos ver cómo funciona la revelación en una situación grupal.

Ventana en grupo nuevo

1	2
3	4

Ventana tras la revelación

1	2
3	4

Al darse la interacción en un grupo nuevo, la persona empieza a revelar lo que está oculto para los demás, lo que aumenta el tamaño del cuadrante 1. En la dinámica de favorecer un diálogo crítico en un contexto académico, la apertura es necesaria, y con ella la autorrevelación. Para evitar los temores naturales de expresión que tienen los miembros de un grupo nuevo, el docente tutor debe proceder hablando primero de sí mismo; se autorrevela para generar un clima de confianza que si bien implica para el tutor cierto riesgo, estimula a los otros a hablar de sí mismos.

El aspecto motivador de la confianza es fundamental, ya que permitirá la gradual y conveniente apertura que evite una expresión descontrolada que dé lugar al protagonismo, o a la inhibición, o a la culpa por mostrar debilidades que expongan a ciertos miembros del grupo. El propósito es que mediante la manifestación de sentimientos, los positivos y los negativos, emerja la suficiente confianza que fructifique en un diálogo constructivo y benéfico para todos en una tarea académica particular.

Además de la Ventana Johari existen otras posibilidades de autorrevelación que también son útiles para el desenvolvimiento grupal. Con el propósito de suscitar interés y confianza, se puede echar mano del relato de la "historia subjetiva" que supone la consideración de los factores emocionales que condicionan el ser y el quehacer personal. Con "mi" revelación "invito" a los demás a imitarme, para crear un diálogo significativo, interesante y real.

La narración de hechos en un formato de historia subjetiva suele aparecer más veraz y congruente entre lo que decimos, sentimos y pensamos.

Otro aspecto central que se relaciona con resultados fructíferos en la comunicación grupal es la atención y escucha precisas. Para escuchar, previamente es necesario prestar atención al otro. En su posición de tutor, el docente debe mostrarse físicamente receptivo, tranquilo y firme, no ansioso y, al prestar atención, debe sintonizarse con los mensajes verbales y no verbales de los demás. La posición corporal del tutor influirá asimismo en la calidad de su escucha. La técnica "SOLER" establece los requisitos mínimos para que el oyente escuche al hablante:

- **S**: Mira cara a cara (*squarely*) a la persona que habla. La postura debe manifestar interés, por lo que el tutor necesita inclinarse hacia el orador y demostrar "ser todo oídos".
- **O**: Adopta una postura abierta (*open*) que expresa receptividad. Las piernas y los brazos cruzados pueden denotar una actitud cerrada, por lo que debe revisarse si la postura manifiesta una buena disposición hacia el hablante.
- **L**: Inclinarse (*lean*) hacia el orador indica un claro interés, en tanto que alejarse muestra lo contrario. Esto es algo que el tutor debe considerar al interactuar.
- **E**: No perder el contacto visual (*eye*) con la persona que habla.
- **R**: Mantener una conducta relativamente relajada (*relaxed*) para evitar distracciones. No debe reflejar inquietud la postura física, sino que se está cómodo al escuchar.

Establecida la necesidad de una atención precisa, es importante que los tutores tomen en cuenta que son muchos los factores que inhiben que el mensaje sea recibido con su intención original. Cuando A se comunica con B se pasa por cinco fases, según documentan Brockbank y McGill (2002, p. 203):

1. **A** formula una idea y crea un mensaje.
2. El mensaje expresado en forma de sonidos y señales visuales viaja hacia **B**, y puede distorsionarse debido a factores como el ruido, la luz y el viento.
3. **B** oye aproximadamente el 50 % del mensaje y puede elaborar juicios mientras **A** sigue hablando, con lo que puede perder o malinterpretar el mensaje.
4. **B** decodifica el mensaje, a veces de modo incorrecto debido, por ejemplo, a que éste tiene juicios influidos por su clase social, género y cultura. **B** también puede confundirse a causa de las contradicciones entre el mensaje verbal y el no verbal.
5. **B** reconstruye el mensaje para adaptarlo a su mapa cognitivo. La adaptación tiene que ver con "oír sólo lo que queremos oír". Esta adaptación es positiva o negativa. Muchas veces quien escucha evalúa el mensaje, lo juzga, lo rechaza o acepta sin un análisis crítico.

Para lograr que se reduzca la disonancia entre lo que se dice y lo que interpreta el oyente, se requiere atender cuatro aspectos de la escucha activa (Brockbank y McGill, 2002, p. 205):

1. Observar e interpretar la conducta no verbal del hablante: postura, expresiones faciales, movimientos, tono de voz, etcétera.
2. Escuchar a la persona completa en el contexto de los grupos sociales en los que viva.
3. Escuchar con atención.
4. Escuchar y comprender los mensajes verbales del hablante.

En la escucha precisa es fundamental atender la conducta no verbal, ya que se ha demostrado que hasta el 90 % del mensaje se trasmite por canales no verbales. Más de la mitad del mensaje puede comunicarse a través de la expresión facial o el lenguaje corporal, mientras que más del 30 % viaja en el tono, el timbre, el volumen y los giros de la voz. Si bien estos aspectos son esenciales, es importante señalar que no es lo óptimo fundamentarse estrictamente en el lenguaje no verbal para valorar al mensaje verbal y a su emisor; el mensaje en sí mismo es relevante por lo que es justo considerar a la expresión en su manifestación global.

Asimismo, al escuchar la historia subjetiva el receptor debe situarse, en lo posible, en el contexto social del emisor. Esto le permitirá comprender mejor al hablante dentro de su ámbito referencial. Es lógico que el oyente establezca valoraciones a partir de su estructura significativa, sin embargo, como se ha señalado, es necesario que este oyente comprenda desde dónde se ubican las motivaciones del emisor dentro de su contexto cultural.

La interpretación de la postura

- Para un psicoanalista, la postura de un paciente muchas veces constituye una clave de primer orden.
- La postura es la clave no verbal más fácil de descubrir, y observarla puede resultar muy entretenido.
- Albert Scheflen descubrió que, con sorprendente frecuencia, las personas imitan las actitudes corporales de los demás.
- Siempre que dos personas comparten un mismo punto de vista, suelen compartir también una misma postura.
- Cuando se reúnen cuatro o más personas, es común descubrir varios grupos de posturas distintos.
- Si escuchamos la conversación nos daremos cuenta de que los que opinan igual sobre el tema también se sientan de igual modo.
- Cuando una persona está por cambiar de opinión, probablemente emitirá una señal reacomodando la posición de su cuerpo.
- Las personas que tienen más o menos el mismo *status* comparten una postura similar, pero no así el profesor, el alumno, el ejecutivo y la secretaria.
- La desaparecida Frieda Fromm-Reichmann asumía a veces la postura de su paciente para tratar de obtener una idea más clara sobre los sentimientos de éste.
- Algunas veces, cuando las personas se ven forzadas a sentarse demasiado juntas, inconscientemente despliegan sus brazos y piernas como barreras.
- Un hombre y una mujer sentados frente a frente a una distancia muy próxima, cruzarán los brazos y tal vez las piernas, y se echarán hacia atrás en sus asientos.
- Cuando cambia de punto de vista realiza un giro mayor con todo el cuerpo. Incluso mientras una persona sueña dormida, cambia de posición cada vez que llega a un punto final lógico.
- Scheflen descubrió también que la mayoría de las personas parten de un repertorio de posturas sorprendentemente limitado. Cada individuo tiene una forma característica de controlar su cuerpo cuando está sentado, de pie o caminando. Es algo tan personal como su firma, y frecuentemente parece ser una clave fidedigna de su carácter. Piénsese en la forma de moverse de John Wayne.
- La mayoría de nosotros somos capaces de reconocer a nuestros amigos aun a gran distancia, por su forma de caminar o por la manera de estar de pie.
- En centros de investigación como el Instituto-Esalen se considera que a veces los problemas psicológicos personales llegan a incrustarse en la estructura corporal.

- Estas teorías forman parte de la medicina psicosomática, que sostiene que el estado del cuerpo afecta al de las emociones. (Por otra parte, la medicina psicosomática sostiene también que las emociones afectan al cuerpo.)
- Otra técnica, denominada *rolfing* en homenaje a su inventora Ida Rolf, incluye intensos y dolorosos masajes destinados a liberar y volver a su sitio los músculos crónicamente tensos y contraídos.
- La postura no es solamente una clave acerca del carácter, es también una expresión acerca de la actitud.
- Para muchas situaciones sociales hay en nuestra cultura posturas que se consideran adecuadas y otras que no. Uno no se recuesta durante una sesión de negocios.
- Entre los norteamericanos, la postura puede ser un indicio no sólo de un *status* relativo, sino del agrado o desagrado que dos personas, que dos presidentes, sienten entre sí.
- Cuando un hombre se inclina ligeramente hacia adelante, pero relajado y con la espalda algo encorvada, probablemente simpatiza con la persona que está con él. Si está con una mujer que no le agrada, lo demuestra simplemente echándose hacia atrás.
- Para mucha gente, una mujer que cruza los brazos sobre el pecho aparenta ser tímida, fría o simplemente pasiva.
- Un hombre, por ejemplo, podía tener una manera especial de colocar su cuerpo al hablar de su madre, y una postura muy diferente al hablar de su padre.
- Hasta la fecha sus descubrimientos indican que las personas que se mantienen fuera de la acción situadas en la periferia de un grupo o mirando a distancia, colocan sus cuerpos de manera levemente distinta a las personas que están dentro del grupo.
- Un individuo puede enfrentarse a otro sólidamente con todo el cuerpo o sólo con la cabeza, o con la parte superior del cuerpo o de las piernas.
- El repertorio de posturas de una cultura da forma a sus muebles, y éstos a su vez requieren ciertas posturas. Cuando un estilo de vida está en transición, puede ocurrir que posturas y muebles choquen entre sí.
- Es raro que las mujeres se sienten o estén de pie con las piernas separadas.
- A medida que un individuo toma mayor conciencia de su postura, puede descubrir que durante una velada estuvo compartiendo posturas corporales con un amigo y siguiendo amigablemente el cambio de éstas, o puede darse cuenta de que ha estado formando una barrera con sus brazos y piernas. Esa toma de conciencia del propio yo puede ser un primer paso tentativo hacia un mejor conocimiento de uno mismo.

(DAVIS, F., *La comunicación no verbal*, Alianza Editorial, Madrid, 2004.)

La labor del tutor en el escenario grupal para contribuir a una comunicación asertiva, eficaz y propicia para el aprendizaje reflexivo, parte de una noción amplia respecto a lo que significa la *facilitación*. Aquí cabe entender que en oposición a la postura de la enseñaza tradicional, cuyo protagonista del proceso es el profesor como trasmisor del conocimiento, en la corriente centrada en el aprendizaje la actividad del alumno es vital, así como las relaciones que se establecen entre todos los que se involucran en esa tarea. El facilitador-tutor, al reconocer que el aprendizaje tiene consecuencias en el mundo de las ideas, los valores e intereses, asume la importancia social de la dinámica educativa, y su papel orientador lo define con base en el trabajo que juntos deben desarrollar él con sus estudiantes y ellos entre sí.

Algunos principios del aprendizaje centrado en la persona que refiere Rogers (citados por Brockbank y McGill, 2002, p. 169), son los siguientes:

1. Los seres humanos tienen una curiosidad y una potencialidad naturales para aprender, y los estudiantes aprenden cuando la materia tiene relevancia y significado para ellos.
2. El aprendizaje que supone el cambio de la percepción de uno mismo es amenazador, y el sujeto suele oponerse a él, de ahí que se logre con mayor facilidad el aprendizaje cuando se minimizan las amenazas externas y la experiencia pueda procesarse sin peligro.
3. El aprendizaje se facilita cuando el aprendiz participa en él y la mayor parte del aprendizaje significativo se logra mediante la acción.
4. El aprendizaje que involucra a toda la persona, tanto los sentimientos como el intelecto, es más duradero y penetrante.
5. La independencia, la creatividad y la confianza en uno mismo se facilitan cuando la autoevaluación es primordial y la evaluación a cargo de otros, secundaria.
6. El aprendizaje más útil en el mundo moderno es el aprendizaje sobre el procedimiento de aprendizaje, una interiorización de la experiencia del cambio.

Los principios de este tipo de aprendizaje aportan elementos para una facilitación que se fundamenta en el desarrollo de relaciones en el aula caracterizadas por la apertura, la estimulación, la conciencia y el diálogo. Brockbank y McGill (2002, p. 170) citan los siguientes planteamientos que distinguen a la facilitación asertiva:

1. El facilitador clarifica los propósitos de las personas y los fines generales del grupo y se basa en el deseo de cada estudiante de cumplir esos propósitos que tienen sentido para él.
2. El facilitador trabaja para poner al alcance de todos el conjunto más amplio posible de recursos para el aprendizaje y se considera a sí mismo como un recurso flexible para uso del grupo.

3. El facilitador se mantiene alerta a las expresiones indicadoras de sentimientos profundos o fuertes, y responde a las expresiones de sentimiento y acepta tanto el contenido intelectual como las actitudes emocionales, dando a cada aspecto la importancia que tenga para la persona, para el grupo o para ambos.
4. El facilitador, reconociendo y aceptando sus propias limitaciones, toma la iniciativa de compartir los sentimientos tanto como los pensamientos, del modo adecuado.

Una actitud fundamental de la facilitación es el desarrollo de la *empatía*. Esta palabra la acuñó Vernon Lee y significa "sentimiento hacia". Rogers (1957) dice que ser empático supone que el facilitador opte por lo que vaya a ser el centro de su atención, es decir, el mundo del hablante, tal como ese individuo lo perciba. Ayuda al hablante a lograr una comprensión más clara de su propio mundo y su propia conducta, corrigiendo en consecuencia, un mayor control sobre ellos. Es decir, la "empatía es la comprensión del mundo desde el punto de vista, los sentimientos, la experiencia y la conducta del otro y la completa comunicación de esa comprensión (Rogers, citado por Brockbanck y McGill, 2002).

Hay ciertas ideas erróneas sobre la empatía. La empatía no es aconsejar, valorar, juzgar, interpretar, desafiar, inducir al hablante a una reorientación. La empatía compromete al oyente con el hablante. Es un signo de que el hablante es valioso y merecedor de nuestro interés; cuando el estudiante experimenta la empatía, se da cuenta del poder de una respuesta de comprensión que crea confianza y que propicia las condiciones de seguridad para el diálogo reflexivo.

Este autor habla de *empatía primaria* y *empatía avanzada*. La *empatía primaria* se basa en dos elementos de información:

- Lo que siente el hablante (expresado con palabras o mediante conducta no verbal).
- La experiencia, la conducta, o ambas, que dan origen a ese sentimiento revelado al hablante.

Una vez identificados esos dos elementos de información, la etapa siguiente es la comunicación de esa conciencia al hablante.

La *empatía avanzada* se diferencia de la primaria en cuanto a que los sentimientos a los que respondemos no tienen por qué haber sido expresados de manera explícita. Pueden revelarse de forma indirecta, a través de claves verbales o no verbales. Es probable que el hablante no tenga claro el sentimiento que está originando una conducta; por ejemplo, el alumno puede preguntar sobre la evaluación de una manera agresiva y tono de voz desconcertante, y probablemente lo que él quiere saber es cómo hacer bien sus tareas académicas. El tutor debe tomar una comprensión del mundo desde el punto de vista del otro, de sus sentimientos, experiencias y conductas, y la comunicación completa de esa comprensión. En el ejemplo que hemos dado de la evaluación, el tutor dirá al alumno: "podemos ver y despejar dudas sobre la evaluación, pero también despejaremos las dudas sobre las tareas académicas pendientes".

Un profesor con experiencia está en condiciones de "saber" muchas de las cosas que les pasan a los alumnos, está en la posibilidad de brindar la empatía avanzada.

Entonces, al destacar las actitudes docentes más favorables para el aprendizaje, ¿cuáles serían las características de un vínculo humano orientado a ese fin? Barrón (2010) establece lo siguiente:

Un buen vínculo pone una *alta expectativa sobre los alumnos*. Es decir, algo que se expresaría de este modo: "Yo creo que todos ustedes pueden llegar a un nivel de excelencia". Una alta expectativa tiene algo que ver con la exigencia, pero no es una exigencia unidireccional, alguien que exige y otro es exigido, sino que es una exigencia circular: "Como tenemos altas expectativas, nos vamos a exigir como equipo entre docentes y alumnos". Todo el equipo es el que se exige.

Otro elemento de un vínculo apropiado es el *respeto*, es construir simetría donde hay asimetría. Tenemos asimetría de roles, pero tenemos simetría en dignidad, tanta valía personal tiene el profesor como el alumno.

El *reconocimiento* es otro baluarte. El reconocimiento es la contracara del anonimato, que haya un conocimiento de cada alumno en particular. Un hecho especialmente valioso sería referirse a cada alumno por su nombre. Con ello se le otorga una identidad que lo identifica como un ser reconocido y cuyos esfuerzos son particularmente estimulados.

Una relación de buena calidad le da al otro espacios para decidir: establece espacios de no control, confía en el autocontrol, en la *autonomía*. Pero para dar autonomía hay que tomar riesgos, para crecer en la calidad hay que tomar riesgos. Confiar es arriesgar. Sin embargo, esos riesgos pueden producir enormes beneficios.

Los profesores, por otro lado, deben afrontar el vínculo con adolescentes o jóvenes, quienes en realidad no quieren esa vinculación. En la adolescencia se cumple el principio de separación e individuación. La construcción de la individualidad supone la separación de los adultos, si bien el alumno está ávido de ser reconocido y tomado en cuenta. De cualquier modo, la edificación de un vínculo con un alumno adolescente no es una tarea fácil. El adolescente está viviendo una etapa de desidealización de los padres, aunque los referentes o ideologías que antes eran idealizados por los jóvenes en su búsqueda de equilibrio existencial, ya no representan, en general, una motivación que impulse su acción y expectativas. Se está produciendo una clase de encuentro/desencuentro de jóvenes de pensamiento complejo desidealizados, tanto en el ámbito personal, como en el social.

Así pues, estamos lejos de los adolescentes, por la toma de distancia de nuestros alumnos para la construcción de su identidad y porque cada vez estamos más lejos de nuestra propia adolescencia y nos cuesta cada vez más entender al que tiene 15 años. Lejos de dar por supuesto que se ha construido un vínculo, hay que dar por supuesto que está por construirse. Este es un desafío mayúsculo, pero desarrollado con conciencia puede fructificar en una relación cercana, afectuosa y propositiva con el alumno adolescente (Barrón, 2010).

En resumen, Barrón (2010) señala que entender la educación como acción comunicativa implica que los participantes intervengan en un diálogo, donde cada uno busca comprender al otro y consensuar planes de acción, lo que permite una producción social de conocimientos con reglas claras de juego y con compromiso real de los participantes. En este sentido de acción comunicativa, la atmósfera educativa es claramente ética.

En su papel de orientador, el docente debe estar cerca del joven, ser accesible, y el elemento necesario para esa cercanía es un gran respeto por la individualidad del alumno. El respeto significa revisar continuamente si le estamos dando a cada uno de nuestros alumnos la atención debida, que implica disponibilidad en el contacto visual, la disponibilidad de escucha, la disponibilidad como paciencia para el descubrimiento de los resultados. La autoridad, asimismo, debe ser una firme convicción por su carácter formativo, el que beneficiará al adolescente en sus siguientes etapas de vida. El respeto implica un uso nuevo, en un contexto nuevo, de nuestra capacidad de hacer crecer. ¿Qué implica esa capacidad de hacer crecer? *Atención*, capacidad de escucha, observación del otro, capacidad de deletrear su código facial, su expresión, para tener idea de qué le está pasando, y en eso multiplicar entonces nuestros modos de acercamiento. El ejercicio de la autoridad implica el *reconocimiento* muy sutil de los rasgos positivos que cada uno de ellos tiene. Si los padres o los docentes no son capaces de reconocer algún aspecto positivo, no están ejerciendo bien su autoridad. El reconocimiento es ponerse en contacto con los aspectos positivos, sanos de cada alumno o alumna, porque si eso no sucede, no puede desarrollarse, no sabe qué aspecto de su personalidad vale la pena desplegar. Finalmente, la *corrección*. Nosotros tenemos que corregirlos, regir con ellos sus vidas en lo que tienen de poco autónoma y de poco respetuosa. Ellos deben aprender a ser autosuficientes en el sentido de haber incorporado los valores en lo personal y en lo social. La corrección no puede hacerse sin un estímulo que apunte a su capacidad positiva de hacer. Estimular a hacer mejor las cosas significa estar convencidos de que es posible hacer las cosas bien y de que ellos son capaces de hacerlo. La desconfianza y la descalificación no sirven para crecer.

Estar frente a adolescentes supone un gran reto, y ser el tutor de ellos implica una responsabilidad mayor, por esto es importante desarrollar la habilidad de la observación, la que permitirá conocerlos y encontrar las herramientas adecuadas para una correcta interacción y toma de decisiones en los diversos momentos al interior del grupo. Por el contrario, una mirada superficial del grupo ocasionará que como maestro tutor se sienta alejado y distante de sus jóvenes, sin la capacidad de poder interactuar asertivamente.

La observación implica la reflexión, lo que permitirá entender al adolescente no sólo de una manera superficial, sino comprenderlo desde lo emocional, lo físico, lo social, su relación con la familia y con sus amigos. Lo importante de la observación es identificar los focos rojos con respecto a algún problema que pudieran enfrentar los alumnos, no para que los resuelva el docente, ésa no es la función del maestro tutor, su labor será ser el ojo detector de esas problemáticas, para tener un primer acercamiento con el joven y con sus padres, con la finalidad de canalizarlo al sitio más adecuado y tener una oportuna detección de sus problemáticas (Barrón, 2010).

En resumen la tutoría tiene que entenderse como un elemento dinamizador para que todos los subsistemas de la organización educativa apoyen al estudiante para conseguir que éste sea el agente activo de su aprendizaje. En los aspectos relativos a la calidad y al aprovechamiento, la acción tutorial extiende su acción mediadora para convertirse en proceso fundamental que haga posible abrir las necesidades de desarrollo personal al vincular esa práctica con el enfoque de aprendizaje basado en competencias.

Capítulo 4

CONVIVENCIA y comunidad EDUCATIVA

> Voy con las riendas tensas y refrenando el vuelo, porque no es lo que importa llegar pronto ni solo, sino llegar todos y a tiempo.
>
> León Felipe

Explique	Reflexione	Explore
¿Cómo se estructura organizativamente su centro educativo? Establezca la importancia del Ideario y del reglamento escolar. ¿Cómo soluciona las actitudes disruptivas de los alumnos?	¿Qué importancia tiene una sólida estructura educativa para los fines de la organización escolar? ¿Por qué es importante que los alumnos intervengan en la elaboración de sus normas internas de organización áulica? ¿Cuál es el camino más asertivo para abordar y solucionar las actitudes disfuncionales de sus alumnos dentro del aula?	Para abundar sobre los temas organizativos del centro educativo puede acudir al libro *Teoría y práctica de la dirección de los centros educativos*, de David Isaacs, Eunsa, Ediciones Universidad de Navarra, España, 1995. Para reflexionar en torno a los métodos para abordar la participación de los alumnos en la elaboración normativa se sugiere el texto *Guía para la convivencia en el aula*, de Isabel Fernández (coordinadora), CISS PRAXIS, Educación, Monografías, Escuela Española, Barcelona, 2001. Para el tratamiento de actitudes disruptivas en el alumno puede consultar el texto *Estrategias de intervención en el aula ante conductas disruptivas*, en Temas para la Educación. *Revista digital para profesionales de la enseñanza*, núm. 2, mayo 2009. Federación de Enseñanza de CC.OO de Andalucía.

En general se puede afirmar que los retos que se presentan para la educación, así como también para los docentes y estudiantes no sólo atañen al ámbito disciplinario y científico, sino también a una visión distinta de la realidad social y del conjunto de relaciones sociales en las que están insertos. En sentido amplio, la educación es, por definición, para la convivencia, aprender a vivir con otros, lo que implica saber vivir con otros, y este saber es enseñado por aquellos que tienen el poder de regular socialmente la convivencia (Cullén, citado por Barrón, 2010).

Es importante enfatizar que la convivencia se construye cultural, histórica e ideológicamente, en el interjuego de relaciones de poder. Enseñar a convivir es enseñar que las relaciones sociales deben basarse en la equidad y en la solidaridad. En este mundo globalizado los retos para los docentes, emanados de una realidad dinámica, cambiante y contradictoria, se encaminan hacia el manejo de las incertidumbres y hacia la preparación para el riesgo, el azar, lo inesperado y lo imprevisto, dejando atrás una visión estática del mundo. Las certezas que en un momento dado se trabajaban en los distintos ámbitos disciplinarios, políticos y culturales, se han modificado; la esperanza de que la ciencia proporcione certezas ha quedado atrás, se esperaría que ayude a enfrentar racionalmente las incertidumbres.

LA ORGANIZACIÓN EDUCATIVA

Como diversos tipos de organizaciones, el centro escolar gira en torno a metas o fines, tiene un número de miembros entre los que existen jerarquías, y hay una división de tareas y funciones. Isaacs (1995) establece que existe una organización escolar cuando se cuenta con "una agrupación de miembros precisables con una división de tareas y responsabilidades en función de unos objetivos generales educativos".

La organización escolar, entendida como una estructura que tiende al crecimiento integral de todos los que la forman, requiere de una definición de objetivos institucionales. Ellos reflejarán valores compartidos encaminados al logro del bien común. Asimismo, en este tipo de organización es vital favorecer la autonomía de cada colaborador para contribuir al proceso de desarrollo del bienestar institucional.

Según Isaacs (1995), la organización educativa se integra básicamente de:

a) Los objetivos.
b) Las áreas de actividad y las tareas típicas.

c) Las personas.
d) Los recursos materiales.
e) La estructura.

Los objetivos

Se refieren al conjunto de principios en los que se basa la clase de educación que se promueve, la manera de realizar la acción educativa, el modo de entender el centro y la postura de este centro sobre sus distintos estamentos. Estos principios constituyen virtualmente el Ideario del centro.

Áreas de actividad y tareas típicas

Las que realizan los profesores son:

- Docencia.
- Orientación personal.
- Normativa de la convivencia.
- Superación continua e investigación.
- Vinculación que establece con los padres de familia para coordinar esfuerzos.

Las personas

Quienes colaboran desde sus distintas posiciones en el entorno de la institución educativa necesitan reflexionar sobre la importancia de considerar aquellos factores que son fundamentales en todo proceso de mejora y crecimiento: la participación activa, la motivación, la capacitación y las actividades de evaluación.

Los recursos materiales

Tienen que ver con edificios, instalaciones materiales y equipos. Toda esta infraestructura será observada considerando el número de alumnos, los horarios, así como la óptima utilización de los espacios.

La estructura

Se refiere a la reglamentación que define normas de convivencia, también a la estructuración en torno a los objetivos del centro, al esquema presupuestal, y a las interrelaciones que se dan entre tales aspectos.

Los anteriores elementos se desenvuelven en un contexto que condiciona en mayor o menor medida las actividades del centro educativo. Las determinaciones económicas, políticas, sociales o culturales de ese entorno influyen decisivamente en la formación institucional del centro educativo, el que de ningún modo realiza sus acciones en un ámbito de aislamiento, sino de profunda interacción con el contexto.

EL IDEARIO DEL CENTRO EDUCATIVO

El centro educativo no es producto del azar. Sus fundadores tienen respecto a él una serie de expectativas que motivan su creación.
Isaacs (1995) define al *Ideario* como:

> El conjunto de principios que configuran el tipo de educación que se promueve; la manera de realizar la acción educativa; el modo de entender el centro educativo, y la postura del centro respecto a los padres, a los alumnos, a los profesores, a los antiguos alumnos, al personal no docente y al entorno.

Los objetivos derivados de la conceptualización del Ideario deberán tomar en cuenta las expectativas de desarrollo del centro educativo en consonancia con los factores externos que den forma al compromiso de forjar ciudadanos que se integren funcionalmente a su sociedad y contribuyan a su avance y fortalecimiento.

REGLAMENTO DE ALUMNOS

En cuanto a la estructuración de un reglamento de alumnos que consigne sus deberes y derechos, éste debe recoger los comportamientos que se espera que realicen para permitir una convivencia adecuada en el centro educativo. En el reglamento se concatenan exigencias operativas y planteamientos preventivos que normen una convivencia sana.
Desde una perspectiva tradicional, el reglamento de alumnos, señala Isaacs (1995, p. 127), sirve como:

- Documento de referencia para resolver cualquier duda sobre los comportamientos exigibles a los alumnos.
- Documento para coordinar las exigencias de los distintos profesores.
- Una información al profesor nuevo para que comprenda rápidamente la normativa establecida.
- Documento para reflejar lo que habitualmente sucede en el centro.
- Medio de comunicación para que los alumnos sepan lo que se espera de ellos en cuanto a la normativa en el colegio.

El reglamento debe reflejar la vida habitual de la escuela y, por ello, es necesario que sea un instrumento dinámico susceptible de ser modificado. En este proceso no es desdeñable que los alumnos participen en ciertas reformulaciones que se acoplen a la realidad del aula y del centro.

La definición de reglas claras que normen los diversos aspectos del centro escolar, en el que se implique la participación de los alumnos es un augurio de eficacia para el buen funcionamiento de la institución, cuya clave se constituye en torno a una convivencia armónica. Los alumnos conscientes de la normatividad imperante se desenvuelven mejor, saben cuáles son las condiciones de su estancia en el centro y, por lo mismo, tienen mayor capacidad para autorregular su comportamiento. "Saben lo que tienen que hacer, cómo hacerlo y las consecuencias que se derivan de ello y por eso tienden a percibir el clima escolar como algo estable y seguro" (Fernández, 2001, p. 75).

La existencia de una estructura de normas clara y conocida por todos facilita la toma de decisiones frente al incumplimiento de alguna de ellas. La infracción al reglamento se mira entonces como parte del acuerdo institucional, no como un castigo arbitrario del docente.

Si bien las reglamentaciones tienen un propósito normativo elaborado por especialistas y autoridades educativas, no puede desdeñarse la importancia de que el alumnado sea considerado como elemento activo en la toma de decisiones. Distintas experiencias alrededor del mundo comprueban que una convivencia exitosa entre los distintos estamentos va aparejada a un sistema normativo más democrático. Asimismo, la intervención de los estudiantes tiene efectos significativos sobre las actitudes que ellos desarrollan hacia la escuela y sobre su sentimiento de identificación con su ideario, sus valores y sus normas (Fernández, 2001). El sentido de pertenencia que se concatena al de responsabilidad cobra auge cuando el alumno colabora en periódicos murales, órganos informativos estudiantiles y, sobre todo, cuando se le introduce al funcionamiento del centro escolar; cuando se escucha su opinión; cuando es consultado y se le conmina a integrarse a asambleas, sociedad de alumnos u otros órganos de carácter consultivo o resolutivo.

El papel activo del alumno en la toma de decisiones en un ámbito de democracia que norme una estructura reglamentaria sólida es un ejercicio crucial para la convivencia equilibrada, y para prevenir o manejar más adecuadamente las situaciones conflictivas.

En la escuela tradicional la gestión autoritaria fue un principio general que dio forma a los sistemas normativos. Sin embargo, las más recientes demandas sociales en las que se implican la igualdad, la justicia social, la autonomía, la solución mancomunada de problemas y la libertad están impactando la administración escolar, la que está sometida a procesos graduales de apertura que enaltezcan un trato igualitario.

Como señala Casamayor (citado por Fernández, 2001), "la escuela no puede afrontar los nuevos retos que plantea una sociedad democrática e igualitaria con instrumentos educativos que, aunque hasta ahora hayan podido tener algún grado de éxito, fueron pensados para otros alumnos, otros fines y otras necesidades".

De hecho, la participación sustenta un poderoso valor educativo, ya que el proceso de negociación implica el desarrollo del conocimiento, habilidades, procedimientos y actitudes que serán desplegados en un contexto cercano al alumno y con una aplicación directa.

Las normas en el salón de clases que se formulan de manera corresponsable permiten abordar en la práctica aspectos vinculados con la participación, el respeto, la democracia y la responsabilidad, entre otros valores. Además, se promueve el trabajo en grupo, el planteamiento de propuestas constructivas; se capacita en la habilidad para llevar a cabo diálogos y negociación que beneficien a todos. Esta negociación coincita de este modo al desarrollo de actitudes y valores como la empatía, la solidaridad, la cooperación, la reflexión, el autocontrol, la tolerancia o el consenso (Fernández, 2001).

Para cristalizar la propuesta participativa en la que el alumno es actor central, los procedimientos en común para avanzar que resume Fernández (2001) se sintetizan del siguiente modo:

- Todos ellos tienen un componente formativo previo o simultáneo en el tiempo con el proceso de definición de normas propiamente dicho, en el que se pretende que los alumnos comprendan algunos aspectos fundamentales relacionados con las normas, la convivencia democrática, la toma de decisiones en grupo, etcétera.

Reglamento de alumnos

- En todos los casos existe una primera fase en la que se busca la toma de conciencia por parte del alumnado sobre la necesidad de regular la convivencia en ámbitos en los que conviven grupos y personas con intereses distintos.
- La metodología utilizada en el desarrollo de los distintos programas incluye situaciones de reflexión, investigación y debate en pequeño y gran grupo.
- La función esencial del profesor es la de facilitador y moderador participante en el proceso, favoreciendo la adopción de distintos puntos de vista y promoviendo la negociación, sin imponer sus criterios.

Con base en lo anterior, se formulan los siguientes ejercicios para trabajar sobre cómo se construyen y viven las normas:

Actividad: Ésta es mi gente[1]
Desarrollo:
1. Se forman grupos de 3 o 4 alumnos.
2. Cada alumno piensa en el grupo al que pertenece. Previamente habrá considerado hojas de diferentes colores. A cada una de ellas les colocará de manera consensuada un membrete referido a cierto grupo. Por ejemplo, la hoja rosa representará a la familia, la verde al equipo deportivo, la azul a los amigos de la cuadra, etc. En cada hoja, por un lado dibujará al grupo y por el otro describe componentes y experiencias positivas vividas con ese grupo. Cada alumno elegirá sobre cuál o cuáles grupos hará la descripción.
3. Puesta en común en grupo.
4. Nueva formación de grupos. Cada uno de ellos reflexiona sobre las normas que rigen en cada uno de esos grupos y que hacen posible llegar a experiencias del tipo de las descritas.
5. Reflexión sobre la finalidad de esas normas y del procedimiento que se sigue en el grupo para darlas a conocer y para hacerlas respetar.

Materiales: Hojas de diferentes colores.
Tiempo: Dos horas.

Actividad: Las normas en las organizaciones[2]
Objetivo: Examinar las normas que rigen en diversas instituciones como paso previo al análisis de las formales de la escuela.

Desarrollo:
1. El tutor explica el objetivo de la actividad.
2. Se encarga al alumno que investigue las normas que hay en distintas organizaciones entrevistando a parientes o amigos.

---

[1] Adaptado de Muzás y cols. (1995). Citado por Fernández (2001, p. 81).
[2] Adaptado de Watkins y Wagner (1991). Citado por Fernández (2001, p. 81)

3. Los miembros del grupo comentan por parejas los datos en la siguiente sesión de tutoría, buscando similitudes y diferencias relativas al tipo de organización, normas que tiene, cómo se comunican y consecuencias de su infracción.
4. En grupos de cuatro se analiza la relación entre los datos hallados y el tipo de organización (estilo y finalidad).

Materiales:
- Encuesta elaborada previamente sobre las normas de la organización: tamaño de la organización, finalidad, normas, origen de las normas, sentido, difusión, sanciones, grados de cumplimiento, etcétera.

Tiempo: Dos a tres horas.

La reflexión del alumno sobre la importancia de estructurar normas en una organización puede sensibilizarlo para entender que la escuela, como un centro en el que conviven personas con distintas funciones encaminadas al logro del desarrollo académico, es una entidad que también requiere de normas para garantizar la convivencia. En un esquema de normas se confrontan los derechos y los deberes de cada estamento escolar, lo que debe permitir comprender la condición normativa de cada sector, y así saber que las normas protegen los derechos de todos.

En la fase que hace posible la producción de normas con la participación del alumnado, el docente puede sugerir que los alumnos piensen en cuáles son las normas que ellos consideran esenciales en la clase con el propósito de inducirles a reflexionar sobre el sentido y la razón de cada norma. Después, el profesor señala cuál es la normatividad de la escuela y se muestra receptivo a incluir dentro de la reglamentación formal las normas establecidas a partir del análsis del alumnado. El siguiente ejercicio está dirigido a este objetivo.

Actividad: Las normas de la clase[3]
Desarrollo:
1. El tutor explica el objetivo de la actividad.
2. Se organiza la clase en equipos de trabajo y se les pide que digan qué reglas sugerirían ellos para la clase.
3. En la puesta en común, las sugerencias de los distintos grupos se escriben en el pizarrón o en la computadora.
4. Por parejas, se razona el sentido y la finalidad de esas normas y se comunican al grupo las conclusiones.
5. En grupo se consensúa una lista de las normas más importantes.
6. El tutor muestra a continuación las normas formales, ya escritas, que reglamentan el centro o el grupo.

[3] Adaptado de Watkins y Wagner (1991). Citado por Fernández (2001).

7. En grupos pequeños se analizan ambos grupos de normas para ver si alguna de las normas propuestas por el grupo no estén representadas en las normas del centro.

Materiales:
- Pizarrón.
- Reglamento del centro.
- Computadora.

Tiempo: Dos horas.

Será importante sugerir a los alumnos el establecimiento de normas sobre asistencia y puntualidad, limpieza y cuidado de material en clase, entre otras.

Las normas, según destaca Fernández (2001, p. 85):

- Deben ser claras y concretas para que resulte fácil determinar si se han cumplido o no.
- Enunciadas en positivo. Mejor que expresar una prohibición es expresar el comportamiento correcto en una determinada situación.
- Que sean realistas y fáciles de cumplir.
- Que sean justas y comprensibles. Que se entienda su sentido, su razón de ser.
- No deben ser excesivas.
- No pueden ir contra las normas generales del centro o contra otras de rango superior.

La adquisición de normas y hábitos de comportamiento es un aprendizaje que requiere de práctica por parte de los alumnos y retroalimentación y corrección continuas por parte del docente (Fernández, 2001). Si bien el conflicto será una constante en la dinámica del aula, cuando los alumnos han proporcionado de modo consciente y responsable una serie de pautas consensuadas para dar normatividad a su espacio de aprendizaje, ello hará que acepten de un mejor modo las consecuencias que se deriven del incumplimiento de una norma.

A fin de cuentas, el propósito formativo de llegar a acuerdos sobre las reglas del comportamiento en los que están implicados los alumnos, se orienta a que ellos desarrollen su autonomía, su capacidad de tomar decisiones compartidas, de ampliar su sentido crítico y sus habilidades para interactuar e integrarse socialmente.

ANÁLISIS DE LA DISRUPCIÓN

La violencia, sin embargo, forma parte de una cultura ancestral en la que los enfrentamientos son prácticamente connaturales a la humanidad. A la vez, la necesidad de paz es otra demanda social que no implica únicamente la ausencia de conflicto, sino la búsqueda de un bienestar que favorezca un clima de desarrollo, tolerancia y respeto. La violencia puede ser simbólica o psicológica, y física. En muchas ocasiones, la violencia psicológica es más agreste y puede dejar más huella en la psique del agredido, que una violencia explícita o física.

Desde el ámbito de la escuela, el mayor reto es abordar las situaciones de violencia entre los miembros de la comunidad educativa y, sobre todo, entre pares, así como los conflictos dentro del aula que alteran el buen desempeño de las labores académicas. La tarea es establecer alternativas para cambiar actitudes por medio de la acción de medidas que, apegadas a principios axiológicos y de respeto por las diferencias, permitan entender las razones de la disrupción y su atención asertiva.

El primer paso para abordar la problemática es entenderla desde la esfera global para sensibilizar a las personas sobre la violencia que caracteriza el quehacer cotidiano en sus diferentes actuaciones. Para generar una cultura de paz cabe analizar las condiciones de las que emergen las guerras internas, la confrontación entre naciones, la violencia de género, la injusticia, el crimen organizado, la polarización social, los problemas ambientales, la falta de oportunidades (el desempleo), la *cosificación* de las personas, en particular de las mujeres (quienes se han convertido en objetos de consumo), así como la discriminación y la intolerancia. En este ejercicio de sensibilización, resulta esencial leer los hechos en el marco de la diversidad, la reflexión crítica y comprensiva, y la cooperación y el respeto mutuo en la resolución de conflictos (Boggino, 2005).

Garay y Gezmet (citados por Boggino, 2005) establecen que las instituciones educativas son conglomerados en los que hay un interjuego de tres instancias: la sociedad, como marco de producción; los sujetos, como actores del complejo institucional, y la misma institución.

Los análisis en torno a la violencia deben valorarse a partir de lo subjetivo o psíquico en vinculación con lo institucional y con el orden social que lo contextualiza.

Los procesos psíquicos son subjetivos, muchas veces inconscientes, y configuran la personalidad de los alumnos; aquellos que son violentos acusan una ruptura en su construcción temprana, observan precariedad para establecer vínculos y privación emocional. Aun en esta condición,

Análisis de la disrupción

hay una poderosa influencia del medio social, que determina desde las instancias del poder político, económico y social la calidad de las interacciones de los sujetos sometidos a estrés y el daño ocasionados por el impacto cultural de un medio agresivo y desafiante. De lo anterior, no se escapa la escuela, la cual en su expresión más rígida puede tener rasgos de violencia al exigir el apego a normas disciplinarias tradicionales que encierran un potencial violento; también son recurrentes en la institución rígida las relaciones rísperas entre autoridades y docentes; los fenómenos de manipulación, de dominación, la arbitrariedad, la posible desorganización y un clima profesional adverso.

Desde la mirada docente, la violencia en el aula se puede caracterizar a partir de los siguientes hechos (Boggino, 2005):

- *Violencia e indisciplina.* Los fenómenos de indisciplina se derivan de una relación pedagógica que influye en el trabajo escolar. Se refiere a conflictos con la enseñanza, con el aprendizaje, con el espacio, con el tiempo, con las normas, con las rutinas y los hábitos.
- *Violencia, hostilidad y agresividad.* La violencia puede buscar producir miedo y amenaza (agresión) o generar culpa (hostilidad). Se da entre pares, o entre los alumnos y los profesores. El adversario sobre quien se proyecta la agresividad propia, y se genera malestar y culpa que hace de la víctima un ser que se autoexcluye de manera voluntaria en las dinámicas académicas. La agresividad y la hostilidad parecieran actitudes sinónimas, pero no lo son, pues la hostilidad suele ser un mecanismo de defensa.
- *La disrupción en el aula.* Refiere acciones de los alumnos que dificultan o impiden la actividad del aula. No hay necesariamente una violencia explícita, sino, en general, se presentan problemas de disciplina, de orden. Estas problemáticas afectan las relaciones pedagógicas y el clima grupal.
- *Intimidación y acoso entre pares (bullying).* Son modalidades de maltrato entre pares que asumen formas de bromas, insultos, motes, rumores, mentiras. La intimidación es una manifestación de violencia simbólica que pretende generar miedo en el otro, quien por algún rasgo físico o de carácter es convertido en víctima por el o los agresores. Aquí cabe analizar por qué el victimario se solace en su agresión. Él, sin duda, también en otro ámbito es o ha sido agredido. Así, el bullying es un problema de ambas partes y su abordaje se ha de dar desde esta doble perspectiva.
- *Agresiones físicas directas.* Supone toda clase de peleas, golpes u otro maltrato físico.

- *Robos y destrucciones de útiles, entre los alumnos, en las aulas.* En ellos se conjugan tanto la violencia física como la simbólica; su acción constituye una amenaza para la eficaz convivencia entre los actores del proceso educativo.
- *Portar armas en la escuela.* Es la conducta que más preocupa a padres de familia, a autoridades escolares y sociales. Aunque su incidencia es baja, es un problema relevante que habla de la extrema animadversión de quien porta un instrumento letal.

La violencia, desde la óptica del victimario, tiene el propósito de destruir, herir, atemorizar, coaccionar, amedrentar a los demás, o destruir los objetos o aquello valioso para la institución; esta violencia conlleva intimidación, amenaza y acoso. En la perspectiva de la víctima, el acecho del que es objeto hace referencia a una subjetividad fallida que lo hace vulnerable a la agresión; en ella, se suman la baja autoestima, el pobre autoconcepto, las relaciones poco seguras, etc. El rol de víctima es particularmente delicado, pues el dolor y el daño pueden traducirse en estrés, enfermedades físicas, autoagresión, enfermedad emocional, e incluso violencia como mecanismo defensivo.

Las actuaciones de los gestores educativos deben considerar ambas ópticas, la del victimario y la de la víctima. De acuerdo con Garay y Gezmet (citados por Boggino, 2005), cuando no se aborda una óptica complementaria del fenómeno de la violencia escolar, es posible actuar de acuerdo con las propias vivencias y temores del adulto que se siente amenazado, lo que conduce a sanciones y medidas impulsivas e inmediatistas que pueden derivar en reacciones violentas de quienes consideran injusta la sanción. En ese contexto, las respuestas pueden ser de una honda agresividad, depredación y venganza.

Para abordar la problemática de la violencia, la institución educativa ha de convertirse en un microsistema que articula los procesos sociales, institucionales y psíquicos. El análisis de la violencia se debe centrar en las tramas de relación entre las entidades y los sujetos involucrados. Se han de considerar la articulación de las dimensiones intra y extramuro (estructurales y coyunturales, políticas, económicas, sociales y culturales, singulares y familiares, institucionales y pedagógicas) (Boggino, 2005). Para pensar en torno a la violencia, ha de observarse desde la perspectiva del sistema educativo, del proyecto educativo general, de la escuela como organización de la práctica pedagógica, desde la historia de los actores de los acontecimientos violentos, desde la práctica pedagógica, y de modo fundamental, desde la articulación causal de las esferas de violencia social con la pobreza, la exclusión, la transgresión, la misma violencia política, económica y estructural.

De este modo, de acuerdo con Boggino (2005), las causas de la violencia deben buscarse en la institución escolar, en la práctica docente, en los sujetos, en la familia y en el contexto.

DISRUPCIÓN Y COMPETENCIAS SOCIOEMOCIONALES

En el estudio de las competencias socioemocionales, uno de los constructos más destacados se vincula al desarrollo del autoconcepto, que se refiere a la percepción de las propias capacidades, aun cuando objetivamente el sujeto no las posea o las tenga de modo incipiente. Las descripciones del yo son cognitivas y afectivas; asimismo, son mediadas por la experiencia, en especial de "valoraciones reflejadas de los *otros* significativos, de comparaciones sociales o marcos de referencia y de atribuciones del yo" (Skaalvik, citado por Torres, 2010, p.106), que influyen en el desempeño de la persona.

Torres (2010) señala que el autoconcepto tiene tres dimensiones:

1. *Cognitiva.* Conjunto de rasgos que describen al sí mismo. Comprende un autoesquema que condiciona la mayor parte del procesamiento de la información que la persona realiza cotidianamente.
2. *Afectiva.* Comprende las emociones y los valores que acompañan el aspecto cognitivo. Es el juicio personal de autovalía que se manifiesta en las actitudes que tiene la persona hacia sí mismo.
3. *Conductual.* Autoafirmación y comparación que hace el sujeto sobre el sí mismo respecto a los demás, y que determina su cotidianidad.

El autoconcepto es una descripción dinámica, activa y cambiante. Cabe destacar que algunos autores señalan a la autoestima como la parte valorativa del autoconcepto. Para Torres (2010, p. 108), "La autoestima ha sido definida también como un aspecto clave para conocer el ajuste interno del sujeto, un concepto multidimensional que hace referencia a la autovaloración que hacemos de nosotros mismos o el grado de satisfacción personal".

La autoestima se vive como un proceso; ciertos teóricos como Rosenberg o Savin-Williams y Demo (citados por Torres, 2010), establecen que al inicio de la adolescencia la autoestima desciende debido a los cambios y ejercicios evolutivos que los jóvenes tienen que afrontar, y en la medida en que vayan avanzando en la madurez y la aceptación del cambio, esta autoestima se incrementa.

Sobre el autoconcepto, se considera como la adquisición resultante de las interacciones que el sujeto tiene con el entorno. Las personas reciben la retroalimentación del contexto sobre sus comportamientos y atributos, desde las experiencias propias y desde la perspectiva de los otros. En la construcción del autoconcepto y la autoestima son fundamentales:

a) La opinión de los otros.
b) La autoobservación y la observación de las consecuencias que la conducta de la persona tiene en los otros.
c) Los factores como el género y la clase social.

El autoconcepto y la autoestima se van conformando de acuerdo con las etapas del desarrollo personal. La primera fuente de formación son los padres, posteriormente los pares y, más adelante, en procesos amplios de socialización, los profesores, los amigos, los jefes, etc. Es importante destacar que la autoobservación y la observación de las consecuencias que tiene la conducta en los otros también condicionan tanto el autoconcepto como la autoestima.

Lui (referido por Torres, 2010) menciona que los individuos con bajo autoconcepto son más inseguros respecto a sus atributos personales, lo que les genera menor confianza en su autocriterio y mayor susceptibilidad en cuanto a las influencias del entorno social. Cuando el autoconcepto está empobrecido hay una fuerte vulnerabilidad que puede implantar efectos negativos como ansiedad, depresión y aprehensión. Por ello, la estructura de un autoconcepto saludable es fundamental en los procesos de desarrollo psicosocial.

> "Aquellas personas con un autoconcepto positivo y estable suelen ser percibidas como más seguras y claras acerca de sus propios puntos de vista. Tales individuos tienen las más altas expectativas de éxito futuro, actúan persistentemente cuando se enfrentan con dificultades en comparación con aquellos individuos que se sienten relativamente incompetentes y sin valor, y tienden a reducir su esfuerzo, cuando las situaciones se tornan difíciles" (Torres, 2010, p. 115).

La escuela es el ámbito que ofrece experiencias definitivas que han de influir fuertemente en la motivación de los estudiantes. El éxito escolar supone una oportunidad para propiciar el crecimiento de la autoidentidad y autovalía. Quienes, por el contrario, viven fracaso escolar son proclives a desarrollar una percepción negativa de sí mismos, como mediocres e incompetentes. De allí, se deriva la indefensión que hace al alumno vulnerable respecto a algún riesgo psicosocial. Las personas, bajo criterios tendientes a la evolución y el desarrollo, se esfuerzan por mantener el control de las situaciones personales y externas; necesitan sentir que sus vidas son resultado de la eficiencia en el control. Si, a la inversa, no se percibe la capacidad de controlar la situación, se puede producir un estado de paralización que limita o inhibe a las personas para alcanzar sus metas. Esto acarrea indefensión, depresión y desesperanza, ante comportamientos poco efectivos a nivel cognitivo y conductual.

De acuerdo a la teoría evolutiva que plantea Torres (2010), los problemas de comportamiento derivados de un pobre autoconcepto y autoestima dan pie a dos síndromes: los *problemas de externalización* y los *problemas de internalización*. Los primeros se identifican por la conducta antisocial, la agresividad, la conducta disruptiva, la búsqueda de atención y la hiperactividad. Estos problemas son de tipo interpersonal y se refieren a problemas de ajuste externo que visualizan una mala adaptación social, y la tendencia es a producir daños y perjuicios a otros. En el caso de los problemas de internalización, hay ansiedad, depresión, somatización, timidez y problemas para relacionarse con los demás. El conflicto es de índole intrapersonal y refleja problemáticas de ajuste interno que derivan en la inadaptación social, que produce daño y malestar hacia sí mismo.

Los comportamientos disruptivos en las etapas de la niñez y la adolescencia se relacionan con bajo rendimiento académico, trastornos de atención y de conducta, inmadurez en la relación del individuo con su entorno, con los pares y con los adultos, así como delincuencia. En casos más severos, se producen problemas psiquiátricos, ideación suicida y criminalidad.

La perspectiva teórica de los múltiples indicadores de riesgo que describen Deater-Dechard, Dodge, Bates y Pettit (citados por Torres, 2010) señalan que son cuatro ámbitos los que permiten explicar los problemas de internalización y externalización: *los aspectos relacionados con el niño, los factores socioculturales, las experiencias de parentalidad y las experiencias con el grupo de iguales.*

1. *Factores de riesgo presentes en el niño.* Las variables que predicen los problemas de externalización son el temperamento adverso, hiperactividad, resistencia al control externo, irritabilidad, problemas médicos en la infancia, ser del género masculino. Estos factores pueden considerarse como endógenos e influyen en el comportamiento del niño.
2. *Factores de riesgo socioculturales.* Monoparentalidad, maternidad temprana, no planificación del embarazo, y la presencia de eventos fundamentales vividos con estrés.
3. *Factores de riesgo de la parentalidad.* Violencia entre los padres fuera y dentro del hogar, una disciplina severa, abuso físico, acti-

tudes complacientes ante el comportamiento agresivo de los hijos, carencia de parentalidad positiva y de límites, bajo compromiso de los padres y pobre cuidado materno.
4. *Factores de riesgo de las relaciones con los iguales.* La inestabilidad en las relaciones con los pares y el rechazo social se vinculan con el comportamiento antisocial.

La identificación de un modelo explicativo sobre la disrupción ha de considerar estos cuatro factores, pues uno solo no describe con asertividad las razones de tal disrupción.

Aprender a convivir, según el Informe de la Comisión Internacional sobre la Educación para el Siglo XXI de la UNESCO, es una finalidad esencial de la educación para la solución pacífica e inteligente de los conflictos. La convivencia escolar constituye por sí misma un fin educativo en el que se involucran escuela y familia para el aprendizaje democrático de normas, el desarrollo de una alta autoestima que posibilite una adecuada toma de decisiones, la asunción de responsabilidades y el aprendizaje de habilidades de diálogo y comunicación.

PERFIL DEL ALUMNO QUE PRESENTA CONDUCTAS DISRUPTIVAS

Son las conductas moralmente inadecuadas y hábitos antisociales (malos modales, mentir, acusar, ser desordenado, aspecto desaliñado, resentido o robar). Estas actitudes derivan en esencia, de situaciones sociales tales como la *exclusión* o marginación, las *diferencias interculturales* y los *cambios sociales* que emergen desde el ámbito familiar. La permisividad y la alta exposición de los menores a contenidos de los medios masivos de comunicación y de Internet propician en muchas ocasiones la formación de antivalores y de percepciones disfuncionales.

La mala integración social y grupal que se refleja en amenazas y crueldad, violencia, riñas, el uso de palabras altisonantes, etc., provienen de factores de carácter psicológico y se manifiestan en una impulsividad excesiva, la falta de tolerancia a la frustración, las malas relaciones con adultos y la inhabilidad de vincularse socialmente.

En otro tipo de alumno disruptivo se da el enfrentamiento a la autoridad del docente, que se expresa en falta de respeto, insolencia, impuntualidad, desobediencia, fumar o escupir. En una actitud de desafío a las normas, el alumno puede distraer al grupo con chistes, hacer ruido en clase, pasar notas entre sus compañeros, aventar papeles, entre otras acciones.

A partir de lo anterior, se identifican dos perfiles de alumnos disruptivos que muestran problemáticas desafiantes para la autoridad escolar. Éstos son:

Perfil 1. Se trata de un joven solvente económicamente, a quien no se le puso límites y no se le proporcionó la contención paterna o materna que le introyectara responsabilidad y disciplina. La actitud prepotente de estos jóvenes se manifiesta en la escuela; son déspotas, consumistas, y tienen la perspectiva de que merecen todo y que sus obligaciones son mínimas. Si no estudian es en realidad porque no quieren. La intervención asertiva para subsanar esta proyección debe darse primero con la familia bajo el apoyo de profesionales de la conducta.

Perfil 2. Es el caso del joven que se ha criado en un ambiente familiar desestructurado, con escasos recursos económicos, con carencias emocionales por la ausencia de los padres, o violencia intrafamiliar. Su trayectoria personal es errática, desordenada y puede caer en conductas delictivas o dependencias al alcohol y las drogas.

MEDIDAS DE PREVENCIÓN DE CONFLICTOS Y DE INTERVENCIÓN EN EL AULA

La escuela se convierte en muchos momentos en depositaria de la actitud disruptiva de ciertos alumnos y el mejor papel que puede desempeñar el docente y la misma autoridad escolar es trabajar desde su espacio para generar condiciones de equidad, cercanía y respeto. Ante un conflicto en el aula es necesario que el profesor mantenga una actitud tranquila y evite enfrentamientos directos, lo que supone:

1. Ser conscientes de que a los adolescentes les divierte poner a prueba la autoridad del adulto.
2. Mantener el control para:

   a) No sobrevalorar el conflicto.
   b) Evitar implicarse en el problema.
   c) Mostrarse sereno, calmado, pero enérgico.
   d) Hacer comentarios cortos y directos, sin críticas ni amenazas.
   e) No hacer referencia a conflictos pasados.

f) En lo posible, dar un giro y cambiar de tema para pacificar el ambiente en el aula.

MEDIDAS DE INTERVENCIÓN CON EL ALUMNADO CONFLICTIVO

Al alumno disruptivo es conveniente hablarle en un momento ajeno a la clase para evitar que el conflicto se agudice y distraiga a los otros alumnos. El profesor deberá adoptar una actitud reflexiva y considerar las razones que han producido la acción disruptiva. Hay que tomar en cuenta las situaciones familiares, sociales, escolares y personales que rodean al alumno disfuncional.

Algunas medidas que pueden aplicarse son:

- Dirigirse al alumno(a) con un tono de voz calmado, con una postura relajada y sin utilizar gestos amenazantes. Frente a un alumno difícil de controlar, conviene actuar en forma fría y tranquila.
- Mantener una actitud persuasiva más que coercitiva hacia el alumno. Desafiarlo, retarlo o humillarlo en público pueden producir en él mayor resentimiento e incrementar sus acciones disruptivas. Un alumno difícil no responde a las amenazas.
- Enfocar el conflicto hacia la forma de tratarlo y no hacia la persona.
- Corregir la conducta y no al alumno(a).
- Evitar comparaciones con los compañeros.
- Procurar no caer en la tentación de sermonearle, es preferible intentar negociar.
- No mostrarse inflexible: el alumno puede entender las razones del profesor si se le explican.

La imposición de la sanción debe seguir cauces institucionales. Es claro que no son tan convenientes las expulsiones que desde el punto de vista del infractor son un "premio" y lo convierten, a los ojos de sus compañeros, en el "héroe" que ha retado al sistema educativo. Más que expulsar al alumno suele ser más efectivo privarlo de su tiempo libre: Suspender su tiempo de recreo, obligarlo a acudir a la escuela por las tardes, quedarse más tiempo en el aula, hacer servicio social, etcétera.

La sanción es un camino práctico para tratar la disrupción, sin embargo, vale la pena abordar las causas estructurales del problema del alumno conflictivo, las que necesitan de un tratamiento especializado en el que se impliquen los miembros significativos del grupo social y familiar al que pertenece el alumno. Una estructura profesional de una escuela para padres y el apoyo psicopedagógico pueden ser, desde la escuela, opciones valiosas para encaminarse a la verdadera solución de los problemas del joven.

- En sentido amplio, la educación es, por definición, para la convivencia, aprender a vivir con otros, lo que implica saber vivir con otros, y este saber enseñado por aquellos que tienen el poder de regular socialmente la convivencia.
- En este mundo globalizado los retos para los docentes, emanados de una realidad dinámica, cambiante y contradictoria, se encaminan hacia el manejo de las incertidumbres y hacia la preparación para el riesgo, el azar, lo inesperado y lo imprevisto, dejando atrás una visión estática del mundo.

Capítulo 5

Vida
ACADÉMICA

El esfuerzo y el coraje no son suficientes sin propósitos y dirección.

John F. Kennedy

Explique	Reflexione	Explore
¿Acuerda con los alumnos métodos específicos de estudio? ¿De qué manera alienta el trabajo cooperativo?	¿Por qué es relevante considerar la planificación de tareas y horarios de estudio para los alumnos? ¿Cuáles considera que son las aptitudes y actitudes que los alumnos desarrollan al realizar su trabajo escolar de modo cooperativo?	Para abundar sobre los métodos de estudio se recomienda el libro *Cómo leer, estudiar y memorizar rápidamente*, de W. J. Mayo, Grupo Editorial Norma, Colombia, 2002. Para reflexionar en torno a los métodos para abordar el trabajo cooperativo puede consultar: *Guía para la formación de nuevos docentes*, de Elena Luchetti, Bonum, Buenos Aires, 2008.

MÉTODOS DE ESTUDIO

Para desarrollar hábitos que conduzcan al aprendizaje, sobre todo en el ánimo de introyectar formas asertivas de autoestudio, el joven estudiante necesita comprender la importancia de concebir la unidad entre teoría y práctica como una noción dialéctica que permita aplicar los conocimientos teóricos en la vida práctica.

Según Mayo (2002), el objetivo fundamental del estudio "será la formación integral de la persona, capacitándonos para llevar una vida plenamente humana tanto a nivel personal como colectivo, una existencia, en definitiva, verdaderamente activa y consciente". Una comprensión vasta y rica de algún ámbito de conocimientos hará posible que el estudiante amplíe su bagaje personal, el que sin duda debe impactar en el proceso de abordar y solucionar problemáticas reales en el nivel individual y comunitario.

Los aspectos formativos que subyacen en el ejercicio de aprender deben conducir a la apreciación e interpretación de la realidad de una forma lo más objetiva posible.

"Flexibilidad y agilidad mental, gran capacidad crítica, creatividad curiosidad y sensibilidad intelectual, capacidad para el análisis y la síntesis y llegar a poseer una gran facilidad de lectura y de expresión –siempre utilizando un lenguaje propio, sencillo y directo– es lo que en verdad debe proporcionarnos el arte del estudio" (Mayo, 2002, p. 82).

Una mecánica de estudio para ser eficiente y organizada requiere de un método. En principio, lo relevante no es cuánto se estudia, sino cómo se estudia. El factor decisivo que deberá considerarse es, entonces, la calidad, no la cantidad del tiempo dedicado al estudio. La calidad se vincula con la capacidad de lograr concentración, atención, reflexión y análisis.

PLANIFICACIÓN DE HORARIOS

Para la obtención de propósitos encaminados a un estudio eficiente se parte de que éste debe emprenderse con base en una programación previa que contemple una estructura muy sistematizada.

El primer paso es organizar el estudio a través del establecimiento de horarios determinados, los que se plantearán de acuerdo con las necesidades y particularidades personales del estudiante. Las ventajas de la planificación del tiempo de estudio son, básicamente, las siguientes:

- Se ahorra tiempo y esfuerzo al centrarse en asignaturas específicas, aunque sin dejar de mirar la totalidad de las materias para establecer prioridades que permitan identificar el espacio y dedicación que se destinarán a cada una de ellas.

- Imponer un horario estricto de trabajo obligará al joven a estudiar. Es probable que los horarios matutinos y vespertinos sean los más apropiados para estudiar materias más difíciles, y los nocturnos para las menos complicadas. También se impondrá mayor tiempo a las asignaturas que impliquen más exigencias o que resulten más complejas para el alumno.
- Se forja un hábito de estudio que se introduce a la cotidianidad con la perspectiva de capacitar para un mayor rendimiento en las etapas de estudio formal y para toda la vida.
- Al fomentar los horarios fijos, el alumno logrará, con el tiempo, que crezca su creatividad, la que se favorece gracias a la concentración y atención que se generen en los momentos dedicados al estudio.
- Se obtiene una satisfacción personal ante el esfuerzo cumplido, lo que incrementa la autoestima y confianza en uno mismo. Ello es un estímulo primordial para rendir mejor y ser más eficientes.
- Hará posible repartir de manera adecuada los tiempos destinados al estudio y al esparcimiento, con lo que podrán desplegarse ordenadamente todas las áreas de interés del alumno, y que son necesarias para su desarrollo integral.

PLAN DE TRABAJO

En la sistematización de un plan de trabajo deberán tomarse en cuenta los siguientes aspectos:

1. Valorar el volumen de trabajo que exige cada asignatura, para conocer su extensión y grado de dificultad. Este paso se realizará al inicio del ciclo escolar.
2. Asignar horarios para las actividades que globalmente realiza el joven, lo que implica organizar detalladamente los tiempos de estudio, de ocio y recreación, de sueño, transporte, apoyo a la familia, etc. Sin embargo, es necesario, establecer flexibilidad, debido a que los momentos de estudio pueden modificarse de acuerdo con las exigencias académicas que vayan presentándose.
3. Al reconocer que el rendimiento tiene sus limitaciones, el alumno deberá ser consciente de que la fatiga ocasionada por un largo periodo de trabajo intelectual requiere de un momento de pausa y relajación. Diversos estudios apoyan el hecho de que después de una hora intensa de trabajo debe proseguir un descanso de diez

o quince minutos. Al incrementarse el estudio a dos horas se aumentarán cinco minutos de descanso, y al ser tres las horas de trabajo se ampliarán cinco minutos más destinados a relajarse. Los horarios de descanso deben ser sistemáticos y adecuadamente planeados, ya que grandes periodos de distracción pueden dificultar reanudar el ritmo de estudio.
4. Es recomendable estudiar primero las materias que sean más gratas para el alumno y no tan difíciles. Se continuará con las más difíciles y se dejarán para la noche las asignaturas más sencillas.

Es evidente que las nuevas formas de acceder al conocimiento, vía internet, hacen que varíen las modalidades tradicionales de estudio y concentración, sin embargo, es necesario no perder la perspectiva de que todo trabajo intelectual requiere la disciplina impuesta por un orden y por una estructura que permitan hacer del autoestudio una actividad que brinde buenos resultados académicos.

EL APRENDIZAJE COOPERATIVO

Por otra parte, también debe considerarse la riqueza de aprender con el sustento de un enfoque de cooperación. Se entiende que el aprendizaje cooperativo es una de las estrategias metodológicas que enfatizan en el hecho de que que el alumno no aprende en solitario; por el contrario, la actividad autoestructurante del sujeto está medida por la influencia de los demás. Barrón (2010) ofrece pistas para entender esta modalidad de trabajo y las describe del siguiente modo:

Características del aprendizaje cooperativo

- *Elevado grado de igualdad.* Debe de existir un grado de simetría en los roles que desempeñan los participantes en una actividad grupal.
- *Grado de mutualidad variable.* Mutualidad es el grado de conexión, profundidad y bidireccionalidad de las transacciones comunicativas. Los más altos niveles de mutualidad se darán cuando se promueva la planificación y la discusión en conjunto; se favorezca el intercambio de roles y se delimite la división del trabajo entre los miembros.

Componentes del aprendizaje cooperativo

- *Interdependencia positiva.* Ocurre cuando los estudiantes pueden percibir un vínculo con el grupo de forma tal que no pueden lograr el éxito sin ellos y viceversa. Deben de coordinar los esfuerzos con los compañeros para poder completar una tarea, compartiendo recursos, proporcionándose apoyo mutuo y celebrando juntos sus éxitos.
- *Interacción promocional cara a cara.* Más que una estrella se necesita gente talentosa que no pueda hacer una actividad sola. La interacción cara a cara es muy importante, ya que existe un conjunto de actividades cognitivas y dinámicas interpersonales que sólo ocurren cuando los estudiantes interactúan en relación con los materiales y actividades.
- *Valoración personal o responsabilidad personal.* Se requiere de una evaluación del avance personal, la cual va formando tanto al individuo como al grupo. De esta manera el grupo puede conocer quién necesita más apoyo para completar las actividades, y evitar que unos descansen con el trabajo de los demás. Para asegurarse de que cada individuo sea valorado convenientemente se requiere:

  – Evaluar cuánto del esfuerzo que realiza cada miembro contribuye al trabajo de grupo.
  – Proporcionar retroalimentación a nivel individual, así como grupal.
  – Auxiliar a los grupos a evitar esfuerzos redundantes por parte de sus miembros.

  Asegurarse que cada miembro sea responsable del resultado final.

Por su parte, Pérez (2004) establece que el trabajo colaborativo puede entenderse y desarrollarse del siguiente modo:

- El *aprendizaje colaborativo* es el método mediante el cual el alumno es responsable del propio aprendizaje y del aprendizaje de otros, lo que incrementa la socialización. La mejor manera de aprender es enseñar a otros. Se adopta un modelo de enseñanza que promueva la participación y cooperación para que el conocimiento no sea sólo construido en forma individual, sino a través de la interacción social.
- La *tutoría entre iguales* es una práctica antigua en los países anglosajones. Consiste en que un alumno más experto hace las fun-

ciones de profesor. Los alumnos que poseen mayor conocimiento sobre una destreza ayudan a sus compañeros.
- *Colaboración entre iguales.* Varios alumnos afrontan la resolución de una tarea académica. Esto conduce a la interdependencia de los miembros, la comunicación, la aceptación de una metodología de indagación, la autonomía de los miembros y el resultado en la elaboración de un proyecto grupal.

ESTRATEGIAS PARA EL APRENDIZAJE COOPERATIVO

- Especificar con claridad los propósitos del curso y la lección en particular.
- Tomar ciertas decisiones respecto a la forma en que se ubicará a los alumnos en grupo de aprendizaje previamente a que se produzca la enseñanza.
- Explicar con claridad a los estudiantes la tarea y la estructura de la meta.
- Monitorear la efectividad de los grupos de aprendizaje cooperativo e intervenir para promover asistencia en las tareas.
- Responder preguntas, enseñar habilidades e incrementar las habilidades interpersonales del grupo.
- Evaluar el nivel de grupo de los estudiantes y ayudarles a discutir qué tan bien colaboraron los unos con los otros.

Pérez (2004) plantea una serie de estrategias del trabajo colaborativo y las resume del siguiente modo:

Estrategias	Actividad	Capacidad
Estudio de casos	Presentación al alumno de un caso clínico o una situación problemática, acompañado de material informativo escrito y/o visual.	Mejor comprensión de una unidad de funcionamiento de un sistema.
Lluvia de ideas	Proponer un centro de interés que haga al alumno producir ideas y soluciones nuevas.	Elaboración de ideas originales. Estimula el ingenio y promueve soluciones distintas.
Debate dirigido o discusión guiada	Plantear un tema cuestionable que suscite un debate.	Profundización y argumentación de ideas. Obliga al alumno a posicionarse.

Foro	Proponer un tema que de forma informal pueda ser abordado. Deberá ser conducido por un coordinador. Se propondrá tras una conferencia o un experimento.	Síntesis y concentración. Estimula el sentido de responsabilidad.
Phillips 66	Dividir la clase en subgrupos de 6 para discutir durante 6 minutos un tema y llegar a una conclusión.	Reflexión y argumentación. Motiva la participación.
Role-playing	Sugerir una experiencia real que pueda ser representada por dos.	Reflexión y argumentación. Motiva la participación.
Mesa redonda	Elegir un tema que habrá de ser desarrollado por un grupo ante compañeros. Requiere de la elaboración de material escrito, audiovisual o informático, etcétera.	Razonamiento. Pensamiento crítico.

FUENTE: *Estrategias de participación, actividades de clase y capacidades esperadas en el alumno* (Pérez, 2004).

LA PARTICIPACIÓN Y EL TRABAJO EN EQUIPO

Para estimular la participación, el trabajo en equipo es una modalidad que requiere ser óptimamente planteada para propiciar una cooperación real, compartir, observar las múltiples perspectivas, negociar, aprender unos de otros. El equipo tiene una meta; en él se toman decisiones por consenso, o en su defecto, mayoritarias; se distribuyen tareas y se conmina a cada cual para que cumpla con lo que se le ha asignado.

Luchetti (2008, p. 50) establece que en el trabajo en equipo invariablemente sus miembros desempeñan roles positivos y negativos. Los que la autora identifica son:

Roles favorecedores de la producción (tienen más que ver con el producto)

- Proponer ideas.
- Ofrecer y pedir información centrada en lo que está haciendo.

- Pedir y dar opiniones pertinentes al tema.
- Sintetizar.
- Controlar el tiempo.
- Registrar lo más importante de lo que pasa en el equipo (distribución de tareas, conclusiones, dudas pendientes para la próxima reunión, etcétera).

**Roles favorecedores de la cohesión
(se relacionan especialmente con el proceso)**

- Conciliar.
- Facilitar la comunicación.
- Transigir, ceder.
- Disminuir la tensión.
- Proponer acuerdos.
- Roles negativos más perjudiciales.
- Bloquear, obstaculizar, oponerse porque sí.
- Retraerse, no participar.
- Ocultar información.
- Competir con otros miembros, en lugar de cooperar.

En el desarrollo de un procedimiento para trabajar sobre la competencia de aprender a aprender, Pinilla (2008) lleva a cabo una experiencia de metalectura, que refiere el conocimiento que tenemos sobre la lectura y las operaciones mentales implicadas en ella: para qué se lee, qué hay que hacer para leer, qué impide leer bien, qué diferencias hay entre los textos, etcétera.

Antes, establece que aprender a aprender supone en la persona la habilidad de aprender y seguir haciéndolo de forma cada vez más eficaz y autónoma de acuerdo con los propios objetivos y necesidades. De este modo, aprender a aprender:

> ... implica la conciencia, gestión y control de las propias capacidades y conocimientos desde un sentimiento de competencia o eficacia personal, e incluye tanto el pensamiento estratégico, como la capacidad de cooperar, de autoevaluarse, y el manejo eficiente de un conjunto de recursos y técnicas de trabajo intelectual, todo lo cual se desarrolla a través de experiencias de aprendizaje conscientes y gratificantes, tanto individuales como colectivas. (Real Decreto 1513/2006 de 7 de diciembre. BOE de 8 de diciembre, citado por Pinilla, 2008.)

LA PARTICIPACIÓN Y EL TRABAJO EN EQUIPO

Experiencia. **Guía de lectura**

Antes de la lectura

Objetivos que tratamos de conseguir
 ¿Por qué vamos a leer este texto?
Nos situamos
 ¿Qué tipo de publicación es?
 ¿En qué fecha fue publicado el texto?
 ¿Quién es el autor?
Primeras hipótesis
 ¿Qué dice el título?
 ¿Da idea de lo que vamos a encontrar en el texto?
Nuestros preconceptos
 ¿Tenemos algún conocimiento sobre el tema?
 ¿Podremos entenderlo?
Hacemos un plan de lectura
 ¿Cómo vamos a leerlo para conseguir lo que pretendemos?
 ¿Qué tipo de notas vamos a subrayar; tendremos que leerlo más de una vez?

Durante la lectura

Comprobar si vamos bien
 Al leer el primer párrafo, ¿se confirma nuestra hipótesis?
 ¿Debemos revisarla?
 ¿Podemos resumir con nuestras palabras lo que hemos leído?
 ¿Hay nueva información que nos hace suponer que se va a introducir un nuevo tema o enfoque?
 ¿Nos va a obligar esto a unas nuevas hipótesis?
 ¿Lo que vamos comprendiendo nos ayuda a conseguir lo que pretendíamos? ¿Responde a nuestro objetivo?
 ¿Hay que volver a leer muchas veces? ¿Hay que ir más rápido? ¿Hay que tomar muchas notas?

Después de la lectura

Revisión de lo hecho y de lo conseguido
 ¿Hemos cumplido el objetivo?
 ¿Hemos entendido el texto? ¿Por qué?
 Si volviéramos a leer el texto, ¿lo haríamos de la misma forma? ¿Por qué?

La estrategia de metalectura descrita por Pinilla (2008) es un ejemplo interesante sobre cómo abordar un método de aprendizaje referido al logro de una competencia, por esa razón la exponemos como una experiencia práctica que puede favorecer el entendimiento de los textos y profundizar en ellos.

EL APRENDIZAJE Y LAS NUEVAS TECNOLOGÍAS

Debido al acelerado avance tecnológico, las posibilidades de acceder a la información se amplían exponencialmente respecto de otras épocas en las que el principal instructor educativo en el ámbito formal era el profesor. En estas circunstancias los docentes y los estudiantes han de explorar una nueva forma de vinculación que consiste en intercambiar información, discutir, reflexionar y tratar de solucionar problemas con base en un ejercicio cooperativo. Aquí entran en juego las capacidades de comprensión, análisis, síntesis, crítica y creatividad (García-Valcárcel, 2004).

A la noción del trabajo cooperativo, en la era de las TIC, se incorpora la posibilidad de que tal estrategia se desarrolle a través de redes informáticas. Ahora es factible que un grupo de alumnos conectados en red puedan elaborar textos en conjunto de forma interactiva. Esa sesión de *groupware* permite que cada usuario vea el trabajo de los demás e introduzca sus propias ideas. Así, Internet ofrece innumerables alternativas de informar sin la intervención de barreras espacio-temporales, aunque este desarrollo se sigue sustentando en el factor humano. El reto de acceder a competencias informáticas en los alumnos también se desplaza a los profesores, quienes deben tener la habilidad de llevar a cabo, a través de esta plataforma, guías de aprendizaje, planeación y materiales didácticos *ad hoc* a las características de las modalidades multimedia. La formación de competencias informáticas abarca los aspectos técnicos y pedagógicos. El primero se refiere a la parte instructiva, y el segundo, al logro de los objetivos formativos a través del empleo asertivo de los recursos de las TIC.

Las posibilidades de las redes han generado experiencias educativas que describe Salinas (citado por García-Valcárcel, 2004) y que se resumen en las siguientes:

- *Redes de aula o círculos de aprendizaje.* Complementarias a las aulas convencionales, enlazan aulas en diferentes lugares para compartir información y recursos, potenciando la interacción social.
- *Sistemas de distribución de cursos* on line *(clases virtuales).* Sustituyen las aulas tradicionales y se dirigen a los alumnos de una determinada institución.
- *Experiencias de educación a distancia y aprendizaje abierto.* Facilitan la comunicación entre tutor y estudiantes y potencian el aprendizaje colaborativo.
- *Experiencias de aprendizaje informal.* Abarcan el uso de recursos disponibles en Internet en procesos de aprendizaje autónomo.

El modelo educativo que se apuntala a través de los recursos *on line* permite, respecto a otros, mayor flexibilidad, eficacia y economía, además de que motiva el aprendizaje autónomo y colaborativo. El alumno puede sentirse más motivado sobre sus necesidades de aprender y aplicar sus conocimientos para abordar y solucionar situaciones prácticas.

El empleo de Internet, bastión de la nueva era de la globalización, ha merecido incontables estudios para reconocer objetivamente sus características favorecedoras o desfavorecedoras de la comunicación. García-Valcárcel (2004) detalla un estudio de caso en el que estudiantes y profesores de pedagogía de diversas universidades españolas debaten *on line* sobre el tema "La sociedad de la información: aspectos éticos y educativos". Las fases del debate telemático consisten en la planificación, el desarrollo, la evaluación, la valoración de los alumnos, la realización de observaciones a lo largo del desarrollo del debate y las conclusiones. De todo el proceso, vale la pena destacar algunas puntualizaciones reflexivas que fueron expresadas en la fase del desarrollo, las que pueden resumirse textualmente del siguiente modo:

La globalización tiene aspectos positivos como son:

- No monopolización de la información por los medios de comunicación y libertad de expresión de los ciudadanos.
- Gran movilidad de la información.
- Gran cantidad de información que se puede trasmitir, adquirir y procesar muy rápido.
- Permite estar más informado de lo que sucede en cualquier parte del mundo.
- Interacción que se puede establecer con otras personas a través de la red.

La globalización tiene aspectos negativos como son:

- Falta de control para seleccionar la información.
- Si es de todos, los autores no sacan ningún beneficio.
- La información parece que pierde valor al no estar patentada ni registrada.
- Saturación debida al exceso de información.
- Más información no implica mejor información, ni más conocimientos, ni más comprensión de la realidad, ni un uso eficaz de la información.
- Los países desarrollados son los que tienen el poder sobre los otros.

- La tecnología no es un medio al alcance de todo el mundo, no existe igualdad de oportunidades, por tanto, no elimina barreras.
- El concepto de globalización (red que une a todo el mundo y provoca un pensamiento único) no corresponde a la realidad, ya que no todo el mundo puede acceder al uso de las nuevas tecnologías.
- El entorno sociocultural determina el acceso a las nuevas tecnologías más que el nivel económico.
- La globalización no ayuda al desarrollo de los países menos desarrollados, no elimina los problemas económicos, sociales y políticos; los países subdesarrollados son excluidos de la cultura global.
- El problema es la comercialización del mundo (todo está en venta) y las telecomunicaciones se desarrollan en la medida en que son un negocio, no para conseguir un mundo más justo.
- La tecnología no va a la raíz de los problemas para solucionarlos.

El uso de Internet tiene peligros:

- Internet llega a todos los países pero no a todas las personas; aumenta las diferencias entre personas en vez de reducirlas.
- Si todo está en la pantalla, sin movernos de casa, pueden aparecer problemas de socialización; se pierde el contacto social directo.
- Internet es un medio para la información pero también para la desinformación, no se distingue la información contrastada, valorada y fiable de la información falsa.
- Es peligroso no controlar la información que reciben los niños a través de internet, ya que tiene una gran influencia sobre ellos y, muchas veces, no es adecuada a sus capacidades cognitivas y de comprensión.

Repercusiones en la educación:

- El fácil acceso de la información facilita el proceso educativo.
- La breve permanencia de la información puede llevar a una lectura superficial.
- Sustituye formas tradicionales de enseñanza (potenciando la educación a distancia).
- Lo importante es aprender a ser críticos con la información que se recibe, potenciando la reflexión de cada individuo; hacer que los alumnos no sean sujetos pasivos frente a la avalancha de información (textual e icónica) que les rodea, y sepan seleccionar la información que necesiten.

- Internet debe ser considerado como un instrumento de enseñanza complementario a otros muchos.
- No debe excederse en su uso, anulando otras actividades escolares y educativas.
- Se debe educar para hacer un buen uso de la información desde criterios éticos.
- Hay que educar la capacidad de elección y decisión.
- Para ofrecer una educación de calidad acorde con las exigencias de la sociedad de la información, es necesario un cambio de roles tanto de profesores como de alumnos, de la pasividad del alumno en las clases magistrales a una mayor actividad e implicación en el aprendizaje.
- El educador debe asumir el papel de ayudar en el proceso de transformar las informaciones en conocimientos.
- El educador deberá advertir de los riesgos de la red (información sin restricciones).
- La figura del profesor es indispensable en la educación; el profesor nunca deberá sustituirse por la computadora y las nuevas tecnologías.

Resumiendo, la experiencia referida es un ejemplo de trabajo colaborativo entre alumnos y profesores que, a través de la modalidad multimedia, puede generar una enorme riqueza interactiva y de comunicación, favorables para la reflexión crítica y la motivación para el aprendizaje.

- El aprendizaje cooperativo es una de las estrategias metodológicas que enfatiza en el hecho de que el alumno no aprende en solitario; por el contrario, la actividad autoestructurante del sujeto está mediada por la influencia de los demás.
- Para estimular la participación, el trabajo en equipo es una modalidad que requiere ser óptimamente planteada para propiciar una cooperación real, compartir, observar las múltiples perspectivas, negociar, aprender unos de otros. El equipo tiene una meta; en él se toman decisiones por consenso o, en su defecto, mayoritarias; se distribuyen tareas y se conmina a cada cual para que cumpla con lo que se le ha asignado.

Capítulo 6

Orientación VOCACIONAL y proyecto de VIDA

> La adversidad y la perseverancia pueden diseñar tu vida. Ellas dan un valor y autoestima que no tiene precio.
>
> Scott Hamilton

Explique	Reflexione	Explore
¿Cómo contribuye para que el alumno reflexione sobre su orientación vocacional? ¿Cuáles son los principales problemas que tiene el alumno ante la elección profesional?	¿Qué requiere saber el alumno para guiar adecuadamente su elección profesional? ¿Cuáles son los obstáculos que impiden que los alumnos vislumbren sus aptitudes y habilidades en torno al área académica de base de su futura profesión?	Para analizar las opciones laborales emergentes puede acudir a: <www.educaweb.com>
¿Qué reacciones motiva en sus alumnos el planteamiento de su proyecto de vida? ¿Qué tan consciente está usted respecto a la importancia de los aspectos psicosociales en el desarrollo sano de un proyecto de vida?	¿Cree usted posible que en la juventud temprana los alumnos tengan la suficiente madurez intelectual y emocional para asumir un proyecto de vida? ¿Cree que en la etapa de la juventud temprana sea posible desarrollar actitudes resilientes que modifiquen drásticamente las actitudes de los jóvenes para orientarlos a vidas más sanas y satisfactorias?	Para reflexionar en torno a los métodos para abordar el proyecto de vida, la resiliencia y la autoestima, se recomienda el libro *Resiliencia en el aula, un camino posible*, de María Gabriela Simpson, Bonum, Buenos Aires, 2008.

REFLEXIÓN SOBRE LO VOCACIONAL

En el periodo de educación media y media superior es importante vislumbrar un camino que conduzca a la elección profesional del alumno. Si bien quienes opten por estudios universitarios pueden tener más tiempo de madurar hacia dónde dirigir sus intereses, es necesario que en un proceso autorreflexivo y de introspección, el joven, con la orientación adecuada, pueda avizorar cuáles son sus áreas académicas de mayor interés para configurar el tipo de carrera técnica o profesional a la que desea acceder. En este proceso, el docente tutor debe impulsar una labor que implique analizar los aspectos de la historia de vida del joven. Las preguntas clave dirigidas al alumno podrían ser las siguientes:

- ¿Quién soy? ¿Cómo soy?
- ¿Cuáles son mis intereses?
- ¿Cuáles reconozco como mis habilidades?

Las respuestas precisan de establecer una congruencia entre habilidades e intereses para la toma de decisiones.

El proceso debe ser factible, reflexivo, coherente y acorde con el momento histórico. La profesión considerada deberá ser relevante para la persona y su ejercicio generador de riqueza y bienestar comunitario, regional y para la sociedad en general.

El adolescente se pregunta cuál será su ocupación, a qué se dedicará; está inseguro, tiene miedo al futuro. En ocasiones se siente presionado por la familia y las amistades. Al mismo tiempo afloran problemáticas relacionadas con su búsqueda de identidad, su falta de comprensión respecto al entorno social y sus conflictos con la autoridad.

El joven debe adaptarse a los cambios corporales y psicológicos que está desarrollando, así como entender las situaciones de su contexto social. La orientación para integrar un autoconcepto que le forje una identidad sana y anhelos de superación y crecimiento es vital para que oriente la realización de un proyecto de vida en el que sean afines sus necesidades, habilidades e intereses personales con los requerimientos del ámbito profesional y laboral. En el proyecto de vida vinculado al destino ocupacional, el joven debe considerar aspectos relacionados con la historia de vida, sus características físicas, sus posibilidades económicas, y las peculiaridades de su lugar de residencia.

En muchas circunstancias, el adolescente no atiende sus intereses y habilidades para tomar decisiones sobre su elección vocacional, sino que es receptivo a la influencia de terceros, de los medios masivos de comunicación, de percepciones grupales que están "de moda", e incluso, en ocasiones, de una fantasía que se basa en ideas tergiversadas sobre lo que es su realidad. Estos son los casos de quienes buscan una carrera que genere "mucho dinero", de desarrollarse en algo en el que él sea "el mejor", aunque es bastante común que el joven se encuentre tan desorientado que no identifique cuáles son sus intereses y potencialidades, por lo que nada o todo le gusta.

El joven necesita entender que él será protagonista en los procesos que dominarán el desenvolvimiento productivo, científico, tecnológico, social y cultural del futuro. Ante ello debe saber cómo ofrecer sus recursos intelectuales para que su actividad profesional repercuta en una gratificación propia que se extienda a la comunidad de la que forma parte.

La orientación vocacional pretende que el joven se haga diversas preguntas en torno a lo que quiere hacer, lo que puede hacer, cuáles son sus posibilidades de seguir estudiando, cuáles son los recursos materiales con los que cuenta, en dónde se ubica la escuela a la que podría acudir. También es importante que el adolescente tenga claro hasta qué nivel de estudios desea avanzar y cuáles son las posibilidades reales de empleo en el área laboral de su elección.

Las opciones profesionales que el joven visualiza son a menudo limitadas debido a que el espectro de alternativas suele ser tradicional. Ahora, por ejemplo, en México las instituciones de educación superior que se rigen por criterios mercantiles ofrecen carreras de corte técnico, orientadas a formar personal que se incorpore a un ámbito productivo en el que no tiene amplia cabida la creatividad, el quehacer vanguardista, la innovación científica y tecnológica, la generación de una riqueza auténtica, la protección del ambiente, el desarrollo a largo plazo, etc. De allí la importancia de ofrecer al joven la enorme gama de posibilidades profesionales que son más congruentes con las verdaderas necesidades del contexto, y por supuesto afines a los intereses e inquietudes de cada joven.

La identificación de intereses y aptitudes puede facilitarse al analizar críticamente la historia académica del joven para distinguir qué áreas o asignaturas son las más interesantes para él y en las que ha conseguido un mejor aprovechamiento.

Asimismo, en el análisis de las particularidades de las profesiones que sean del interés del joven debe conocerse su plan de estudios, su perfil académico y sus oportunidades de empleo. El adolescente debe estar consciente de que una carrera tradicional y saturada generará mucha competencia, la que impactará en salarios bajos, en tanto que una profesión poco saturada, pero que tenga verdaderamente demanda en el sector productivo, propiciará mejores condiciones salariales y de trabajo.

El joven debe entender que la obtención de un título no significa necesariamente una integración satisfactoria al medio laboral, ya que la auténtica realización profesional tiene que ver con las actitudes del trabajador: el desarrollo de habilidades socioafectivas que le permitan adaptarse a su medio, la preparación permanente, la ética profesional, la responsabilidad y eficacia en el cumplimiento de las tareas, la capacidad de emprender y de tener iniciativa, el entusiasmo y el compromiso profesional, entre otras actitudes.

Al tener la expectativa de realizar y culminar estudios superiores, el joven debe valorar los factores económicos que con el tiempo podrían ocasionar su deserción. Si esto se presentara es necesario plantear alternativas, tales como desempeñarse con excelencia académica para tener derecho a una beca, optar por un sistema semiescolarizado, a distancia o abierto, y combinar la educación formal con el trabajo. Otros antídotos para evitar la deserción, aunque ya no económicos, se vinculan con la adquisición de hábitos de estudio y una disciplina estricta, la distribución adecuada del tiempo libre, y la perspectiva de que el esfuerzo rendirá frutos no sólo a nivel económico, sino en el ámbito de lo personal, el que se encaminará a ofrecer, en este aspecto, un sentido a la vida. (Véase el esquema en la página siguiente.)

PERSPECTIVA GLOBAL DE LAS NUEVAS PROFESIONES

De acuerdo con proyecciones del más corto plazo se ha establecido que a nivel global casi tres cuartas partes del crecimiento en el número de empleos se restringirá a tres grandes sectores: computación y matemáticas, salud, y educación (que incluye la capacitación). También hay una fuerte tendencia al autoempleo profesional, básicamente en arte, diseño, entretenimiento, deportes, medios de comunicación, computación y matemáticas (Hecker, citado por Schwartzman, 2008).

En América Latina la tradición profesional se ha decantado de manera destacada hacia las carreras sociales y humanísticas. Las razones han sido su bajo costo para alumnos e instituciones educativas, así como las exigencias mínimas de conocimientos científicos o matemáticos en estas profesiones, lo que aprecian muchos jóvenes debido a su deficiente formación en esas áreas. De igual modo, el mercado laboral hasta hace poco era poco receptivo a perfiles profesionales muy especializados. En realidad, la apuesta del mundo del trabajo se había dirigido hacia lo operativo, maquilador y reproductor de esquemas laborales. Lo paradójico es que una cantidad notable de profesionales del área social o humanística no desarrollan la carrera que estudiaron (Schwartzman, 2008).

ESQUEMA DE TOMA DE DECISIÓN PROFESIONAL (Valdés, 2009)

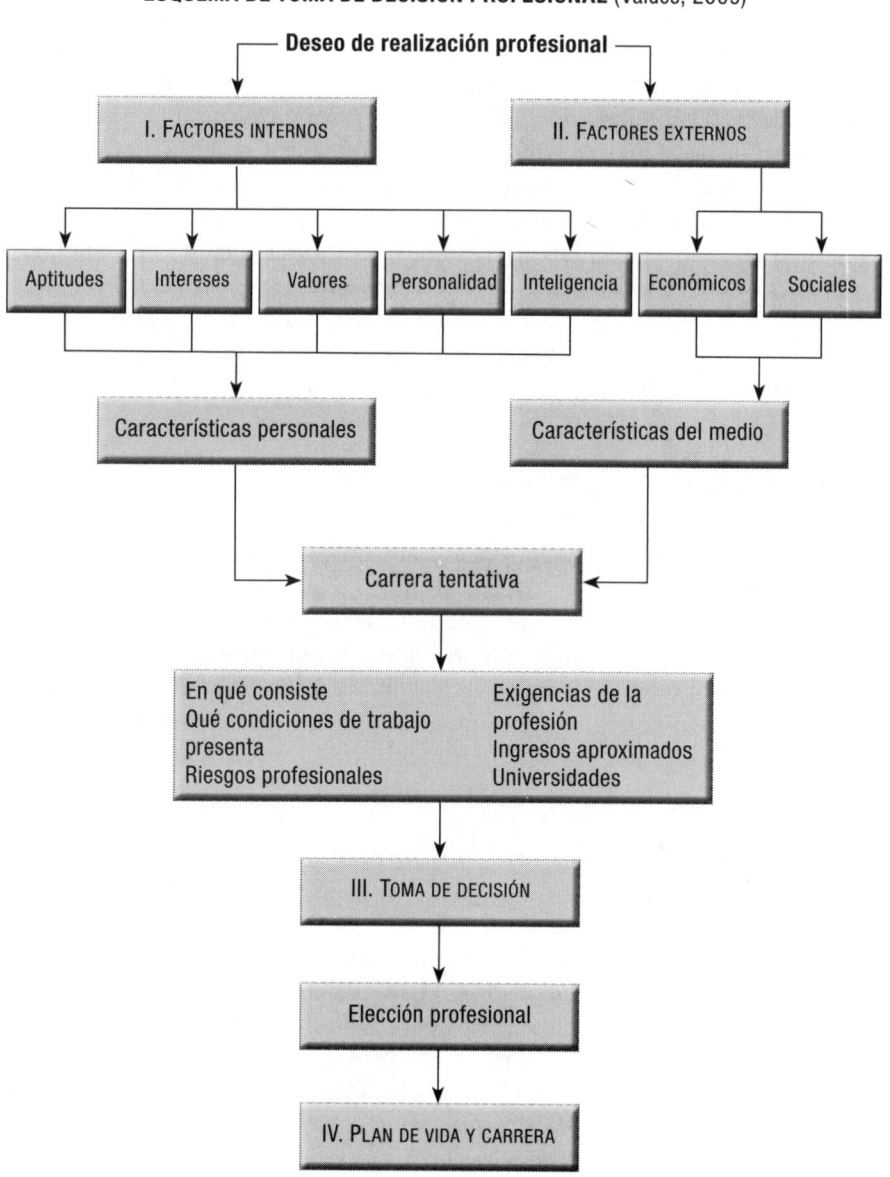

Deseo de realización profesional

- I. FACTORES INTERNOS
  - Aptitudes
  - Intereses
  - Valores
  - Personalidad
  - Inteligencia
  - → Características personales

- II. FACTORES EXTERNOS
  - Económicos
  - Sociales
  - → Características del medio

→ Carrera tentativa

- En qué consiste
- Qué condiciones de trabajo presenta
- Riesgos profesionales
- Exigencias de la profesión
- Ingresos aproximados
- Universidades

III. TOMA DE DECISIÓN

Elección profesional

IV. PLAN DE VIDA Y CARRERA

Estos escenarios y situaciones permiten reflexionar sobre cómo orientar asertivamente a los alumnos para que la elección profesional sea vista en sus diversos ángulos. Las determinaciones familiares, económicas y sociales vinculadas con las aptitudes del joven, de sus aspiraciones, de sus preferencias académicas, son, en general, las que condicionan la decisión profesional. Aunque toda esta serie de variables son importantes, el entorno económico de hoy y del más próximo futuro requerirá que todo perfil incluya fuertes habilidades comunicativas orales y escritas, un pensamiento abstracto, la concentración de la atención en tareas específicas. Asimismo, el trabajo intelectual tiende a relacionarse con el trabajo manual, en tanto que la labor a distancia es ya una opción para muchos empleadores. A la par de la innovación necesaria en el sector del trabajo como una exigencia de los nuevos mercados, cada vez se valoran más las competencias que el bagaje de conocimientos descontextualizado (Schwartzman, 2008).

LAS PROFESIONES DEL FUTURO[1]

La orientación vocacional encontrará un cauce más eficaz si el docente tutor explora junto con sus alumnos las posibilidades que ofrecen las profesiones que tendrán más demanda para un desarrollo sustentable, para el comercio e intercambio internacional, para la salud, para la protección del ambiente y de los grupos humanos vulnerables, para la intercomunicación y para el esparcimiento. A continuación se apuntan algunas de ellas.

Profesiones de la formación, la información y la comunicación

En este rubro se incluyen las profesiones generadas a partir de la demanda y la oferta de formación continua y a distancia, a través de internet; de las necesidades de orientación laboral, profesional y académica, en general, y de segmentos particulares de la población como jóvenes, mujeres en condición vulnerable, inmigrantes, etc. También incluye la consultoría y la gestión; la enseñanza de idiomas no convencionales para los occidentales y todo aquello vinculado con internet y el sector audiovisual.

Entre las carreras más relevantes se cuentan:

---

[1] Información obtenida en www.educaweb.com

- Formador-animador de formación continua.
- Experto en videomática (vende servicios interactivos por teléfono y televisión).
- Experto en audiomática (vende servicios interactivos por teléfono y computadora).
- Orientador de escuela-trabajo.
- Experto en educación a distancia.
- Experto en cursos de formación profesional.
- Experto en información a los jóvenes.
- Experto en nuevas tecnologías para enseñanza.
- Experto en medios audiovisuales de enseñanza.
- Gerente de institutos de educación media.
- Gerente de universidades.
- Profesor de ruso, árabe, chino, japonés, etcétera.
- Periodista especializado (en economía, ciencia, medicina, etc.).
- Experto en relaciones públicas internacionales.
- Experto en multimedia.
- Bibliotecario informatizado.

Profesiones del turismo y el tiempo libre

Dada la enorme movilidad internacional que se incrementa por motivos turísticos, estas profesiones son una oportunidad que requiere gestión, animación, comercialización, tratos con clientes, etcétera.
Entre las más destacadas se encuentran:

- Experto en desarrollo de turismo rural.
- Animador-guía de turismo rural.
- Animador de poblados turísticos.
- Azafata de congresos.
- Animador de fiestas urbanas.
- Animador turístico interdisciplinario (arte, deporte, naturaleza).
- Animador naturalista (biólogo, ecólogo, etc.).
- Experto en *marketing* turístico.
- Productor y vendedor de vacaciones (operadores turísticos y agencias de viajes).
- Organizador de congresos.
- Organizador de recepciones.

Profesiones del medio ambiente

Estas profesiones tienen que ver con la protección, recuperación, mantenimiento, vigilancia y evaluación del impacto ambiental en los ámbitos de energía, industria, agua, aire, residuos sólidos y los espacios naturales protegidos. Algunas de estas carreras son:

- Experto en ahorro energético en la industria.
- Experto en ahorro energético en la construcción.
- Experto en centrales de energía y biomasa.
- Experto en paneles y centrales solares.
- Experto en otras energías renovables (eólicas, geotérmicas, etc.).
- Experto en plantas de cogeneración (electricidad, calor, vapor).
- Experto en recuperación de calor.
- Gestor ecologista industrial.
- Proyectista de plantas industriales no contaminantes.
- Experto en depuración de humos industriales (filtros, etc.).
- Experto en tratamiento de residuos industriales.
- Experto en tratamiento de residuos industriales tóxicos.
- Técnico y experto en depuración de aguas industriales.
- Experto en tratamiento de aguas negras.
- Experto en descontaminación de embalses (fluviales, lacustres).
- Ingeniero hidráulico "optimizador y descontaminador de sistemas hidráulicos".
- Experto en intervenciones medioambientales en el mar, antivertidos de petróleo.
- Experto en control y purificación del aire en ambientes urbanos.
- Geoquímico ambiental (elección de ubicación de vertederos, saneamiento de zonas contaminadas).
- Experto en tratamiento y reciclaje de residuos tóxicos.
- Experto en plantas incineradoras de residuos tóxicos.
- Experto en separación automática de residuos tóxicos (magnetismo, conductividad, densidad, inercia, etc.).
- Experto en tratamiento de residuos sanitarios.
- Experto proyectista en áreas protegidas.
- Experto en restauración ambiental.
- Experto en estabilizar áreas hidrosensibles.
- Técnico de cartografía informatizada y digitalizada.
- Experto en evaluación de impacto ambiental.
- Experto en evaluación y prevención de riesgo sísmico (vulcanólogo, etc.).

- Experto proyectista de estructuras y servicios compatibles con el ambiente.
- Experto forestal.
- Guardia ecológico.
- Proyectista constructor de instalaciones ecológicas para la industria.
- Técnico y experto en control de la contaminación electromagnética.
- Meteorólogo.

Profesiones de las finanzas y el comercio

Se dedican a la consultoría, la intermediación, la comercialización, el análisis, la divulgación de la información y los seguros, la bolsa y los fondos de inversión. También incluyen el *marketing*, la logística, la exportación, la distribución, etc. Gran parte de estas actividades se han de realizar vía Internet.

Entre estas profesiones destacan:

- Experto en seguros.
- Asegurador de riesgos de profesionales libres.
- Consultor financiero.
- Gestor de patrimonios y fondos.
- Comisionista en bolsas extranjeras.
- Analista financiero.
- Experto en materias y productos (metales, grano, café, etc.).
- Experto en financiación de exportaciones.
- Gestor de riesgos (asesora a la empresa para todo tipo de seguros).
- Experto en mercados de futuros y de opciones (compras y coberturas a plazo).
- Director de centro de compras.
- Agente comercial por cuenta propia (vende por su cuenta productos de terceros).
- Experto en franquicias.
- Director de producto.
- Director de marca.

Profesiones de bienes culturales, espectáculos, arte y publicidad

La industria del ocio y la expresión artística son nichos de oportunidad para un perfil profesional afín a las necesidades de esparcimiento de clientes potenciales.

Entre estas carreras figuran:

- Director creativo.
- Creador de textos.
- Creativo gráfico.
- Experto en patrocinios.
- Realizador de televisión de alta definición.
- Informático de las imágenes para cine y televisión.
- Técnico en efectos especiales (visuales, sonoros, ópticos, electrónicos, etc.).
- Arqueólogo.
- Diseñador artístico.
- Experto en desfiles de moda.
- Especialista en restauración de bienes culturales.
- Bibliotecario de obras antiguas.
- Archivero de antigüedades.

Profesionales liberales y expertos

Son los consultores independientes que asesoran sobre áreas diversas de la actividad comercial o de servicios, tanto en el sector público como en el privado. Cualquier consultor debe tener, por lo menos, capacidad de organización, flexibilidad, iniciativa y autocontrol, conocimientos de técnicas de presentación, oratoria, pedagogía y *marketing*. Todo eso combinado con una formación continua en su especialidad profesional.

Estos son algunos de esos profesionales:

- Experto en organismos supranacionales.
- Ingeniero experto en calidad.
- Reciclador de empresas (compra, sanea y vende empresas que están en crisis).
- Experto en contratación internacional.
- Experto en evaluación de proyectos.
- Experto en previsiones económicas.

- Experto en programas y planes de desarrollo regional.
- Traductor intérprete.
- Experto en creación de empresas.
- Directivo de empresas de alta tecnología.
- Ingeniero genético, biotecnólogo.
- Inspector de reglamentos varios.
- Consultor de propiedad.
- Experto en estrategias empresariales internacionales (acuerdos, fusiones, etc.).
- Experto en tráfico.
- Geoeconomista.
- Experto en logística.

Profesiones de la salud y los servicios sociales

Este ámbito tiene un crecimiento amplio que permitirá explorar sectores nuevos en la medicina alópata y alternativa. Asimismo, el trabajo social tenderá a generalizarse como una práctica requerida por amplios grupos.

Entre otras carreras destacan:

- Médico deportivo.
- Médico homeópata.
- Médico alergólogo.
- Cirujano plástico.
- Esteticista cosmetólogo.
- Masajista fisioterapeuta.
- Médico geriatra.
- Genetista.
- Médico paraplejista.
- Implantólogo.
- Médico urgenciólogo.
- Experto en terapia ocupacional.
- Terapeuta pulmonar.
- Ingeniero biomédico (prótesis, órganos artificiales).
- Técnico de aparatos de diagnóstico informatizado.
- Cuidadores a domicilio.
- Dietista.
- Asistencia psiquiátrica a domicilio.
- Inmunólogo.
- Acupunturista.

- Experto en asistencia a ancianos.
- Consejeros de pareja.
- Experto en prevención y remedio de catástrofes.

Profesiones de la agricultura biológica, la zootecnia y la pesca

Son las profesiones que a sus características tradicionales tendrán que integrar las técnicas de la informática y la genética, junto con criterios de producción industrial.

Algunas de estas carreras son:

- Técnico en lucha dirigida (para combatir plagas con materias naturales, etc.).
- Experto en lluvia artificial.
- Perito agrobiológico.
- Experto en recuperación de suelos agrícolas empobrecidos.
- Criador de plantas. Seleccionador de nuevas especies vegetales.
- Experto en informática aplicada a la agricultura intensiva (invernaderos, viveros, etc.).
- Herbolario.
- Experto en acuicultura marina.
- Experto forestal con fines de producción y conservación.
- Genetista zootécnico.

Profesiones de la informática y la telemática

Se basan en las TIC y su crecimiento es trepidante. Las nuevas tecnologías necesitan creadores, organizadores, controladores, formadores, comercializadores y difusores de los productos más recientes y de los servicios innovados.

Entre las profesiones más relevantes se encuentran:

- Experto en interconexión con sistemas "complejos".
- Analista de sistemas.
- Experto en telediagnóstico y teleayuda.
- Experto en trabajo a distancia.
- Proyectista y controlador de redes.
- Proyectista y controlador de bases de datos.

- Experto en telemática de servicios de "valor añadido" (servicios audiomáticos y videomáticos para vender a las empresas).
- Ingeniero de construcción con conocimientos telemáticos.
- Experto informático de organización.
- Experto en seguridad de bancos de datos.
- Proyectista de soportes gráficos y escritos.
- Técnico experto en automatización de viviendas.
- Ingenieros especializados en radiotecnia y microondas (para telecomunicaciones móviles).
- Operador de telecomunicaciones intercontinentales.
- Consultor especializado en compra de sistemas informáticos y telemáticos.
- Bioinformático (experto en biochips).
- Ingeniero robótico.

MOTIVACIÓN[2]

Un aspecto relevante que no debe marginarse de la orientación vocacional es el relacionado con la motivación encaminada a la acción. Por esa razón dedicamos un apartado especial para entender los factores vinculados a este concepto.

El recorrido para comprender la *motivación* comienza con las siguientes preguntas:

- ¿Qué causa la conducta?
- ¿De dónde surge el sentido de la voluntad?
- ¿Cómo se conserva el comportamiento a lo largo del tiempo?
- ¿Por qué termina la conducta?
- ¿Cuáles son las fuerzas que determinan su intensidad?
- ¿Por qué una persona actúa de una forma en una situación particular y en un momento dado, pero se conduce de una manera diferente en otros momentos?
- ¿Cuál es la causa de que alguien no esté tan sólo dispuesto a hacer algo sino que, además, desee hacerlo?

Los cuatro elementos capaces de dar al comportamiento fuerza y propósito (su energía y dirección) son: *necesidades, cogniciones, emociones* y *acontecimientos externos*.

[2] Este apartado se basa en los planteamientos realizados por J. Reeve, *Motivación y emoción*, McGraw-Hill, México, 2003.

Necesidades. Son condiciones dentro del individuo que resultan esenciales y necesarias para mantener la vida, el crecimiento y el bienestar.

Cogniciones. Son sucesos mentales (como las creencias, expectativas y autoconceptos) que representan formas de pensamiento.

Emociones. Organizan a los sentimientos, la fisiología, los propósitos y la expresión (cómo nos sentimos, la forma en que reaccionan nuestros cuerpos, nuestro sentido de propósito y la forma en que expresamos nuestras experiencias a otros) dentro de una respuesta coherente a una condición ambiental, por ejemplo, una amenaza.

Acontecimientos externos. Son incentivos ambientales que energizan y dirigen el comportamiento hacia los sucesos que señalan consecuencias positivas, y lo alejan de aquellos que indican consecuencias de aversión. De manera general, los acontecimientos externos incluyen contextos, situaciones y climas ambientales, así como fuerzas sociológicas y la cultura.

La teoría de las necesidades humanas, de Maslow

Muchos expertos en el comportamiento humano coinciden en señalar que la causa o motor último de la motivación radica en las necesidades que las personas tienen. La necesidad es un estado de carencia. Para que una necesidad actúe como agente motivador debe generar un estado de tensión en el individuo. El objeto que actúa como estímulo sobre el organismo, activando la percepción de la necesidad y la expectativa de su satisfacción, es el incentivo. Incentivar consistiría, entonces, en tratar de obtener el comportamiento motivado de la persona, ofreciéndole diversos objetos que activen la percepción de sus necesidades y la expectativa de su satisfacción; es decir, buscar y despertar necesidades latentes. La fuerza del comportamiento motivado dependerá siempre de la peculiar interrelación entre necesidad e incentivos (o recompensas) disponibles.

Según el psicólogo norteamericano Abraham Maslow, todo ser humano experimenta cinco grandes grupos de necesidades que, ordenados del nivel más básico al más complejo serían:

1. Necesidades fisiológicas.
2. Necesidades de seguridad.
3. Necesidades sociales.
4. Necesidades de estimación.
5. Necesidades de realización.

Las necesidades **fisiológicas** son todas aquellas que debemos satisfacer para asegurar nuestra supervivencia como organismos biológicos: comida, bebida, descanso, protección frente al frío, salubridad, etcétera.

Las necesidades **de seguridad** suponen que las personas aspiran a tener asegurado su porvenir, lo que hace factible prevenir, y hasta cierto punto, controlar el futuro.

Las necesidades **sociales** están dominadas por todo aquello que forja identidad y pertenencia a numerosas categorías sociales, étnicas, económicas, políticas, ideológicas, entre otras. ¿Qué puede ofrecer la escuela como incentivo para tales necesidades? Seguramente el orgullo de formar parte de una organización y de contar con relaciones sociales que al ser cordiales incentivan al estudiante. El clima social de una unidad de trabajo académico puede ser un incentivo muy poderoso para promover o restringir el bienestar de sus miembros.

En las necesidades **de estimación** entra en juego el deseo de tener una imagen positiva de lo que uno es (autoestima) y de lo que uno hace (autoimagen). Así, la satisfacción con lo que somos y hacemos deriva no sólo de lo que cada quien puede creer al respecto de sí mismo, sino también de lo que crean y opinen sobre nosotros las otras personas.

En las necesidades **de realización**, las personas anhelan superarse a sí mismas, buscando siempre mejorar y aproximarse a un estado de plena realización de sus potencialidades.

Necesidades psicológicas

En un enfoque que describe la importancia de las necesidades psicológicas, se señala que los seres humanos poseen una motivación natural para aprender, crecer y desarrollarse en una forma saludable y madura.

La **autodeterminación** es la necesidad de experimentar una elección y refleja el deseo de que las elecciones personales, más que los eventos ambientales, determinen las acciones propias. Las personas cuyo comportamiento está autodeterminado, y no controlado, exhiben avances en el rendimiento y el logro; experimentan altos niveles de competencia percibida, autovalía y autoestima; resuelven problemas en formas flexibles y creativas; prefieren los desafíos óptimos a los éxitos fáciles, y experimentan emociones relacionadas con la tarea (como interés y placer).

La **competencia**, desde la perspectiva de la psicología, es la necesidad de ser eficaz en las interacciones con el ambiente. Refleja el deseo de ejercitar las habilidades y capacidades propias y, al hacerlo, buscar y dominar los desafíos óptimos. La necesidad de competencia genera la motivación de querer desarrollar, mejorar y refinar las habilidades y talentos personales.

El **gregarismo** resulta necesario para establecer lazos y vínculos emocionales estrechos con otras personas y se manifiesta en el deseo de estar emocionalmente vinculado e incluido de manera interpersonal con otros, dentro de unas cálidas relaciones protectoras. Las relaciones que no están enraizadas en un contexto de agrado y cuidado mutuo (relaciones de intercambio) frustran la necesidad de gregarismo y dejan a las personas estresadas, tristes, solas, deprimidas o celosas.

Necesidades sociales adquiridas

Las *necesidades sociales* surgen de las experiencias personales y de las historias únicas de desarrollo, cognitivas y de socialización del individuo. Una vez adquiridas, las necesidades sociales actúan como potenciales emocionales y conductuales impulsados por incentivos de situación.

Respecto al **logro**, el incentivo que activa la necesidad es realizar bien algo para demostrar competencia personal. Para la **afiliación**, el incentivo que activa la necesidad consiste en una oportunidad para agradar a otros y ganar su aprobación. Para la necesidad de **intimidad**, el incentivo que la activa es una relación cálida y segura. En cuanto al **poder**, el incentivo que activa la necesidad es tener impacto sobre otros.

Los individuos con gran necesidad de *logro* por lo general responden con emociones y conductas orientadas al acercamiento (por ejemplo, la esperanza), mientras que los individuos con baja necesidad de logro y gran temor al fracaso suelen responder con emociones y conductas orientadas a la evitación (ansiedad).

La necesidad de *afiliación* involucra establecer, mantener y restaurar relaciones con otros, sobre todo para escapar y evitar emociones negativas como la desaprobación y la soledad.

Comprometerse, desarrollar y mantener relaciones cálidas y cercanas implica la necesidad de *intimidad*, así que los individuos con grandes necesidades de intimidad tienen más posibilidades de unirse a grupos sociales, de interacción con otros y de formar estables relaciones duraderas que se caracterizan por el autoconocimiento o autodescubrimiento y el afecto positivo.

La perspectiva cognitiva de la motivación se centra en los procesos mentales como determinantes causales de la acción. En consecuencia, el estudio cognitivo de la motivación se preocupa por la secuencia cognición-acción: los planes y las metas.

Las **metas** son objetivos que la gente lucha por alcanzar. Existen dos tipos de *discrepancias* entre meta y rendimiento: reducción de discrepancia y creación de discrepancia. La reducción de discrepancia captura la esencia de los *planes*, mientras que la creación de discrepancia revela la esencia de las *metas* y de los procesos de establecimiento de metas. Las metas que son difíciles y específicas a menudo mejoran el rendimiento, movilizan el esfuerzo y aumentan la perseverancia.

Jerarquía de necesidades (Abraham Maslow)

Cuestionario Parte I

Instrucciones

A continuación se le presenta una serie de frases y una escala numérica que comprende del +3 al –3 (*Escala de Liker*) y sus intermedios. Lea detenidamente la frase y encierre en un círculo la calificación seleccionada de acuerdo con su criterio; esto es, cómo realmente es usted en su organización.

Las calificaciones presentan el presente continuo:

```
  -3    -2    -1     0    +1    +2    +3
```

-3 Completamente en desacuerdo
-2 Desacuerdo
-1 Ligeramente en desacuerdo
 0 No sé
+1 Ligeramente de acuerdo
+2 Acuerdo
+3 Completamente de acuerdo

1. A los empleados que realizan bien su trabajo, debería de estimulárseles en una forma especial.
   +3 +2 +1 0 –1 –2 –3
2. El conocimiento de las funciones básicas del puesto ayudaría a que los empleados supieran exactamente qué es lo que se espera de ellos.
   +3 +2 +1 0 –1 –2 –3

3. Los empleados necesitan que se les recuerde constantemente que de la productividad de su trabajo depende el éxito de su organización.
+3 +2 +1 0 −1 −2 −3
4. Todo jefe debería de prestar atención a las condiciones físicas en las que trabajan sus empleados.
+3 +2 +1 0 −1 −2 −3
5. El jefe tiene que trabajar arduamente para crear un clima amistoso entre sus colaboradores.
+3 +2 +1 0 −1 −2 −3
6. Un reconocimiento individual aumenta el desempeño del empleado pues esto tiene una gran trascendencia para él.
+3 +2 +1 0 −1 −2 −3
7. Un jefe indiferente frecuentemente hiere sentimientos de sus subordinados.
+3 +2 +1 0 −1 −2 −3
8. A los empleados les gusta sentir que en su trabajo se utilizan sus conocimientos, habilidades y capacidades reales.
+3 +2 +1 0 −1 −2 −3
9. Los seguros y las prestaciones, así como los programas preestablecidos son factores importantes para la permanencia de los empleados en sus puestos de trabajo.
+3 +2 +1 0 −1 −2 −3
10. Cualquier trabajo puede ser estimulante y retador.
+3 +2 +1 0 −1 −2 −3
11. La mayoría de los empleados buscan dar lo mejor de sí mismos en cualquier trabajo que realizan.
+3 +2 +1 0 −1 −2 −3
12. Si la alta gerencia promoviera actividades sociales fuera de las horas de trabajo, manifestaría un mayor interés por sus empleados.
+3 +2 +1 0 −1 −2 −3
13. El orgullo del trabajo realizado es una de las recompensas más importantes.
+3 +2 +1 0 −1 −2 −3
14. A los empleados les gusta decidir cómo deben hacer el trabajo, por sí mismos.
+3 +2 +1 0 −1 −2 −3
15. Los grupos informales favorecen las adecuadas relaciones laborales.
+3 +2 +1 0 −1 −2 −3
16. Los incentivos son muy importantes ya que tienden a aumentar la ejecución del empleado en el trabajo.
+3 +2 +1 0 −1 −2 −3

17. El contacto con la dirección es de suma importancia para los empleados.

    +3 +2 +1 0 –1 –2 –3

18. Generalmente a los empleados les gusta programar y tomar decisiones de su trabajo con un mínimo de supervisión.

    +3 +2 +1 0 –1 –2 –3

19. La seguridad laboral es muy importante para los empleados.

    +3 +2 +1 0 –1 –2 –3

20. Proporcionar un equipo de trabajo adecuado es de suma importancia para los empleados.

    +3 +2 +1 0 –1 –2 –3

Jerarquía de necesidades

Cuestionario Parte II

Instrucciones

Ahora traslade los números que encerró en los círculos y coloque ese valor en las rayas que aparecen, tomando en cuenta el número de pregunta. Posteriormente grafíquelo de acuerdo con la necesidad.

Necesidades de autorrealización

Pregunta núm.	Puntaje
10	
11	
13	
18	
Total	

Necesidades de seguridad

Pregunta núm.	Puntaje
2	
3	
9	
19	
Total	

Necesidades de ego

Pregunta núm.	Puntaje
6	
8	
14	
17	
Total	

Necesidades sociales

Pregunta núm.	Puntaje
5	
7	
12	
15	
Total	

Necesidades fisiológicas

Pregunta núm.	Puntaje
1	
4	
16	
20	
Total	

	−12	−10	−8	−6	−4	−2	0	+2	+4	+6	+8	+10	+12
Necesidades de autorrealización													
Necesidades de ego													
Necesidades sociales													
Necesidades de seguridad													
Necesidades fisiológicas													

Por favor, marque en el centro del rectángulo el total de cada una de sus diversas necesidades y después grafique.

Motivación de crecimiento

Es objeto de la psicología humanista tratar de descubrir el potencial humano y de alentar su desarrollo. Para lograrlo, esta perspectiva se preocupa por los retos:

a) del crecimiento y la autorrealización, y
b) del alejamiento respecto a las apariencias pretenciosas, el autodisimulo, así como de la complacencia y satisfacción de las expectativas de otros. El *compromiso con el crecimiento* se convierte en la última fuerza motivacional.

La autorrealización es el proceso que deja atrás la defensa y timidez de la dependencia infantil y se mueve hacia la autorregulación autónoma, las valoraciones realistas, la compasión hacia otros y el valor para crear y explorar. El desenvolvimiento siempre satisfactorio de los talentos, capacidades y potenciales personales cultiva un ambiente para el crecimiento psicológico óptimo y el desarrollo saludable. También cultiva un ambiente para progresar hacia un ser humano íntegramente funcional.

Las dos direcciones fundamentales para un crecimiento saludable son la *autonomía* y la *apertura* a la experiencia. La autonomía significa alejarse de la dependencia y alcanzar una capacidad cada vez más creciente para depender del propio yo y para regular la conducta personal. La apertura significa una forma de recibir información y sentimientos de modo que ninguno se reprima, ignore, filtre o distorsione por deseos, temores o experiencias pasadas.

Al satisfacer adecuadamente sus necesidades básicas (comida, seguridad, socialización, autoestima), las personas sienten una necesidad de cubrir el potencial personal que permita la *autorrealización*. Ésta se desarrolla a partir de necesidades en torno a la verdad, la bondad, la unidad, la trascendencia, la perfección, la justicia, el orden, el esfuerzo, el regocijo, la autosuficiencia o el significado.

Ocho comportamientos que alientan la autorrealización

1. Vea la vida como una serie de elecciones, siempre una elección hacia el progreso y el crecimiento, y no hacia la regresión y el temor. La elección progresión-crecimiento es un paso hacia la autorrealización, mientras que la elección regresión-temor es un movimiento que se aleja de la autorrealización.
2. Atrévase a ser diferente, no conformista.
3. Establezca condiciones que hagan más probables las experiencias extraordinarias. Líbrese de nociones falsas e ilusiones. Descubra las actitudes en las que no tiene buen desempeño y sepa cuál es su potencial al aprender y cuáles no son sus potenciales.
4. Identifique las defensas y tenga el valor para desecharlas.
5. Sea honesto, sobre todo cuando hay duda. Tome la responsabilidad y las consecuencias de sus elecciones.
6. Deje emerger al yo. Perciba dentro de usted y vea y escuche las voces innatas de impulso. Acalle los ruidos del mundo.
7. Experimente de manera completa, viva y desinteresada, con total concentración y completa absorción. Experimente sin la defensa o la timidez.
8. Use su inteligencia para llevar a cabo la buena ejecución de lo que quiere hacer bien.

En una relación tendiente al crecimiento debe imperar la calidez, la sinceridad, la empatía, la aceptación interpersonal y la confirmación de la capacidad de la otra persona para la autodeterminación.

PROYECTO DE VIDA EN TORNO A LA ESPERANZA

La educación, más allá de concebirse como un proceso indispensable para la reproducción o la creación de condiciones que posibiliten la adaptación a un entorno social, es la práctica más poderosa para enaltecer la convivencia, la apertura, la generosidad y el compromiso colectivo. Sin convivencia no hay sobrevivencia. El desinterés y el individualismo conducen inexorablemente al suicidio colectivo. Pérez Esclarín (2002) al reflexionar sobre lo anterior refiere un poema de Bertolt Brecht:

> Primero se llevaron a los negros,
> pero a mí no me importó porque yo no era.
> Enseguida se llevaron a los judíos,
> pero a mí no me importó porque tampoco era.
> Después detuvieron a los curas,
> pero como yo no soy religioso, tampoco me importó.
> Luego apresaron a unos comunistas,
> pero como tampoco soy comunista, tampoco me importó.
> Ahora me llevan a mí, pero ya es tarde.

Al hablar de globalización, apunta Pérez Esclarín (2002), cabe introducir lo indispensable que resulta globalizar, a través de la educación, la esperanza y la solidaridad, con un ferviente llamado al coraje, a la ilusión y a la creatividad, en estos tiempos en los que impera el desencanto y la desesperanza. Antivalores como el egoísmo y el individualismo tienen para muchos un gran aprecio. La polarización social es tan apabullante que la riqueza más desproporcionada convive con la pauperización extrema e indigna. Los pobres son desechados o son de provecho para enarbolar causas de supuesta solidaridad que enriquecen a los más ricos. De igual modo, el consumismo es la nueva creencia que genera necesidades fugaces, desdibujadas e inservibles en términos prácticos. El consumismo doblega la voluntad en una tónica del *tener* para *ser*, para existir. La publicidad acude a las entrañas del inconsciente colectivo ávido de amor y aceptación para vender lo más anhelado: autorrealización, prestigio, amistad, libertad, seguridad, felicidad. Más que productos, la publicidad vende estilos de vida, emociones, sueños e ilusiones. Ante la voluntad del *tener* para *ser* se acude al engaño, a la corrupción, a la violencia, al exhibicionismo, a la degradación del cuerpo, al robo, a la mentira. La voluntad es tan veleidosa que acepta los preceptos del individualismo para acercarse a la falacia de que todo es posible si con ello se consigue la promesa de la felicidad que ofrece el dinero destinado al consumismo.

El consumismo agita el deseo de renovación, poetiza el producto, idealiza la marca, sacraliza lo nuevo. Es como las drogas —no en vano hoy se habla de compradores compulsivos, de adicción a las compras—: confiere una sensación de plenitud irreal y pasajera, crea dependencia: cuanto más tiene uno, más necesita tener. El hambre de poseer y de tener es tan grande que no deja disfrutar de lo poseído (Pérez Esclarín, 2002)

Estos fenómenos incitan a un supuesto crecimiento exterior para llenar la oquedad existencial y la más angustiante soledad. A la miseria de los millones de desposeídos se aúna la miseria de quienes son pobres de espíritu, de paz y de esperanza, aunque materialmente tengan lo necesario para "ser felices".

Se gastan cada año 800 000 millones de dólares en armas y la sociedad es incapaz de demandar el uso de 13 000 millones de dólares, según datos de la UNESCO, para acabar con la miseria en el mundo.

Los seres humanos han alcanzado grandes proezas científicas, como los vuelos interespaciales, pero no hemos viajado al interior de nuestra conciencia para encontrarnos con nosotros mismos. La generalidad de personas viven estresadas, agitadas y corriendo para no perder lo más mundano, pero acaso, ¿no estaremos perdiendo la vida? (Pérez Esclarín, 2002).

A través de internet nos comunicamos con las personas que al ser desconocidas se tornan en fantasías que se albergan en el país más recóndito. Se extienden las redes sociales que no tienen rostro, pero se evita hablar con los vecinos, con los seres humanos que se topan cara a cara con nosotros. Con ellos no hay intimidad, coincidencia e ilusión, pero sí con los cibernautas que quizás distorsionan su género, su edad, su situación personal, todo bajo la premisa de forjar una relación de amor o amistad que se enmascara en el anonimato. La confianza, el amor, el cariño, la cercanía ya son virtuales. Muchas personas no quieren depositar su fe en un ser humano real y por ello, los *chats* se llenan de ilusos acobardados, incapaces de relacionarse de modo sano y verdadero.

Asimismo, señala Pérez Esclarín (2002), todo el mundo, mediante internet, tiene el derecho de escuchar y de mirar, pero muy pocos el de informar, opinar, crear, decir y contradecir.

¿Qué vale: ser o tener? Pérez Esclarín (1998, p. 147): nos narra esta historia:

> No había fiesta en el llano que no fuera alumbrada por los dedos mágicos del arpista Figueredo. Sus manos acariciaban las cuerdas y brotaba incontenible el ancho río de su música prodigiosa. Se la pasaba de pueblo en pueblo, sembrando la alegría, poniendo a galopar los pies y los corazones de las gentes en la fiesta inacabable del joropo. Él, sus mulas y su arpa. Por los infinitos caminos del llano. En una mula él, en la otra el arpa. Cubierta con un plástico negro para soportar los interminables chaparrones del invierno llanero en que, como describió magistralmente el poeta Lazo Martí, "el llano es una ola que ha caído, el cielo es una ola que no cae". Llueve y llueve, todo está ya inundado, las vacas se mueven penosamente con el agua al pecho, y sigue negro el cielo, preñado de una lluvia inacabable. Con el arpa también cubierta con el plástico negro en verano, para soportar el fuego de ese sol infinito que raja hasta las piedras.
>
> Una tarde, el arpista Figueredo tenía que cruzar un morichal espeso y allí lo estaban esperando los cuatreros. Lo asaltaron, lo golpearon salvajemente hasta dejarlo por muerto, y se llevaron las mulas, se llevaron el arpa...
>
> A la mañana siguiente, pasaron por allí unos arrieros y encontraron al maestro Figueredo cubierto de moretones y de sangre. Estaba inconsciente, en muy mal estado, pero todavía vivo. Los arrieros le curaron las heridas y cuando lograron que

volviera en sí, empezaron a preguntarle con insistencia, "¿pero qué pasó, maestro?, ¿qué pasó?". Haciendo un esfuerzo sobrehumano, el maestro Figueredo logró balbucear desde sus labios entumecidos y rotos: "Me robaron las mulas."

Volvió a hundirse en un silencio que dolía, y tras una larga pausa y ante la insistencia de los arrieros que seguían preguntando, logró empujar hacia sus labios una nueva queja: "Me robaron el arpa..."

Al rato, y cuando parecía que era imposible que pudiera decir algo más, el maestro Figueredo se echó a reír. Era una risa profunda y fresca, que no pegaba en ese rostro que era una estampa del dolor y de la cruz. Y en medio de la risa, se le oyó decir: "¡Pero no me robaron la música!"

El hecho más fatal para todo ser humano es perder la ilusión y la esperanza. Sin ellas, el educador no puede hacer gran cosa, pues la generación de expectativas bondadosas son el mejor antídoto para seguir creyendo en un bienestar real que favorezca a cada cual en lo personal, pero que también impacte en la comunidad. Educar es apostar por el futuro, por la convicción de que a pesar de la adversidad aún hay razones para crecer, superarse, ser felices y hacer felices a otros.

Como ha escrito Eduardo Galeano, el derecho de soñar no figura entre los 30 derechos humanos que las Naciones Unidas proclamaron a fines de 1948. Pero si no fuera por él, y por las aguas que da de beber, los demás derechos morirían de sed. Sería terrible si no pudiéramos imaginar un mundo, un país, una educación distintos, soñar con ellos como proyectos y entregarnos con esperanza y alegría a su construcción. Opongamos nuestra capacidad de soñar al antisueño de los pragmáticos (Pérez Esclarín, 2002).

En este contexto, ciertamente, hoy resulta muy difícil educar, pues la educación implica una siembra a largo plazo, apuesta por la lenta germinación de las semillas, exige coraje, esfuerzo, vencimiento, tesón, esperanza para asumir responsablemente las riendas de la propia vida y así, con los demás, ir construyendo el futuro. Construirse como persona, exige renuncias, sacrificios, paciencia y esperanza. Sin esfuerzo y vencimiento, la libertad se vacía de significado y de sentido. La genuina convivencia exige salir de uno mismo, preocuparse por el prójimo. Si aceptamos que "todo vale", le estamos dando carta blanca al tirano, al poderoso; estamos promoviendo la ley del más fuerte (Pérez Esclarín, 2002).

RETOS ANTE EL PROYECTO DE VIDA

Por la etapa que vive el joven a lo largo de sus estudios de educación media y media superior, es factible que en él comiencen a evidenciarse los aspectos que más adelante caracterizarán su vocación, su trayecto profesional y laboral. También es un periodo en el que las relaciones afectivas con sus familiares, pares y educadores son cruciales para fortalecer, o por el contrario, devaluar su autoestima, su autoconcepto y la confianza en sí mismo. Por esto, la adolescencia es un lapso en extremo vulnerable, pues en él se sustenta de manera esencial el rumbo que seguirá ese ser y se gestarán las vivencias y percepciones que contribuyan a la conformación de su bagaje interior, vital para afrontar los retos del futuro.

Si bien en el transcurso de la vida se recrean y transforman los objetivos y las metas que cada ser se formula en sus distintos ámbitos de desenvolvimiento, lo importante, sin duda, es que siempre exista en las personas la perspectiva por luchar para obtener los logros que le permitan avanzar en su proyecto de vida, y es justo en la adolescencia el momento propicio para que con mayor madurez y conciencia, el joven configure las orientaciones de un proyecto que le brinde las motivaciones necesarias para esforzarse y encontrar un sentido de vida que sea constructivo y gratificante.

De las experiencias que tenga el joven y de las interpretaciones que haga respecto a ellas, dependerán su fortaleza o su fragilidad, su compromiso o su indiferencia, su esperanza o su agobio.

Como se ha mencionado, la sociedad actual plena de profundas paradojas muestra, por un lado, una cara consumista, deshumanizada, hedonista, falta de ética y capaz de lo que sea para alcanzar objetivos económicos. En contraparte, se observa el rostro de la miseria, del abandono, de la violencia, del analfabetismo, de la lucha diaria por sobrevivir. En un mismo mundo se enfrentan la hipermodernidad y el más intenso subdesarrollo. Lo verdaderamente dramático es que ni una ni otra realidad son la base ideal para construir un bienestar y un desarrollo reales.

Sin embargo, de estas realidades adversas necesita emerger un poder humano que haga viable la continuidad de una vida que debe dignificarse y ser valiosa.

Como se ha destacado a lo largo del presente trabajo, el enfoque basado en competencias puede brindar la orientación necesaria que permita sobre todo apuntar la capacidad de realizar acciones que impliquen compromisos dentro de un ámbito de convivencia. Adicionalmente, es momento de señalar que otras competencias más vinculadas a la identidad y al desarrollo individual ofrecen una perspectiva más integral y más humana. Éstas se dirigen, señala De la Herrán (2007), hacia "la madurez personal, la complejidad de la conciencia, la superación del propio egocentrismo individual y colectivo, el autoconocimiento, la universalidad, el deber de memoria, la autoconciencia sincrónica o histórica, la preparación para la muerte". Aunque estos planteamientos han sido marginados de toda propuesta de aprendizaje, lo cierto es que son esenciales si se pretende formar con una perspectiva fundamentada en la evolución de la humanidad. La apuesta esencial e insoslayable es desarrollar un ejercicio de lucidez, de sensibilidad, de visión a largo plazo para no desdeñar aquellos aspectos relacionados con la conciencia, el sentido de vida y la verdadera posibilidad de valorar lo que más íntimamente pertenece al corazón humano, a sus anhelos, a sus miedos, a su necesidad de trascendencia, a su deseo de dejar una huella amorosa que contribuya al crecimiento moral y existencial de otros seres.

Al volver a la realidad que contextualiza el quehacer de toda persona, es claro que el joven es el receptor de la vasta complejidad del tiempo que le ha tocado vivir, y será responsable de un futuro que a veces se antoja lleno de posibilidades bondadosas, pero también de inmensos desafíos.

Es por ello que en la fase de la juventud temprana resulta muy imperativo que el alumno adquiera responsabilidad sobre el sentido de su quehacer para iniciar la conformación de un proyecto que además de ofrecerle motivación y anhelos por los cuales considere que vale la pena esforzarse, lo ubique en su contexto social para concatenar sus expectativas personales con objetivos que impacten favorablemente a su grupo de pertenencia y a los miembros de su comunidad.

Los recursos interiores que el adolescente desarrolle son cruciales para asumir sana y funcionalmente las subsecuentes etapas de su vida. En este proceso, el rol del docente tutor es básico en su desempeño como orientador y corresponsable de su educación. En la medida en que el joven sea capaz de adquirir y desplegar en plenitud sus conocimientos, habilidades, actitudes y valores podrá estructurar un proyecto personal que le permita comprometerse con la obtención de un bienestar para sí mismo y para su entorno.

En tal dinámica los aspectos formativos informales y formales son cimientos torales en los que no puede soslayarse la relevancia de los factores afectivos y emocionales. Un joven sano emocionalmente generará una proyección funcional y saludable, en tanto que un joven incapaz de trascender las situaciones adversas podría no sólo desdeñar la construcción de un proyecto viable y asertivo, sino ser víctima de riesgos psicosociales como las adicciones, o ser violentado o convertirse en agresor. Otros riesgos son la deserción escolar, la búsqueda de dinero fácil o la evasión que representa el abuso en el empleo de las nuevas tecnologías.

Ante un panorama social más desalentador que generoso, el papel del docente tutor puede marcar la diferencia entre un desenvolvimiento funcional y otro disfuncional en el joven adolescente.

Si bien los elementos formativos de la crianza en el marco familiar aunados al impacto que recibe el joven de sus pares, de los medios de comunicación masiva y de las tecnologías de la información son básicos en la construcción de su estructura significativa, la escuela desempeña un rol esencial en esta conformación, a pesar de las limitaciones que imponen influencias contextuales del medio social, cultural, político y económico.

Los retos de hoy para el educador se orientan a dar contención, respaldo, esperanza y sentido en un ámbito en el que priman el materialismo y el desasosiego. Sobre ello se abordarán los temas que en el espacio de lo afectivo pueden ser trabajados por el docente tutor para estructurar certezas, salud y funcionalidad en el carácter y quehacer de los jóvenes adolescentes.

Para el educador del nivel medio y medio superior es claro que uno de los desafíos más importantes de su desempeño consiste en enfrentarse a cierto número de jóvenes que en mayor o menor medida, viven adversidades personales que han lesionado o están lesionando su autoconfianza, su autoimagen o su sentimiento de valía.

La precariedad emocional tiene múltiples caras que son reflejo de las disfuncionalidades que han caracterizado la historia íntima de muchos adolescentes. La raíz de la adversidad cae casi invariablemente en el entorno familiar, o en situaciones inesperadas que vulneraron la condición psíquica del joven, tales como pérdidas, accidentes, enfermedades crónicas, abuso sexual, la asunción de responsabilidades no correspondientes a su madurez, etc. El hecho concreto es que el docente tiene ante sí a un joven herido que no sabe cómo rescatarse y encontrar un sentido de vida. Las actuaciones de un joven con marcas de dolor pueden ser la apatía, la inconstancia, la rebeldía insidiosa, la agresividad, la conducta desafiante, la sumisión o el bajo desempeño académico. Las preguntas serían: ¿Qué debe hacer el educador para subsanar de algún modo esas lesiones emocionales? y, ¿realmente tiene la capacidad de contener y ayudar a un joven que vive o ha vivido conflictos que parecen insuperables? Responder estos cuestionamientos no es un asunto fácil, sin embargo, el docente, al representar una figura de autoridad y tener un poder que le otorga su formación y su madurez, puede indudablemente impactar la vida de un adolescente desorientado, a tal punto que es capaz de promover, incluso, un cambio positivo que modifique las actitudes, conductas, percepciones y valores de este joven.

La capacidad de superar las adversidades forma parte de una línea de estudio que es relativamente nueva en la investigación educativa, y su relevancia se torna en fundamental ante el alarmante crecimiento de condiciones familiares y contextuales proclives a dañar el sano desarrollo de niños y jóvenes. Aquí, esa capacidad adquiere un nombre que se ha tomado de la física, la **resiliencia**, concepto que habla de flexibilidad, de hacer maleable un material. En educación se ha acogido el término para designar la posibilidad que tienen los seres humanos de trascender sus tragedias y trasmutarlas a través del espíritu de lucha, del amor a sí mismos, de la confianza en el futuro, de la esperanza y de la búsqueda de un sentido de vida. ¿Es posible, entonces, que el docente se convierta en un factor de resiliencia para apoyar a sus alumnos en el logro de su bienestar y el crecimiento? La respuesta es afirmativa y, como señala Simpson (2008), la resiliencia en el aula es un camino posible.

Con esperanza o sin esperanza

La gran crisis que atraviesa nuestro mundo no es tanto, como suele decirse, una crisis de fe o de moral cuanto de esperanza.

Una amiga me dice que "su único pecado es la desesperanza". ¿Qué moral —se pregunta— puede inculcar a sus hijos que se hacen mayores al lado de la violencia y de la permisividad total?

Las circunstancias nos obligan a preguntarnos si no habremos regresado ya a las cavernas, si el mundo tiene todavía salvación, si no es cierto que la audacia, la desfachatez o la crueldad de unos pocos es capaz de arruinar el esfuerzo constructivo de generaciones y generaciones que lucharon por mejorar al ser humano.

¿Y qué hacer? ¿Tirar la toalla y hundirnos en el pesimismo y la desesperanza? Espero que se me siga permitiendo continuar gritando que "en los seres hay muchos más motivos de admiración que de desprecio", que en este tiempo brilla mucho más el mal que el bien, porque "la hierba crece de noche" o que, incluso si viviéramos en un mundo absolutamente cerrado a la esperanza, nuestro deber de seguir luchando por mejorarlo seguiría siendo el mismo.

Nadie nos pide que cambiemos el mundo. Lo que de nosotros se espera es que aportemos "lo poquito" que podemos, no más.

Por eso yo creo que contra la desesperanza no hay más que una medicina: la decisión y la tozudez. Ahora que ya estamos todos de acuerdo en que el mundo es un asco, vamos a ver si cada uno barre un poquito su propio corazón y los tres o cuatro corazones que hay a su lado. El día en que nos muramos, tal vez el mundo siga siendo un asco, pero lo será, gracias a nosotros, un poco menos. Contra la desesperanza no hay más que un solo tratamiento: hacerse menos preguntas y trabajar más.

Pero, ¿cómo trabajar sin esperanza? ¿El amor desesperanzado no es menos amor, no será un amor amargo? Si amásemos lo suficiente sabríamos dos cosas: que todo amor es, a la corta o a la larga, invencible. Y que, en todo caso, el que ama de veras no se pregunta nunca el fruto que va a conseguir amando. El verdadero amante ama porque ama, no porque espere algo a cambio.

Mejorar al mundo, ayudar a los otros es nuestro deber. Nosotros no podremos abolir el odio o la violencia. Pero nadie podrá impedirnos barrer la puerta de nuestro corazón.

(José Luis Martín Descalzo, *Razones para la alegría*.)

ORIENTACIÓN PARA LA VIDA: EL EJERCICIO DE LA RESILIENCIA

La resiliencia es un factor protector de las situaciones adversas. Plantea que la exposición a circunstancias hostiles no constituye necesariamente una limitación para alcanzar un desarrollo favorable. La resiliencia es un proceso dinámico del que deriva una adaptación positiva, no obstante la adversidad del contexto que rodea al individuo; esa adaptación constituye una *competencia psicosocial*, y crea una alianza con el concepto de salud emocional.

Para entender la resiliencia es necesario reconocer la existencia de un riesgo que puede afectar el bienestar de la persona; ese riesgo puede derivar en situaciones estresantes que son potencialmente repetitivas. Las amenazas pueden relacionarse con la vivencia de experiencias negativas a través del tiempo y a otras muy específicas (divorcio, pérdidas por la muerte de un ser querido, guerras, desastres naturales), así como son trastornos congénitos, problemas en el nacimiento como hipoxia o bajo peso, y otros factores de carácter social.

El estudio de la resiliencia comenzó en los años 70 del siglo pasado, y su descripción se basó en el análisis de un grupo de personas con esquizofrenia, quienes, gracias a una favorable adaptación, una vida productiva y sanas relaciones sociales, se desmarcaron de las discapacidades típicas que poseen este tipo de pacientes (Torres, 2010). Además, también fueron estudiados los hijos de madres esquizofrénicas, quienes, a pesar de su riesgo genético, tuvieron, varios de ellos, la capacidad de superar la amenaza latente de la enfermedad. A partir de ello, se generó una línea de investigación sobre cómo las variaciones individuales responden ante la adversidad. Estudios posteriores destacaron amenazas, tales como: desventajas socioeconómicas, enfermedades mentales de los padres, maltrato, pobreza, violencia en la comunidad, enfermedades crónicas y eventos catastróficos.

Actualmente, se reconoce que existen tres grupos de factores implicados en el desarrollo de la resiliencia:

1. Los atributos del niño.
2. Los aspectos relacionados con su familia.
3. Las características de su entorno social más amplio (Torres, 2010).

Garmezy (citado por Torres, 2010) describe tres categorías de factores protectores: *atributos individuales* (buenas habilidades intelectuales, temperamento y visión positiva de sí mismo), *cualidades familiares* (alta calidez, cohesión y expectativas favorables), *sistemas de apoyo fuera de la familia* (fuerte red social, una escolaridad asertiva).

Masten y Powen (citados por Torres, 2010) describen los atributos personales y sus contextos asociados con la resiliencia:

Diferencias individuales

- Habilidades cognitivas (puntuaciones de CI, habilidades atencionales, habilidades de funcionamiento ejecutivo).
- Autopercepciones de competencia, valía, confianza (autoeficacia, autoestima).
- Temperamento y personalidad (adaptabilidad, sociabilidad).
  - Habilidades de autorregulación (control de los impulsos, regulación del afecto).
  - Visión positiva de la vida (optimismo, creencia que la vida tiene sentido, fe).

Relaciones interpersonales

- Calidad en la crianza de los hijos (incluye calidez, estructura y control, expectativas).
- Relaciones cercanas con adultos competentes (padres, familiares, mentores).
- Conexiones con iguales pro sociales, y que se atienen a las reglas (entre los niños mayores).

Recursos y oportunidades comunitarias

- Conexiones con organizaciones pro sociales (tales como clubes o grupos religiosos).
- Características del barrio (seguridad pública, supervisión colectiva, bibliotecas, centros recreativos).
- Calidad de los servicios sociales y centros de salud.

Torres (2010, p. 192) señala que entre todo lo anterior: "*el funcionamiento intelectual* y *la calidad de la parentalidad*, medidas a través de dimensiones como calidez y altas expectativas parentales, en vez de negligencia, rechazo o severidad, son las variables con mayor presencia protectora en los procesos de superación de la adversidad".

Para entender cómo operan los factores de protección, basta acudir a la descripción de los sistemas básicos del desarrollo psicosocial: *el sistema de apego* (vinculado a las relaciones interpersonales más cercanas), *la motivación para el control* (éxito en el ejercicio evolutivo, favorable autoconcepto y autoeficacia), *la autorregulación* (regulación conductual y emocional, control de impulsos), y, *el desarrollo cognitivo y de aprendizaje* (sistemas neuroconductuales, sistemas de información).

La resiliencia no es, por tanto, un proceso excepcional. Surge del apto funcionamiento de los sistemas de adaptación humana. El reto es propiciar las mejores condiciones para que estos sistemas, correspondientes al entorno íntimo y social de las personas, cumplan su papel de desarrollo y autorregulación. La tarea no es fácil, pues la complejidad de tales núcleos se somete a factores que en momentos parecen inmanejables, como la violencia ejercida en todos niveles, la polarización social, la decadencia cultural y el estrés ante condiciones de sobrevivencia. No obstante, diferentes instancias, como la escuela, pueden constituirse en espacios privilegiados para formar personalidades resilientes; ellas han de subsistir a pesar de las condiciones de riesgo que viven nuestras sociedades, sobre todo, las emergentes.

Entre los diversos planteamientos que se han hecho sobre el concepto de *resiliencia* destacan algunas ideas que recoge Simpson (2008, p. 12):

- Habilidad para surgir de la adversidad.
- Respuesta global y dinámica frente a la adversidad, que permite salir fortalecido.
- Resistencia al trauma, estrés o suceso grave, y evolución posterior aceptable, en una dinámica existencial.
- Interacción dinámica de factores de riesgo y de factores de protección o de resiliencia.
- Conjunto dinámico de procesos sociales e intrapsíquicos dado por una relación recíproca entre el ambiente y el individuo, para lograr la adaptación de éste.
- Estrategia de vida.
- Cualidad dinámica que se encuentra latente en el interior de cada ser humano, siempre cambiante, que surge de la creencia en la propia eficiencia para enfrentar los cambios y resolver los problemas y que puede activarse en cualquier momento por los mecanismos adecuados.
- Posibilidad de vivir sanamente en un ambiente insano.

La *resiliencia* podría caracterizarse como una "capacidad que resulta de un proceso dinámico e interactivo entre el propio individuo y su entorno, entre las huellas de sus vivencias anteriores y el contexto del momento" (Simpson, 2008, p. 13).

La resiliencia es una potencialidad de todo ser humano y a veces basta que otro ser en su calidad de especialista, de profesional, o simplemente de persona empática y amorosa, puede hacer que surja ese potencial en ese individuo vulnerado.

Al considerar la raíz etimológica del educar: criar, alimentar y nutrir, es evidente que un educador maduro y consciente puede con su acción coadyuvar a que sus alumnos adopten actitudes resilientes.

La resiliencia también es un proceso de negociación entre los factores de riesgo a los que está sometida la persona y los elementos que pueden protegerla; entre ellos los que corresponden al ámbito de una educación escolar sana y asertiva. Este proceso que vincula al alumno con el medio, y obviamente con la institución educativa, proporciona los elementos que pueden ayudar a que el joven identifique sus recursos, habilidades, fortalezas y posibilidades que están dentro o fuera de él, para trascender los eventos traumáticos, desarrollarse y lograr sus metas.

Puerta de Klinkert, citado por Simpson (2008, p. 31) identifica cinco factores bajo los cuales surgen en las personas las fuerzas que le permiten superar exitosamente la adversidad y crecer con ella:

1. *Redes sociales informales que brindan aceptación incondicional.* Redes primarias integradas por miembros de la familia (nuclear y extensa), amigos, docentes, vecinos, etcétera.
2. *Capacidad para encontrar significado a todo lo que ocurre a partir de la fe.* Desde la perspectiva religiosa o filosófica. (Sería análoga al sentido de la vida planteado por Viktor Frankl.)
3. *Desarrollo de aptitudes.* Capacidades para establecer relaciones sociales, apitudes para la resolución de problemas y la reflexión y desarrollo de valores morales.
4. *Desarrollo de la autoestima.* Capacidad del individuo para quererse a sí mismo a partir de una visión realista de su potencial y de sus limitaciones.
5. *Sentido del humor.* Capacidad que parte del reconocimiento y de la aceptación de lo imperfecto y del sufrimiento, y los integra a la vida de una forma más positiva y tolerable.

Sybil y Steven Wolin, citados por Simpson (2008, pp. 32-34) establecen siete resiliencias o pilares de la resiliencia que se desarrollan en las etapas de la infancia, la adolescencia y la adultez. Éstas son:

Resiliencia	Etapas evolutivas		
	Niñez	**Adolescencia**	**Adultez**
Insight o perspicacia Capacidad para observar y observarse, para preguntarse y responderse honestamente.	*Intuición* Comprensión espontánea, no reflexiva, por vía del inconsciente. Perspicacia. Percepción inmediata, concepción instintiva *a priori*.	*Conocimiento* Capacidad para darle nombre a los problemas, observarlos desde fuera, abordándolos sistemáticamente.	*Comprensión* Capacidad para emplear experiencias previas en la resolución de problemas. Comprensión de sí mismo y de los demás.
Independencia Capacidad para fijar los propios límites en relación con el medio problemático, manteniendo distancia física y emocional, sin caer en el aislamiento.	*Alejamiento* Capacidad para tomar distancia de los problemas familiares, manifestada generalmente en el alejamiento para jugar o para deambular.	*No engancharse* Idem a la anterior, pero tomando las riendas de su vida, dejando de buscar aprobación y amor en sus mayores.	*Separación* Capacidad para balancear las necesidades propias y las demandas del medio, para tomar las decisiones adecuadas para beneficio propio, sin detrimento de los demás. Autocontrol a pesar del sufrimiento.
Relación Capacidad para crear vínculos íntimos y fuertes con otras personas.	Relaciones fugaces con personas emocionalmente disponibles, que se acercan con simpatía.	Relaciones "reclutadoras", intentando comprometerse con adultos y pares amables, que pueden ser soportes, en actividades mutuamente gratificantes.	Relaciones más maduras, uniones mutuamente gratificantes, con equilibrio entre el dar y el recibir.
Iniciativa Tendencia a exigirse a uno mismo y ponerse a prueba en situaciones cada vez más exigentes. Capacidad de autorregulación, responsabilidad personal para lograr autonomía e independencia. Impulso para lograr experiencia.	*Exploración* Tendencia a seguir la propia curiosidad a explorar el mundo físico con ensayo y error.	*Trabajo* Tendencia a mantenerse ocupado en actividades. Capacidad de identificación y resolución de problemas.	*Generación* Capacidad para enfrentar desafíos, expresada en liderazgo grupal o comunitario y para equilibrar los proyectos de trabajo con la vida personal.
Humor y creatividad Con raíz común: capacidad para encontrar lo cómico en la tragedia y capacidad para crear orden, belleza, objetivos a partir del caos y el desorden, respectivamente. Ambos son espacios para la imaginación donde refugiarse y reestructurar experiencias.	*Juego* Forma consciente o inconsciente de contrarrestar la fuerza de una adversidad. Medio de canalización de miedos, de construcción de un mundo conforme a sus deseos, que recree la situación estresante, para controlarla y lograr confianza.	*Moldearse* Forma más elaborada de juego, creación y expresión artística, con disciplina e imaginación. Empleo del arte para dar forma estética a los pensamientos y sentimientos íntimos.	*Composición y risa* Se vuelven a separar y tener cada una sus características: realización de proyectos artísticos y minimización del dolor con bromas.

Moralidad	Juicio	Valores	Servicio
Capacidad para desearles a los demás el mismo bien que se desea para uno mismo y para comprometerse con valores específicos. Actividad de una conciencia informada. Capacidad para darle sentido a la propia vida.	Capacidad para distinguir lo bueno de lo malo y lograr dominio progresivo con autonomía de la familia.	Capacidad para reconocer los propios valores y fortalezas, aprender de experiencias dolorosas y para valorar y decidir cuáles comportamientos se deben asumir.	Capacidad para entregarse a los demás, para servir, para contribuir al bienestar de otros, además del personal.

Un joven adolescente para ser resiliente debe poseer las siguientes características (Munist y Suárez Ojeda, citados por Simpson, 2008:35):

- *Pensamiento crítico*: Capacidad para desarrollar las propias nociones y conclusiones, y evaluar y cuestionar las de los otros.
- *Proyecto de vida*: Formulación simbólica y cognitiva que permite una acción abierta y renovada para superar el presente y enfrentar el futuro. Para Frankl, era el sentido de vida.
- *Habilidad para planificar*: Capacidad para imaginar y planear acciones para alcanzar determinadas metas.
- *Laboriosidad*: Capacidad de acción, de trabajo, de hacer, de producir.

AUTOESTIMA Y RESILIENCIA

La resiliencia apunta a dar valor a las vivencias en los primeros años de vida de la persona, en donde la calidad de las experiencias iniciales estructuran la vulnerabilidad o la fortaleza del niño. La escuela debe ser el espacio propicio para mirar holísticamente al niño o al joven con el propósito de establecer la importancia que tienen en el desempeño escolar los factores emocionales que acompañan al educando. Como se ha comentado, en el hecho educativo no sólo se implican aspectos estrictamente académicos, sino aquellos que se vinculan con los afectos, con la autoestima y con la confianza en sí mismo que poseen el joven y el niño. En este sentido, la tarea de la escuela es detectar, intervenir y, en su caso, prevenir las situaciones de riesgo a los que está sometido el alumno. La institución educativa no puede obviar los riesgos psicosociales o la vulneración de los derechos humanos de la que son víctimas los niños o jóvenes en cualquier contexto, por lo que su intervención no sólo es viable, sino necesaria.

Para entender cabalmente el concepto de resiliencia tendríamos que partir de las experiencias primarias de los seres humanos. Algunos de ellos se enfrentan a dificultades severas debido a circunstancias complejas que perjudican su normal desarrollo cognitivo, físico, emocional o social al vivir en condiciones de pobreza moral, afectiva, económica o cultural. Vivir esa vulnerabilidad en la familia, en el grupo de pares o en la escuela refleja una situación de maltrato, que desde la década de 1960 ha sido ampliamente documentada y que en la de 1970 comenzó a tener una relevancia psicosocial al reconocerse el maltrato infantil como un problema social.

Se describe, entonces, que "maltratar a un niño o a un adolescente es no satisfacer sus necesidades adecuadamente no ofreciéndoles las condiciones básicas que garanticen su bienestar y posibiliten su desarrollo óptimo de acuerdo con su etapa evolutiva. Consideramos el maltrato infantil como toda acción, omisión o trato negligente no accidental que prive al niño de sus derechos y bienestar que amenacen o interfieran su ordenado desarrollo físico, psíquico y/o social, cuyos autores pueden ser personas, asociaciones y la propia sociedad" (Muñoz y De Soto, 2005, p. 108).

Tipos de maltrato

- *Maltrato o abuso físico.* Acción no accidental que provoque daño físico o enfermedad en el menor. La agresión es deliberada y la violencia se ejerce con instrumentos o sin ellos. El agresor pretende justificar el maltrato como método disciplinario o coercitivo. Las lesiones pueden llegar a ser muy graves, e incluso mortales.
- *Abandono físico.* Las necesidades básicas del niño no son atendidas por el adulto que debía protegerlo. Los requerimientos elementales se refieren a la alimentación, cuidados médicos, protección y vigilancia, medidas de higiene y educación.
- *Maltrato psicológico.* Aversión al menor, la cual se manifiesta al rechazarlo, despreciarlo, aislarlo, vulnerando su autoestima, así como al amenazarlo o ignorarlo. Se le niega al niño amor, afecto, ayuda, apoyo, estimulación, protección afectiva e interacción emocional.
- *Abuso sexual.* Ejercer el poder a través del contacto sexual que un adulto tenga con el menor. Aquí caben la violación, el incesto, los tocamientos abusivos, la corrupción y la explotación sexual.

Hay otro tipo de situaciones que dañan al menor, quien puede ser víctima de las guerras, del terrorismo, del abandono en la calle, de la pornografía, de la explotación sexual con fines de lucro.

La vulnerabilidad del niño y del adolescente puede generar en diversas etapas de su vida una perspectiva dolorosa y pesimista, dadas las situaciones adversas que lo han victimizado. Sin embargo, lo cierto es que una historia de maltrato no deriva necesariamente en la conformación de seres disfuncionales. Hay quienes son capaces de sortear las penumbras del daño y crecer como adultos sanos y, sobre todo, con expectativas de esperanza. Ellos son los seres resilientes, quienes tienen la posibilidad de desarrollar recursos interiores que les permitan mantener incólumes sus valores en torno a la expansión y al crecimiento humano. La generación de resiliencia es multifactorial. Depende del modo como el individuo interprete su mundo interior, las circunstancias del medio cultural, la influencia de adultos significativos, el respaldo de los educadores, el apoyo de los pares, entre otros factores.

La resiliencia es dinámica, varía con el tiempo. No es estable, sino un camino de crecimiento. La resiliencia se crea y en ella intervienen la voluntad y la inteligencia emocional (Muñoz, V. y De Pedro, F., 2005). En una fórmula que haga factible el desenvolvimiento de actitudes resilientes, es importante considerar como aspectos terapéuticos el amor, el afecto y el cuidado que se le pueden ofrecer al niño y al adolescente.

De acuerdo con Muñoz, V. y De Pedro, F. (2005), los estudios sobre la resiliencia se han modificado al grado de descentrar el interés en las situaciones de riesgo para orientarse a un modelo de prevención sustentado en las potencialidades y en los recursos que posee el ser humano al relacionarse sanamente con su entorno. Este modelo reconoce la fragilidad humana ante eventos traumáticos, pero la resiliencia es el cerco que protege al impedir los probables efectos negativos de la adversidad, y la amenaza se convierte, entonces, en oportunidad. El modelo preventivo también da mayor valor a las fortalezas intrínsecas de las personas que a sus debilidades. Trabajar sobre los aspectos positivos que tiene consigo cada ser humano es clave para que éste reinterprete el riesgo y asimilarlo proactivamente como un reto que debe superarse. En ese proceso, el profesor o educador puede ejercer un papel prioritario de contención para apoyar el desempeño de acciones resilientes que conduzcan a un aprendizaje de vida.

Además de la guía asertiva de un adulto significativo, el menor, en el desarrollo de la resiliencia, necesita poseer, según Muñoz, V. y De Pedro, F. (2005, p. 115), *recursos personales*: la fuerza psicológica interna que desarrolla el niño en su interacción con el mundo, así como autoestima, autonomía, control de impulsos, empatía, optimismo, sentido del humor y fe en un ser superior o en la fraternidad universal. Es necesario que el niño:

- Se sienta una persona por la que otros sienten aprecio y amor.
- Sea feliz cuando hace algo bueno para los demás y les demuestre su afecto.
- Sea respetuoso consigo mismo y con los demás.
- Esté dispuesto a responsabilizarse de sus actos.
- Se sienta seguro de que todo saldrá bien.
- Sea capaz de manejar situaciones de conflicto, de tensión o problemas personales. Debe hablar sobre lo que le inquiete, busca la manera de resolver conflictos, se controla cuando se le presenta la tentación de hacer algo peligroso que le perjudique.

Desde la escuela son:

… esenciales los vínculos afectivos como factor de protección para cada uno de los niños, haciéndolos competentes para adaptarse y saber afrontar y superar los riesgos, mediante programas de desarrollo de la competencia social y personal. Proporcionando autonomía y desarrollando factores protectores como la autoestima, la percepción del control de lo que sucede y habilidades sociales. La prevención consiste en desarrollar en los niños el descubrimiento de sus cualidades y potenciarlas para conseguir su realización personal y activar en ellos su capacidad de resiliencia que no es otra cosa que el fin último de la educación, conseguir una sociedad más justa, más libre, solidaria y comprometida… (Muñoz, V. y De Pedro, F., 2005, p. 117).

Por su parte, el docente tutor desde la escuela cubre un rol esencial en la promoción de la resiliencia. Entre sus acciones, Muñoz, V. y De Pedro, F. (2005, p. 118) enumeran:

- Establecer una relación personal.
- Descubrir en cada persona aspectos positivos. Confiar en sus capacidades.
- Ser capaz de ponerse en el lugar del otro para comprender sus puntos de vista, actitudes y acciones. En educación a esta actitud la llamamos *empatía*.
- Evitar la humillación, el ridículo, la desvalorización y la indiferencia que afectan de forma negativa a la imagen y confianza que la persona tiene de sí misma.

- Adoptar actitudes de respeto, solidaridad y comprensión.
- Saber que cada persona tiene expectativas, dificultades y necesidades diferentes a las nuestras.
- Desarrollar la escucha, expresión verbal y no verbal y de comunicación en general.
- Poner límites, tener comportamientos tranquilizadores y hacer observaciones que ayuden a mejorar la formación.
- Desarrollar comportamientos que trasmitan valores y normas, incluyendo factores de resiliencia.

Como se ha visto, a lo largo del tiempo, la persona va desarrollando los aspectos que sustentan el carácter de su autoestima, y en el camino encontrará los apoyos sociales o al "otro significativo" que actuarán como seres resilientes capaces de otorgar de diversas maneras un respaldo o una actitud positiva que permita al joven mirar con más confianza y más constructivamente sus posibilidades de concebirse como un ser valioso y digno de ser reconocido. El docente, es claro, puede ser ese "otro significativo" cuya tarea sea vital para sanar al adolescente en ámbitos de existencia cruciales para orientarlos hacia la proyección de un sentido de vida.

El ser generador de resiliencia que puede respaldar al niño o al joven debe ser una figura presente, a la que se puede acudir sin problemas; debe mostrar también amor incondicional y tener capacidad para asimilar nuevas experiencias y manejar situaciones y relaciones de la vida, genuina y espontáneamente.

Cuando se mira objetivamente si la persona ha logrado la resiliencia necesitan considerarse los elementos que refieren una adaptación positiva en los niveles biológico: posibilidad de sobrevivir, mantener la salud; individual: asegurar el bienestar propio, garantizar una sensación de eficacia personal, elevar la autoestima, y social: contribuir a la supervivencia y al bienestar del prójimo (Simpson, 2008).

La adaptación que conduce a la "aceptabilidad social" marca la integración asertiva de la persona a su medio, situación que varía de acuerdo con su pauta evolutiva.

En términos generales puede identificarse la resiliencia, según Simpson (2008), como proceso:

- No absoluto, no supone invulnerabilidad, ni negar el pasado doloroso, sino superarlo.
- Resultado de la interacción con el medio social, sustentador de la persona que la hace mirar hacia delante.

- No basado en volver al estado inicial, sino en el crecimiento hacia algo nuevo, hacia abrir puertas.

Aprender a ser felices

Me parece que la primera cosa que tendríamos que enseñar a toda persona que llega a la adolescencia es que los humanos no nacemos felices ni infelices, sino que aprendemos a ser una cosa u otra y que, en una gran parte, depende de nuestra elección el que nos llegue la felicidad o la desgracia. Que no es cierto, como muchos piensan, que la dicha pueda encontrarte como se encuentra por la calle una moneda o que pueda tocar como una lotería, sino que es algo que se construye, ladrillo a ladrillo, como una casa.

Habría también que enseñarles que la felicidad nunca es completa en este mundo, pero que, aun así, hay razones más que suficientes de alegría para llenar una vida de jugo y de entusiasmo y que una de las claves está precisamente en no renunciar o ignorar los trozos de la felicidad que poseemos para pasarse la vida soñando o esperando la felicidad entera.

Sería también necesario decirles que no hay "recetas" para la felicidad, porque, en primer lugar, no hay una sola, sino muchas felicidades y que cada ser debe construir la suya, que puede ser muy diferente de la de sus vecinos. Y porque, en segundo lugar, una de las claves para ser felices está en descubrir "qué" clase de felicidad es la mía.

Añadir después que, aunque no haya recetas infalibles, sí hay una serie de caminos por los que, con certeza, se puede caminar hacia ella. A mí se me ocurren, así de repente, unos cuantos:

- Valorar y reforzar las fuerzas positivas de nuestra alma. Descubrir y disfrutar de todo lo bueno que tenemos. Sacar jugo al gozo de que nuestras manos se muevan sin que sea preciso para este descubrimiento ver las manos muertas de un paralítico.
- Asumir serenamente las partes negativas o deficitarias de nuestra existencia. No encerrarnos masoquistamente en nuestros dolores. No magnificar las pequeñas cosas que nos faltan. No sufrir por temores o sueños de posibles desgracias que probablemente nunca nos llegarán.
- Vivir abiertos hacia el prójimo. Tratar de comprenderlo y de aceptarlo tal como es, distinto a nosotros. Pero buscar también en todos más lo que nos une que lo que nos separa, más aquello en lo que coincidimos que en lo que discrepamos.
- Tener un gran ideal, algo que centre nuestra existencia y hacia el cual dirigir lo mejor de nuestras energías. Caminar hacia él incesantemente, aunque sea con algunos retrocesos. Aceptar la lenta maduración de las cosas.
- Creer descaradamente en el bien. Tener confianza en que a la larga —y a veces muy a la larga— terminará siempre por imponerse. Saber esperar.
- En el amor, preocuparse más por amar que por ser amados.
- Revisar constantemente nuestras escalas de valores.
- Procurar sonreír con ganas o sin ellas. Estar seguros de que el ser humano es capaz de superar muchos dolores, mucho más de lo que él mismo sospecha.

La lista podría ser más larga. Pero creo que, tal vez, esas pocas lecciones podrían servir para iniciar el estudio de la asignatura más importante de nuestra carrera de seres humanos: la construcción de la felicidad.

(José Luis Martín Descalzo, *Razones para la alegría.*)

LA AUTOESTIMA COMO FACTOR SUSTANTIVO EN EL DESARROLLO DE LA RESILIENCIA

La autoestima es uno de los pilares más destacados de la resiliencia y tiene que ver con el juicio de valor que tiene la persona sobre sí misma y que se expresa en las actitudes que desarrolla respecto a ella. Ahí entran en juego sentimientos, pensamientos, sensaciones, evaluaciones y experiencias que determinan una estructura valoral, la que vincula factores objetivos y subjetivos. En la etapa infantil se construye la autoestima, y las percepciones del niño se derivan de la retroalimentación entre el medio o espacio de relaciones significativas para él, y las experiencias vividas. Por tanto, el constructo de la autoestima se fundamenta en la calidad de las primeras experiencias y en la forma como el niño las percibe. Si bien esa constitución puede ser sólida y condicionar la mirada que se tiene sobre uno mismo a lo largo de mucho tiempo, es importante recalcar que la autoestima es dinámica, que se reconstruye y modifica (Simpson, 2008).

García Morillo (citado por Simpson, 2008, p. 40) señala cinco dimensiones de la autoestima:

1. *Dimensión física.* Conciencia del valor físico, sentirse atractivo, o por lo menos estándar dentro de la propia comunidad.
2. *Dimensión cognoscitiva.* Confianza en poder descubrir cómo son, cómo funcionan y cómo se relacionan las cosas.
3. *Dimensión afectiva.* Capacidad de sentir y de establecer vínculos reconocidos como valiosos.
4. *Dimensión social.* Sentimiento de sentirse aceptado y de pertenecer a un grupo social.
5. *Dimensión ética.* Seguridad acerca de lo que se considera bueno y de las conductas correctas que se deben realizar.

Como se ha señalado, la autoestima es dinámica, y en la adolescencia aparecen tres factores que la reestructuran: el cambio de imagen corporal, la necesidad de aprobación de sus pares e incremento de la valoración hacia el sexo opuesto y de sus opiniones.

Lo que el joven pueda percibir de sí mismo respecto a esos factores dependerá de la fortaleza o debilidad de sus percepciones primarias, relacionadas con los aspectos de la crianza, aunque también con las situaciones vividas desde su entorno, de manera muy importante en el área de la escuela.

La presión que se ejerce sobre los adolescentes, quienes se encuentran en una etapa de transición, puede llevarlos a sentirse incapaces de responder a las expectativas que se esperan de ellos. Esta situación es la que, fundamentalmente en este periodo, lastima aspectos centrales de la personalidad del joven que lesiona su autoestima. De allí surge la importancia de fomentar actitudes positivas que favorezcan el autoconcepto.

La autoestima toma en consideración:

- La percepción que tenemos de nosotros mismos.
- La imagen que pretendemos trasmitir a los demás.
- La imagen que tienen los demás de nosotros.
- La imagen que deseamos alcanzar.

Elementos que dañan la autoestima:

- *Autoritarismo* (pensar que uno siempre tiene la razón). Las personas autoritarias "no se dejan". Hacen menos a los demás al imponer sus ideas.
- *Culpa* (se piensa en todo lo malo que uno ha hecho; se es muy crítico con uno mismo). Se piensa que uno "es tonto, incapaz, aburrido".
- *Estrés* (preocupación exagerada que produce enojo, miedo o ira). Puede producir dolores de cabeza, males estomacales, insomnio.
- *Resentimiento* (dolor acumulado, enojo, hostilidad producida por acontecimientos pasados).
- *Incapacidad para poner límites* (cuando no se puede decir no y se permite que los demás abusen de uno).
- *Dificultad para reconocer habilidades* (no se valora lo que se sabe hacer y hay una actitud negativa). La persona dice "no lo puedo hacer".

Cómo mantener una autoestima saludable:

- Reconocer que cada uno es una persona única.
- Crear ambientes cálidos.

- Incentivar el respeto y la aceptación.
- Mantener el interés por las cosas sencillas.
- Valorarnos y valorar a los demás.
- Adquirir el hábito de la alegría.
- Aprender a disfrutar del trabajo, realizar el trabajo con entusiasmo.
- Adaptarse a las nuevas situaciones.
- Afrontar los problemas con decisión.
- Vivir el presente, no quedarse en el pasado.
- Meditar en forma relajada.
- Cultivar proyectos y sueños.
- Aceptar los sentimientos y las necesidades de los demás.

En el ámbito de la escuela en donde se manifiestan poderosamente los efectos de la baja autoestima que se traducen en disrupción y en problemas de aprendizaje, Guitart (citado por Fernández, 2001) señala las siguientes consideraciones del profesorado en el trabajo de las actitudes del alumnado hacia sí mismo:

- Crear un ambiente favorable de aprendizaje y de relaciones sociales.
- Fomentar una imagen real del alumnado conforme a sus capacidades, limitaciones y características.
- Devolver imágenes positivas a cada alumno.
- Evitar las comparaciones entre los alumnos.
- Eludir enfoques competitivos.
- Establecer límites explícitos que se han de respetar y que definan la conducta deseada.
- Ofrecer las ayudas necesarias para elevar las competencias y capacidades de los alumnos.
- Ayudar a valorar las características y habilidades personales y a superarse.
- Trabajar en el adolescente el convencimiento de que tiene capacidades para aprender y para relacionarse con los demás.
- Fomentar el esfuerzo personal y la voluntad de mejora.
- Proporcionar experiencias positivas en las que se puedan poner en juego las posibilidades de cada alumno.
- Atribuir el éxito de cada una a sus propias capacidades y no a la suerte o al azar.
- Plantear retos que se pueden conseguir y dar ayudas necesarias para que se realice la tarea satisfactoriamente.
- Plantear tareas en las que se pueda escoger entre diferentes posibilidades; puedan darse equivocaciones sin consecuencias hacia la

autoestima, y se puedan buscar soluciones a los errores o problemas aparecidos.
- Elogiar sus logros sin magnificarlos.
- Ayudar a cada alumno a interpretar sus experiencias de forma positiva.

Ser el que somos

Cada vez me asombra más comprobar el número de gente que no está contenta de ser quienes son, de haber nacido donde nacieron, de habitar en el siglo que habitan. Si haces una encuesta entre adolescentes y les preguntas quién les gustaría ser, noventa y nueve de cada ciento te dicen que les gustaría ser un artista o deportista.

Yo lo siento, pero me encuentro muy a gusto siendo el que soy. No me gusta "cómo" soy, pero sí ser el que soy.

Yo aspiro a sacar de mí mi mejor yo, pero no quisiera ser otra persona, ni parecerme a nadie, sino ser el máximo de lo que yo puedo dar de mí mismo.

¿Por qué pienso así? Por varias razones: la primera, por simple realismo. Porque, me guste o no, siempre seré el que soy, y si un día llego a ser listo o simpático, lo seré en todo caso, "a mi estilo" dentro de mis costuras.

En segundo lugar, porque no sólo yo soy lo mejor que tengo, sino lo único que puedo tener y ser. Habrá infinidad de personas mejores que yo, pero a mí me hicieron único (como a todos los demás seres) y no según un molde fabricado en serie.

En tercer lugar, porque la experiencia me ha enseñado que sólo cuando uno ha empezado a aceptarse y a amarse a sí mismo es capaz de aceptar y amar a los demás. ¡Cuántos que creemos resentidos contra la realidad están sólo resentidos consigo mismos! ¡Cuántos son insoportables porque no se soportan dentro de su piel!

Un hombre, una mujer, deben partir, me parece, de una aceptación y de una decisión. De la aceptación de ser quienes son (así de listos, así de guapos o de feos, así de valientes o cobardes).

Tendremos que hacer todo aquello que dice un personaje de un drama de Arthur Miller: "Uno debe acabar por tomar la propia vida en brazos y besarla." Porque sólo cuando empecemos a amar en serio lo que somos seremos capaces de convertir lo que somos en una maravilla.

(José Luis Martín Descalzo, *Razones para la alegría.*)

Ejercicios para favorecer el autoconocimiento y la autoestima

- Dibujar en dos hojas el perfil de la mano derecha e izquierda, situando en la derecha aquellos aspectos, valores, cualidades más positivas que tenga cada alumno, y en la izquierda aquellos que más les disgusten (hay que animar al alumno para que sea realista y objetivo y que extraiga el mayor número de cualidades positivas). Esta actividad les permite reflexionar acerca de ellos, conocerse, aceptarse y analizar los aspectos de sí mismos que quieran mejorar.

- Pensar cómo se podría cambiar algún aspecto negativo, solicitando ayuda a algún compañero si no se les ocurre una posible solución. Esta actividad les permite conocer a los compañeros y apreciar las diferencias valorándolas para así incorporarlas a su vida.

- Identificar sentimientos: se pasa una lista de sentimientos en los que los alumnos intentarán asociar cada sentimiento a una situación concreta que les haya ocurrido. Esta actividad les ayuda a conocerse y a escucharse con el objetivo de comprenderse y aceptarse, sintiéndose seguro con la forma de ser, pensar y sentir de cada uno.

LA APLICACIÓN DE LA RESILIENCIA EN LA ESCUELA

Una escuela puede ser resiliente (al superar sus adversidades), generar resiliencia en sus propios miembros (dimensión colectiva), y ellos mismos ser resilientes en su quehacer personal (dimensión individual).

En un plan de acción inserto en el proyecto educativo en torno al desarrollo de resiliencia debe, en primer término, sensibilizar a los miembros de la comunidad educativa, particularmente a los profesores, sobre la importancia de capacitarse para entender el concepto y sus alcances. Al cabo de este proceso, Simpson (2008) refiere una actividad dividida en los siguientes pasos:

- *Análisis*. Estudiar las adversidades desde el punto de vista de un marco teórico que proponga la manera de enfrentarlas de un modo positivo y lo menos traumático posible. La primera acción es realizar un diagnóstico de la autoestima del alumno y del grupo.
- *Estrategias*. Para la estructuración de estrategias es importante analizar el estado de las dimensiones de la autoestima, y a través del trabajo colaborativo de los docentes centrado en el diálogo y el debate, actuar frente a las condiciones de la autoestima. El propó-

sito es trabajar sobre los aspectos adversos y potenciar los positivos. La definición de estrategias debe acotarse en objetivos claros y concretos, recursos, tiempos, protagonistas y evaluación.
- *Aplicación.* De acuerdo con la investigación previa y de los proyectos ya realizados y en desarrollo, se trasladan a la práctica los planteamientos elaborados. En este paso es crucial la intervención de especialistas particulares e institucionales que tengan experiencia en el ámbito de la resiliencia.
- *Evaluación.* En esta etapa se miden, cuantifican y analizan los resultados obtenidos al poner en práctica las estrategias. El propósito es tener claro cuáles resultaron efectivos, cuáles se aplicaron adecuadamente y determinar cuáles fueron los roles y las acciones que necesitan ser modificadas. Para esta actividad también es fundamental el concurso de los diversos estamentos involucrados en esta dinámica.

CUESTIONARIO SOBRE AUTOESTIMA

El nivel de autoestima que una persona desarrolle puede ser determinante para alcanzar el éxito en la vida. La autoestima, como otras áreas de vida, es un proceso dinámico en el cual realizamos ajustes constantemente. Con ánimo de facilitarle estos ajustes le ofrecemos el siguiente test.

Este test pretende evaluar su nivel general de autoestima. Examine las siguientes preguntas e indique con qué frecuencia o en qué grado se siente usted de esa manera.

Instrucciones: Lea atentamente cada planteamiento que se presenta y seleccione el alvéolo que contenga la opción de acuerdo con su persona.

1. En situaciones sociales tengo algo interesante que decir:
   - Siempre.
   - Casi siempre.
   - A veces.
   - Casi nunca.
   - Nunca.
2. La mayoría de la gente a mi alrededor parece estar mejor que yo.
   - Totalmente de acuerdo.
   - De acuerdo.
   - No lo sé.
   - En desacuerdo.
   - Totalmente en desacuerdo.

3. Me gusta ser yo mismo(a), y me acepto tal como soy.
   ○ Siempre.
   ○ Casi siempre.
   ○ A veces.
   ○ Casi nunca.
   ○ Nunca.
4. Echo a perder todo lo que toco.
   ○ Siempre.
   ○ Casi siempre.
   ○ A veces.
   ○ Casi nunca.
   ○ Nunca.
5. Cuando veo una buena oportunidad, la reconozco y la aprovecho.
   ○ Siempre.
   ○ Casi siempre.
   ○ A veces.
   ○ Casi nunca.
   ○ Nunca.
6. Las personas gustan de y respetan sólo a quienes son bien parecidos, inteligentes, ingeniosos, talentosos o ricos.
   ○ Totalmente en desacuerdo.
   ○ En desacuerdo.
   ○ No lo sé.
   ○ De acuerdo.
   ○ Totalmente de acuerdo.
7. Para mí los resultados no son imperativos, lo importante es intentarlo y dar lo mejor de mí.
   ○ Totalmente en desacuerdo.
   ○ En desacuerdo.
   ○ No lo sé.
   ○ De acuerdo.
   ○ Totalmente de acuerdo.
8. Yo merezco ser amado(a) y respetado(a).
   ○ Totalmente en desacuerdo.
   ○ En desacuerdo.
   ○ No lo sé.
   ○ De acuerdo.
   ○ Totalmente de acuerdo.
9. A diferencia de otros, realmente tengo que esforzarme para hacer y mantener amigos.
   ○ Totalmente en desacuerdo.
   ○ En desacuerdo.

- No lo sé.
- De acuerdo.
- Totalmente de acuerdo.

10. Si alguien se enamora de mí debo esforzarme para demostrar que lo merezco, porque tal vez nunca vuelva a suceder.
    - Totalmente en desacuerdo.
    - En desacuerdo.
    - No lo sé.
    - De acuerdo.
    - Totalmente de acuerdo.

11. Ser yo mismo(a) es garantía de no gustarle a otros(as).
    - Totalmente en desacuerdo.
    - En desacuerdo.
    - No lo sé.
    - De acuerdo.
    - Totalmente de acuerdo.

12. No me siento seguro(a) de haber hecho un buen trabajo a menos que alguien me lo comente.
    - Siempre.
    - Casi siempre.
    - A veces.
    - Casi nunca.
    - Nunca.

13. Tengo miedo de ser rechazado(a) por mis amigos(as).
    - Siempre.
    - Casi siempre.
    - A veces.
    - Casi nunca.
    - Nunca.

14. Si no lo hago tan bien como otros, quiere decir que soy inferior como persona.
    - Totalmente en desacuerdo.
    - En desacuerdo.
    - No lo sé.
    - De acuerdo.
    - Totalmente de acuerdo.

15. Podría desaparecer de la faz de la tierra y nadie lo notaría.
    - Totalmente en desacuerdo.
    - En desacuerdo.
    - No lo sé.
    - De acuerdo.
    - Totalmente de acuerdo.

16. Equivocarse es igual a fracasar totalmente.
  ○ Totalmente de acuerdo.
  ○ De acuerdo.
  ○ No lo sé.
  ○ En desacuerdo.
  ○ Totalmente en desacuerdo.

17. En caso de necesitarlo, conozco personas que me aprecian lo suficiente como para ayudarme.
  ○ Totalmente en desacuerdo.
  ○ En desacuerdo.
  ○ No lo sé.
  ○ De acuerdo.
  ○ Totalmente de acuerdo.

18. Siento que no valgo, y que todo lo que hago es en vano.
  ○ Totalmente de acuerdo.
  ○ De acuerdo.
  ○ No lo sé.
  ○ En desacuerdo.
  ○ Totalmente en desacuerdo.

19. Siento que puedo equivocarme, sin perder el amor y respeto de quienes me rodean.
  ○ Totalmente de acuerdo.
  ○ De acuerdo.
  ○ No lo sé.
  ○ En desacuerdo.
  ○ Totalmente en desacuerdo.

20. Defraudo a quienes me aprecian.
  ○ Siempre.
  ○ Casi siempre.
  ○ A veces.
  ○ Casi nunca.
  ○ Nunca.

21. Si no puedo hacer algo bien, no tiene sentido intentarlo.
  ○ Totalmente de acuerdo.
  ○ De acuerdo.
  ○ No lo sé.
  ○ En desacuerdo.
  ○ Totalmente en desacuerdo.

22. Nunca seré capaz de lograr algo significativo.
  ○ Totalmente en desacuerdo.
  ○ En desacuerdo.
  ○ No lo sé.
  ○ De acuerdo.
  ○ Totalmente de acuerdo.

23. No necesito la aprobación de otros para sentirme feliz y satisfecho(a) conmigo mismo(a).
    - ○ Totalmente en desacuerdo.
    - ○ En desacuerdo.
    - ○ No lo sé.
    - ○ De acuerdo.
    - ○ Totalmente de acuerdo.
24. Tengo todo lo necesario para socializar con otras personas.
    - ○ Totalmente de acuerdo.
    - ○ De acuerdo.
    - ○ No lo sé.
    - ○ En desacuerdo.
    - ○ Totalmente en desacuerdo.
25. Creo que soy un fracaso.
    - ○ Siempre.
    - ○ Casi siempre.
    - ○ A veces.
    - ○ Casi nunca.
    - ○ Nunca.
26. Alguien que me enfrenta o discrepa conmigo, puede aun después de esto respetarme o percibirme como agradable.
    - ○ Totalmente de acuerdo.
    - ○ De acuerdo.
    - ○ No lo sé.
    - ○ En desacuerdo.
    - ○ Totalmente en desacuerdo.
27. Al ignorar un problema, podemos hacer que desaparezca.
    - ○ Totalmente de acuerdo.
    - ○ De acuerdo.
    - ○ No lo sé.
    - ○ En desacuerdo.
    - ○ Totalmente en desacuerdo.
28. Me veo a mí mismo(a) como alguien especial y merecedor(a) de la atención y afecto de las demás personas.
    - ○ Siempre.
    - ○ Casi siempre.
    - ○ A veces.
    - ○ Casi nunca.
    - ○ Nunca.
29. Cómo me siento conmigo mismo(a) es más importante que las opiniones que otros tengan de mí.
    - ○ Totalmente de acuerdo.
    - ○ De acuerdo.

○ No lo sé.
○ En desacuerdo.
○ Totalmente en desacuerdo.
30. Nunca seré tan capaz como podría serlo.
○ Totalmente de acuerdo.
○ De acuerdo.
○ No lo sé.
○ En desacuerdo.
○ Totalmente en desacuerdo.

Valoración por reactivo

1.	5, 4, 3, 2, 1	**11.**	5, 4, 3, 2, 1	**21.**	1, 2, 3, 4, 5
2.	1, 2, 3, 4, 5	**12.**	1, 2, 3, 4, 5	**22.**	5, 4, 3, 2, 1
3.	5, 4, 3, 2, 1	**13.**	1, 2, 3, 4, 5	**23.**	1, 2, 3, 4, 5
4.	1, 2, 3, 4, 5	**14.**	5, 4, 3, 2, 1	**24.**	5, 4, 3, 2, 1
5.	5, 4, 3, 2, 1	**15.**	4, 5, 3, 2, 1	**25.**	1, 2, 3, 4, 5
6.	1, 2, 3, 5, 4	**16.**	1, 2, 3, 4, 5	**26.**	5, 4, 3, 2, 1
7.	1, 2, 3, 4, 5	**17.**	1, 2, 3, 4, 5	**27.**	1, 2, 3, 4, 5
8.	1, 2, 3, 4, 5	**18.**	1, 2, 3, 4, 5	**28.**	5, 4, 3, 2, 1
9.	5, 4, 3, 2, 1	**19.**	5, 4, 2, 3, 1	**29.**	5, 4, 2, 3, 1
10.	4, 5, 2, 3, 1	**20.**	1, 2, 3, 4, 5	**30.**	1, 2, 3, 4, 5

El número máximo de puntos es 150. De los puntos obtenidos se realiza una regla de tres en la que los puntos se multiplican por 100 y el resultado se divide entre 150.

Calificación

98-99-100.Ególatra, *borderline*.
97-90. Excelente en autoestima.
89-85. Muy bien, pero hay áreas por conocer.
84-70. Está bien, pero falta aceptar y conocerse más.
69-60. Regular, hay cosas que no reconoce. Ha tenido situaciones difíciles.
59-50. Deficiente. Necesita ayuda profesional.
50- Depresivo(a). Necesita ayuda profesional y medicamentos.

(Cuestionario desarrollado por el Centro de Investigación y Desarrollo Educativo, Monterrey, Nuevo León, México.)

CUESTIONARIO SOBRE AUTOESTIMA GRUPAL

DATOS DEL GRUPO:
Escuela _____
Localidad _____
Grado _____
Nivel socioeconómico _____
Cantidad de alumnos _____ Hombres: _____ Mujeres: _____
Marque con una cruz (X) la respuesta más adecuada según su apreciación:

Núm.	Preguntas	Respuestas			
		Todos	Muchos	Algunos	Ninguno
	Resiliencia				
1	Viven bajo factores de riesgo (pobreza, violencia, drogas, etc.).				
2	Tienen cerca por lo menos a un adulto significativo con imagen positiva (padres, tutores, parientes, docentes).				
3	Viven en una situación adversa.				
	Dimensión ética				
4	Tienen buena conducta.				
5	Respetan las normas.				
6	Tienen una escala de valores sólida.				
7	Respetan la autoridad.				
8	Son agresivos o violentos.				
	Dimensión afectiva				
9	Tienen miedo.				
10	Tienen confianza en sí mismos.				
11	Tienen una voluntad fuerte.				
12	Son tímidos.				
13	Lloran con facilidad.				
14	Tienen buen humor.				
15	Viven alegremente.				
16	Son independientes.				
17	Tienen capacidad de disfrute y placer.				

18	Son felices consigo mismos.				
19	Son desganados.				
20	Aceptan las críticas.				
	Dimensión cognoscitiva				
21	Tienen buen rendimiento académico.				
22	Tienen tolerancia al error.				
23	Piensan reflexivamente.				
24	Tienen una actitud dirigida a la resolución de problemas.				
25	Tienen capacidad creativa.				
26	Son conscientes de sus capacidades intelectuales.				
27	Tienen proyectos e ilusiones				
	Dimensión física				
28	Tienen una buena imagen corporal.				
29	Tienen una buena actividad física.				
30	Se lastiman o enferman con frecuencia.				
31	Tienen buenos hábitos de higiene y cuidado corporal.				
	Dimensión social				
32	Juegan con otros chicos.				
33	Tienen reacciones violentas.				
34	Se relacionan de manera positiva.				
35	Tienen confianza en los otros.				
36	Viven en un ambiente que los estimula y contiene.				
37	Sienten una pertenencia al grupo.				
	Autoestima general				
38	Tienen una autoestima positiva.				

(Simpson, 2008.)

Ejemplos de procedimientos prácticos para desarrollar resiliencia

1. Identificación de la adversidad, la que puede situarse en un contexto macrosocial de inseguridad, violencia, pobreza, situaciones que generan desasosiego y desesperanza en algunos alumnos.
2. Se plantean objetivos, recursos, cronogramas, actividades y evaluación, todo en apego a un marco teórico.
3. Realización de un taller con adolescentes en el que destaca la descripción de los siguientes puntos:
   - Nombre y fecha de nacimiento (símbolos de identidad, eje de la autoestima y de la resiliencia: "Yo soy...").
   - Establecer potencialidades y limitaciones de su quehacer ("Me gusta hacer...", "No me gusta hacer...", "No puedo hacer...", "Yo puedo...").
   - Señalar las aptitudes personales ("Mis talentos son...).
   - Destacar la dimensión física de la autoestima: el cuerpo ("Yo siento que mis ojos, mis manos, mis piernas son valiosos porque...").
   - Poner de relieve la importancia de existir individual y grupalmente a pesar de las dificultades.
4. El trabajo se realiza individual y grupalmente, lo que de hecho marca un aspecto central de la resiliencia. En esta actividad interactúan los jóvenes entre sí y con los docentes. La tónica imperante es la reflexión que se encamina a la comprensión del tema y al compromiso con valores personales: introspección, pensamiento crítico y moralidad (pilares de la resiliencia).
5. La concreción del trabajo se traduce en carteles, maquetas, escritos. Aquí la creatividad, iniciativa, humor y capacidad de relacionarse son bastiones de resiliencia.
6. Los jóvenes a través de su elaboración creativa pueden expresar sentimientos de reafirmación, mostrarlos, plasmarlos en soportes visibles para que otros los conozcan y entiendan. Esto acrecienta la autoestima individual, que se vuelve fundamental en su reconocimiento y como aprendizaje futuro.

(Simpson, 2008.)

A través de esta serie de actividades, de acuerdo con Simpson (2008), se puede lograr:

- Dar a conocer el marco teórico de la resiliencia.
- Entender este nuevo paradigma como una visión del ser que destaca lo positivo y la capacidad humana para enfrentar la adversidad.

- Desarrollar estrategias que impacten al alumno, los docentes, las familias, y a la comunidad en general, generándoles resiliencia.

OTROS EJERCICIOS GENERADORES DE RESILIENCIA

A)

> Una dinámica concreta en jóvenes adolescentes para trabajar en torno a la resiliencia puede darse a través de una escenificación teatral producida, dirigida y actuada por los alumnos. Habría una invitación comunitaria para su representación y el ingreso a la puesta en escena sería mediante juguetes, los cuales se donarían a una institución de beneficencia.
>
> Estos jóvenes, muchos de ellos en condiciones difíciles de vida, tendrían con esta actividad la alternativa de desarrollar valores como la caridad, la solidaridad, el respeto, la responsabilidad, la búsqueda de sentido, la comunicación y los vínculos afectivos sanos. Este acto también es capaz de fomentar la autoestima positiva en su dimensión física (participación con el cuerpo, trabajo en escena), cognoscitiva (preparación de la obra, conocimiento de las fases de producción teatral y del género dramático), afectiva (estimulación de los lazos afectivos, seguridad en sí mismos para enfrentar las contrariedades, fomento de una actitud positiva hacia el otro), social (desarrollo de habilidades comunicativas, reconocimiento del otro, compromiso para ayudarlo a sobrellevar la realidad) y ética (incorporación de valores positivos).
>
> El teatro tendría otros aspectos precursores de la resiliencia: la creatividad en el área artística, el trabajo lúdico y con sentido del humor para confrontarse desde una perspectiva de fantasía a una realidad concreta, la asunción de una actitud basada en el compromiso y ofrecer a los otros lo mejor de sí mismos.
>
> (Ejemplo adaptado de Simpson, 2008.)

B)

> 1. Abordar la vida, obra, realizaciones de un héroe patrio.
> 2. Hacer un periódico mural sobre los aspectos más relevantes de su historia, en el que se destaquen sus virtudes, las adversidades que afrontó y las situaciones del contexto social para mirarlo como un ser desidealizado que respondió a las expectativas de su época.
>
> Se considera esta actividad como promotora de resiliencia individual y grupal, dado que:
>
> - Permite identificar valores en un personaje significativo en la historia nacional. Al mirar sus valores se ponen a prueba los de los jóvenes, lo que les permite observar cómo dominan en ellos las dimensiones éticas y sociales de la autoestima.

- Al estudiar la historia en común se fomenta el sentido de pertenencia a un país. Este es un factor que incrementa la autoestima comunitaria y la identificación social.
- Se realiza un pensamiento crítico al mirar al héroe como un ser humano dentro de condiciones muy particulares.
- Se trabaja con dinámicas de grupo que fortalecen las capacidades de relación, la creatividad y el sentido del humor.

(Ejemplo adaptado de Simpson, 2008.)

- El joven necesita entender que él será protagonista en los procesos que dominarán el desenvolvimiento productivo, científico, tecnológico, social y cultural del futuro. Ante ello debe saber cómo ofrecer sus recursos intelectuales para que su actividad profesional repercuta en una gratificación propia que se extienda a la comunidad de la que forma parte.
- La educación, más allá de concebirse como un proceso indispensable para la reproducción o la creación de condiciones que posibiliten la adaptación a un entorno social, es la práctica más poderosa para enaltecer la convivencia, la apertura, la generosidad y el compromiso colectivo.

Capítulo 7

El enfoque SOCIOFORMATIVO, las competencias EMOCIONALES y la SALUD MENTAL

*Lo mejor que puedes hacer por los demás
no es enseñarles tus riquezas, sino
hacerles ver la suya propia*
GOETHE

Explique	Reflexione	Explore
¿Cuáles son los aspectos que caracterizan el enfoque socioformativo? ¿Cómo entender las competencias emocionales? ¿Cuáles son las principales competencias socioemocionales?	¿Por qué es relevante considerar el orden axiológico en la conformación de la práctica educativa? ¿Por qué deben considerarse los aspectos emocionales y afectivos en los procesos de aprender? ¿Cómo actuar asertivamente para abordar la disrupción emocional en el entorno de la escuela?	Para abundar sobre la perspectiva socioformativa se recomienda el libro: *Metodología de la gestión curricular* de Sergio Tobón, Trillas, México, 2013. Para reflexionar en torno a las competencias socioemocionales puede consultar: *Las competencias emocionales*, de Rafael Bisquerra y Nuria Pérez, Educación XXI, Barcelona, 2007. *Educación emocional y bienestar*, de Rafael Bisquerra, Praxis, Barcelona, 2000. *Los valores y las normas sociales en la escuela. Una propuesta didáctica e institucional*, de Norberto Boggino, Homo Sapiens, Ediciones Rosario-Santa Fe, Argentina, 2005.

En los capítulos anteriores, se han destacado aspectos relacionados con las competencias emocionales para construir una perspectiva más holística en torno al trabajo áulico. Razón y emoción han de actuar sinérgicamente para que la eficacia del proceso educativo ofrezca sus mejores beneficios a los usuarios de este servicio. En este último capítulo, se abordará, en principio, de qué manera el trabajo de Tobón (2013), desde su óptica socioformativa, permite introducir el factor axiológico como elemento crucial para entender de un modo más amplio una práctica educativa más integral. Posteriormente, se detallarán algunos elementos que han sido trabajados para comprender la importancia de la afectividad como aspecto sustantivo del quehacer humano, dentro de la esfera de la educación formal.

> La pobreza y la impotencia de la imaginación nunca se manifiestan de una manera tan clara como cuando se trata de imaginar la felicidad. Entonces comenzamos a inventar paraísos, islas afortunadas, países de cucaña. Una vida sin riesgos, sin lucha, sin búsqueda de superación y sin muerte. Y por lo tanto también sin carencias y sin deseo: un océano de mermelada sagrada, una eternidad de aburrición. Metas afortunadamente inalcanzables, paraísos afortunadamente inexistentes...
>
> Puede decirse que nuestro problema no consiste solamente, ni principalmente en que no seamos capaces de conquistar lo que nos proponemos, sino en aquello que no nos proponemos; que nuestra desgracia no está tanto en la frustración de nuestros deseos como en la forma misma de desear. Deseamos mal, en lugar de desear una relación humana inquietante, compleja y perdible que estimule nuestra capacidad de luchar y nos obligue a cambiar, deseamos un idilio sin sombras y sin peligros, un nido de amor y por lo tanto, en última instancia un retorno al huevo...
>
> Fragmento extraído de *Elogio a la dificultad* de Estanislao Zuleta (1980).

LA PERSPECTIVA SOCIOFORMATIVA

En el desarrollo discursivo y práctico de las competencias, cabe introducir de qué forma este enfoque ha de impactar en la gestión curricular. En este sentido, Tobón (2013) incorpora la noción socioformativa, la que a diferencia de otras perspectivas hace énfasis en el carácter axiológico y en la proyección de futuro que han de orientar el propósito de las competencias.

El autor señala la importancia de diseñar la gestión desde una óptica holística, cuyo aspecto central es el señalamiento del proyecto ético de vida. En él se incluyen las competencias relacionadas con el desempeño de acciones ciudadanas enmarcadas en la democracia; una misión de vida erigida desde la ética, a partir de un pensamiento complejo; asimismo, apuntala la capacidad de emprender, considerando el contexto social, histórico, político, recreativo, disciplinar y científico (Tobón, 2013). Asimismo, destaca que el objetivo de este particular enfoque pretende formar personas que sean capaces de gestionar su autorrealización personal con un compromiso social, ambiental, profesional y organizacional. El espíritu emprendedor es, de acuerdo a Tobón (2013), aquél que fortalece "actitudes, valores, conocimientos, habilidades y destrezas para resolver problemas con eficacia, eficiencia y efectividad" (p. 119).

La descripción del pensamiento complejo, como señalamiento esencial de la postura socioformativa, se refiere al desenvolvimiento de habilidades de *autoorganización, metacognición, holográmatica, recursividad organizacional* y de *dialógica* (Tobón, 2013).

En la *autoorganización*, el currículo se convierte en un proceso de mejora continua para impactar en la formación integral; toma en cuenta la filosofía institucional de la entidad gestora y la identidad del programa educativo institucional con base en las relaciones sistémicas que han de abordar los desafíos institucionales, sociales, profesionales e investigativos. Así, desde los principios filosóficos del modelo educativo institucional se pretende renovar el perfil, el mapa curricular, los proyectos formativos y las políticas de formación-evaluación.

En la *metacognición gestora*, el currículo debe entenderse como un proceso que permita tomar conciencia de lo que se hace, y se otorgue sentido a la gestión, con la regulación de su actuación bajo la óptica de la mejora continua.

En el pensamiento complejo, la *holográmatica* alude al dinamismo de los fenómenos que considera cómo el todo está presente en cada una de las partes. En la gestión curricular, Tobón (2013, p. 122) establece que se han de "aplicar los proyectos formativos (partes) teniendo en cuenta el modelo educativo institucional (todo), y buscar que los estudiantes alcancen el perfil de egreso (parte) tomando como base el modelo educativo institucional (todo)".

La *recursividad organizacional* se refiere a la necesidad de plantear mecanismos para que el currículo se retroalimente en forma continua de las evaluaciones de los docentes y de los alumnos para permitir mayor flexibilidad y pertinencia.

La *dialógica* responde a una realidad de situaciones contrastantes. Tobón (2013) indica, por ejemplo, que en la gestión curricular se observan principios como dirección y flexibilidad u orientación profesional y orientación científica. La clave para entender a cabalidad estos principios es sustentarlos como complementarios en el abordaje complejo del currículo. En este caso, la complementación de la orientación profesional y científica podría lograrse al promoverse la formación investigativa de modo transversal en el currículo, para trabajar con base en problemas y proyectos que apuntalen la creatividad y la innovación.

De este modo, el enfoque socioformativo no sólo contempla estructurar competencias capaces de resolver situaciones del entorno, sino que contempla impulsar la innovación para transformar el contexto.

En el requerimiento específico de construir un currículo por competencias, Tobón (2013) opta por el método *Taller reflexivo constructivo*, basado en los métodos tradicionales de diseño curricular por competencias, aunados a aquellos que consideran el pensamiento complejo, la reflexión sobre la práctica, la investigación-acción y la gestión de la calidad educativa. Este taller implica desarrollar un trabajo continuo que se va construyendo a lo largo del periodo de aplicación del modelo de gestión. Tobón (2013) lo describe del siguiente modo:

Elementos centrales del Taller reflexivo constructivo

Aspecto	Taller reflexivo constructivo
Orientación	Construir el proyecto del programa con su perfil de egreso, perfil de ingreso y mapa curricular, a partir del análisis de problemas.
Currículo	Determinar los componentes de las competencias de acuerdo con el enfoque socioformativo, empleando la investigación-acción educativa.
Método	Taller grupal altamente participativo, presencial o virtual, con expertos y representantes de diversos sectores. Participan estudiantes, docentes, egresados, expertos del área, etc.
Duración	Doce sesiones en promedio, de dos a cuatro horas cada una, hasta tener listo el estudio de los referentes del programa, el perfil de egreso, el mapa curricular y la estructura esencial de los módulos o proyectos formativos. Esto se reparte a lo largo de un semestre o año.
Mecánica de trabajo	• Establecimiento del líder del proyecto. • Identificación y convocatoria de los participantes. • Construcción de un plan de acción. • Acuerdo de las normas de trabajo. • Asignación de roles para favorecer la dinámica grupal, como el rol de gestión de la calidad, el rol del gestor del conocimiento y el rol de sistematización de los logros del taller. • En las sesiones, se abordan cada uno de los componentes del proyecto educativo del programa, y las contribuciones de los asistentes se van organizando en un pizarrón o pantalla para que todos las visualicen.

- Se trabaja con la lluvia de ideas, la coevaluación y la revisión continua de los productos durante todo el proceso. Constantemente se está publicando lo que se hace y se somete a la revisión de todos.
- Antes de cada sesión deben realizarse, en forma individual o por subgrupos, algunas actividades básicas de acuerdo con el plan de acción.

Basado en: Tobón, S. "Elementos centrales del Taller reflexivo constructivo (TRC)", en: *Metodología de Gestión Curricular. Una Perspectiva Socioformativa*, Trillas, México, 2013, pp. 146-148.

LAS COMPETENCIAS SOCIOEMOCIONALES

Al considerar los aspecto axiológicos e innovadores como baluartes de un nuevo modo de concebir la gestión curricular, Tobón abre la puerta para trabajar, desde la institución escolar, en un proyecto ético de vida, acorde a los requerimientos de una sociedad que demanda seguridad, salud, protección al medio ambiente, enaltecimiento del desarrollo científico y preparación para la ciudadanía. La noción de salud, particularmente la emocional y la mental, se encuentra en el centro de la competencia socioemocional, que surge como base para dar viabilidad a todos los escenarios vitales, entre ellos, la escuela. Una sociedad en todo su entramado no puede ser entendida actualmente sin tomar en cuenta los factores que le dan orden, y en esa dinámica el elemento emocional es sustantivo.

A lo largo del presente libro, se han destacado las múltiples nociones que diversos teóricos han descrito sobre las competencias. Asimismo, se ha repuntado el interés en entender y generar competencias emocionales. Al respecto, resulta pertinente resaltar la definición de Roe (referido por Repetto y Pérez-González, 2007), quien propone un modelo según el cual "las competencias (y subcompetencias) que se desarrollan con la práctica profesional, se derivan de la expresión de conocimientos, habilidades y actitudes, junto con la combinación de capacidades, rasgos de personalidad, y otras características personales como la motivación, el estado energético y el nivel de vitalidad" (p. 95).

Repetto y Pérez-González (2007) apuntan que las competencias no aluden estrictamente a rasgos de personalidad estables, sino a cómo éstos se despliegan en una situación contextual. Por ello, señalan los autores, la adquisición, el desarrollo y la manifestación o inhibición de las competencias se derivan de las características del contexto o situación y de la interacción dada entre el ámbito personal y el situacional. Las descripciones sobre el dominio del saber, del saber hacer y del saber ser o estar se relacionan con la motivación para actuar, que constituye el querer hacer.

Las capacidades cognitivas, la inteligencia emocional y los rasgos de personalidad encuentran su mejor expresión en un entorno afín a lo que se ha de llevar a cabo, lo que conforma el poder hacer. En este sentido, se da pie a la identificación de la competencia emocional, la cual, de acuerdo a Repetto y Pérez-González (2007, p. 95), es una "construcción: el resultado de una combinación y movilización doble de recursos incorporados o personales (conocimientos, saber hacer, cualidades personales, experiencias[...]) y recursos del entorno (redes documentales, bases de datos, herramientas, etc.)". Las competencias emocionales se adscriben al marco de las competencias genéricas y se refieren a capacidades interpersonales, liderazgo, iniciativa y motivación.

La competencia emocional puede conceptualizarse como el "conjunto de conductas de contenido emocional y social, transferibles a diferentes contextos y situaciones laborales, que proporcionan calidad y eficacia en el desarrollo profesional del individuo que las posee" (Repetto y cols., 2006, pp. 214-215). De acuerdo con los planteamientos expuestos por autores como Goleman, Boyatzis, Mayer o Saarni (referidos por Repetto, 2006) destacan cinco grandes competencias socioemocionales: *autoconciencia emocional, autorregulación, empatía, motivación* y *competencias sociales*.

El autoconocimiento emocional es uno de los bastiones de la inteligencia emocional y se refiere a la necesidad de control de las emociones, así como al conocimiento y comprensión de las emociones de los otros. Se genera como una respuesta adaptativa orientada al logro de propósitos.

La autorregulación se refiere a los beneficios obtenidos a partir de ajustar la condición emocional con los recursos adaptativos. En el proceso autorregulador, los sujetos procuran transformar y minimizar los sentimientos disruptivos de ansiedad, estrés o enojo a través de introducir flexibilidad, mesura y adaptación, y con ello modificar emociones negativas para dar paso a emociones más sanas y funcionales.

La empatía alude a la comprensión cognitiva de las acciones que realizan otros sujetos, sin que medie el hecho de vivir lo que producen esas acciones. Puede ser entendida como una reacción a la experiencia observada en la que entran en juego aspectos cognitivos y emocionales de quien toma el rol empático (Repetto, 2006). La empatía es fundamental en la interacción humana.

Hay ciertas ideas erróneas sobre la empatía. La empatía no es aconsejar, valorar, juzgar, interpretar, desafiar, inducir al hablante a una reorientación. Por el contrario, la empatía compromete al oyente con el hablante. Es un signo de que el hablante es valioso y merecedor de nuestro interés;

cuando el estudiante experimenta la empatía, se da cuenta del poder de una respuesta de comprensión que cree confianza y que propicie las condiciones de seguridad para el diálogo reflexivo.

La palabra empatía fue acuñada por Vernon Lee; significa "sentimiento hacia". Rogers dice que ser empático supone que el facilitador opte por lo que vaya a ser el centro de su atención, es decir, el mundo del hablante, tal como ese individuo lo perciba. Esto ayuda al hablante a lograr una comprensión más clara de su propio mundo y de su propia conducta, ejerciendo en consecuencia un mayor control sobre ellos. La "empatía es la comprensión del mundo desde el punto de vista, los sentimientos, la experiencia y la conducta del otro y la completa comunicación de esa comprensión (Rogers, citado por Brockbanck y McGill, 2002).

El autor habla de empatía primaria y empatía avanzada. La *empatía primaria* se basa en dos elementos de información:

- Lo que siente el hablante (expresado con palabras o mediante conducta no verbal).
- La experiencia, la conducta o ambas que dan origen a ese sentimiento revelado al hablante.

Una vez identificados esos dos elementos de información, la etapa siguiente es la comunicación de esa conciencia al hablante.

La *empatía avanzada* se diferencia de la primaria en cuanto a que los sentimientos a los que respondemos no tienen por qué haber sido expresados de manera explícita. Pueden revelarse en forma indirecta, a través de claves verbales o no verbales. Es probable que el hablante no tenga claro el sentimiento que está originando una conducta, por ejemplo, el alumno puede preguntar sobre la evaluación de una manera agresiva y tono de voz desconcertante, y probablemente lo que él quiere saber es cómo hacer bien sus tareas académicas. El tutor debe tomar una comprensión del mundo desde el punto de vista del otro, de sus sentimientos, experiencias y conductas, y de la comunicación completa de esa comprensión. Por ejemplo, el tutor dirá al alumno: "Podemos ver y despejar dudas sobre la evaluación, pero también despejaremos las dudas sobre las tareas académicas pendientes". Un profesor con experiencia está en condiciones de "saber" muchas de las cosas que les pasa a los alumnos, está en la posibilidad de brindar empatía avanzada.

Los *aspectos socio-afectivos* se deben a los cambios en el entorno social y productivo. La fortaleza en estos ámbitos es recurrentemente considerada por los empleadores, en el proceso de elección de su personal. Por ello, resulta significativo ampliar el estudio y las estrategias que formen profesionales bajo esta óptica. Las denominaciones de esta clase de competencias son diversas. Bisquerra (2007) las define como competencias de desarrollo socio-personal, y en ellas se implican factores personales e interpersonales. Bisquerra y Pérez (2007) realizan la siguiente caracterización:

Competencias socio-personales

- Motivación.
- Autoconfianza.
- Autocontrol.
- Paciencia.
- Autocrítica.
- Autonomía.
- Control del estrés.
- Asertividad.
- Responsabilidad.
- Capacidad de toma de decisiones.
- Empatía.
- Capacidad de prevención y solución de conflictos.
- Competencia
- Espíritu de equipo.
- Altruismo.

En el espectro laboral, como se ha referido, tienen mayores oportunidades profesionales quienes tienen capacidades para motivar a una convivencia sana y funcional, así como para contribuir al desarrollo de un clima laboral positivo. Actualmente, estas competencias se ajustan a una demanda en torno a las habilidades de empleabilidad. La capacidad productiva depende ya de una fuerza de trabajo que sea emocionalmente competente (Elías, referido por Bisquerra y Pérez, 2007). La posibilidad de forjar motivaciones para que el alumno tenga una mentalidad positiva, controle sus impulsos, sea emprendedor, responsable y asertivo, entre otros aspectos, es una tarea que ha de realizarse a la par de la formación académica. Esto requiere incorporar una formación psicoemocional en el currículo, de tal suerte que ambas formaciones, la académica y la emocional, se fusionen sinérgicamente.

Bisquerra y Pérez (2007) establecen los siguientes dominios de la inteligencia emocional y sus competencias asociadas:

Competencia personal

Conciencia de sí mismo

- Conciencia emocional de uno mismo.
- Valoración adecuada de uno mismo.
- Confianza en uno mismo.

Autogestión

- Autocontrol emocional.
- Transparencia.
- Adaptabilidad.
- Logro.
- Iniciativa.
- Optimismo.

Competencia social

Conciencia social

- Empatía.
- Conciencia de la organización.
- Servicio.

Gestión de las relaciones

- Liderazgo inspirado.
- Influencia.
- Desarrollo de los demás.
- Catalizar el cambio.
- Gestión de los conflictos.
- Establecer vínculos.
- Trabajo en equipo y colaboración.

Los valores éticos y morales cobran especial relevancia en el trabajo dirigido a la formación y control de las emociones, las que han de mirar hacia la integración personal y el bienestar colectivo. El criterio para determinar la viabilidad de cierto complejo axiológico es el que se oriente a la salud emocional de las personas y al bien común. Cabe aclarar que si bien tales complejos responden a necesidades específicas de cada cultura, la práctica asertiva de los valores, en general, responden a las expectativas del crecimiento

Cap. 7. El enfoque socioformativo

y del desarrollo en torno a un aliento de vida y bienestar. Para Bisquerra y Pérez (2007, p. 67), "la competencia emocional madura debería reflejar una sabiduría que conlleva los valores éticos significativos de la propia cultura".

Saarni (citado por Bisquerra y Pérez, 2007) ofrece un listado de habilidades de la competencia emocional que resulta pertinente para la reflexión:

1. *Conciencia del propio estado emocional*: incluye la posibilidad de estar experimentando emociones múltiples. A niveles de mayor madurez, se trata de una conciencia de que uno puede no ser consciente de los propios sentimientos debido a una inatención selectiva o dinámicas inconscientes.
2. *Habilidad para discernir las habilidades de los demás*, con base en claves situacionales y expresivas que tienen un cierto grado de consenso cultural para el significado emocional.
3. *Habilidad para utilizar el vocabulario emocional y términos expresivos habitualmente disponibles en una cultura*. A niveles de mayor madurez, es la habilidad de captar manifestaciones culturales ("cultural scripts") que relacionan la emoción con roles sociales.
4. *Capacidad para implicarse empáticamente* en las experiencias emocionales de los demás.
5. *Habilidad para comprender que el estado emocional interno no necesita corresponder con la expresión externa, tanto en uno mismo como en los demás*. En niveles de mayor madurez, comprensión de que la propia expresión emocional puede impactar en otros, y tener esto en cuenta en la forma presentarse a sí mismo.
6. *Habilidad para afrontar emociones negativas mediante la utilización de estrategias de autocontrol* que regulen la intensidad y la duración de tales estados emocionales.
7. *Conciencia de que la estructura y naturaleza de las relaciones vienen en parte definidas* por: *a*) el grado de inmediatez emocional o sinceridad expresiva, y *b*) el grado de reciprocidad o simetría en la relación. De esta forma, la intimidad madura viene en parte definida por el hecho de compartir emociones sinceras.
8. *Capacidad de autoeficacia emocional*: el individuo se ve a sí mismo como alguien que siente, por encima de todo, como se quiere sentir. Es decir, la autoeficacia emocional significa que uno acepta su propia experiencia emocional.

En otra caracterización, las competencias emocionales son de la siguiente índole Casel (referido por Bisquerra y Pérez, 2007):

1. *Toma de conciencia de los sentimientos*: capacidad para percibir con precisión los propios sentimientos y etiquetarlos.
2. *Manejo de los sentimientos*: capacidad para regular los propios sentimientos.
3. *Tener en cuenta la perspectiva*: capacidad para percibir con precisión el punto de vista de los demás.
4. *Análisis de normas sociales*: capacidad para evaluar críticamente los mensajes sociales, culturales y de los medios de comunicación masiva y tecnológicos, relativos a normas sociales y comportamientos personales.
5. *Sentido constructivo del yo (self)*: sentirse optimista y empoderado (*empowered*) al afrontar los retos diarios.
6. *Responsabilidad*: intención de implicarse en comportamientos seguros, saludables y éticos.
7. *Cuidado*: intención de ser bueno, justo, caritativo y compasivo.
8. *Respeto por los demás*: intención de aceptar y apreciar las diferencias individuales y grupales, y valorar los derechos de todas las personas.
9. *Identificación de problemas*: capacidad para identificar situaciones que requieren una solución o decisión, y evaluar riesgos, barreras y recursos.
10. *Fijar objetivos adaptativos*: capacidad para fijar metas positivas y realistas.
11. *Solución de problemas*: capacidad para desarrollar soluciones positivas e informadas a los problemas.
12. *Comunicación receptiva*: capacidad para atender a los demás, tanto en la comunicación verbal como no verbal, para recibir los mensajes con precisión.
13. *Comunicación expresiva*: capacidad para iniciar y mantener conversaciones, expresar los propios pensamientos y sentimientos con claridad, tanto en comunicación verbal como no verbal, y demostrar a los demás que han sido bien comprendidos.
14. *Cooperación*: capacidad para aguardar turno y compartir en situaciones diádicas y de grupo.
15. *Negociación*: capacidad para resolver conflictos en paz, considerando la perspectiva y los sentimientos de los demás.
16. *Negativa*: capacidad para decir "no" claramente y mantenerlo para evitar situaciones en las cuales uno puede verse presionado, y demorar la respuesta bajo presión, hasta sentirse adecuadamente preparado.
17. *Buscar ayuda*: capacidad para identificar la necesidad de apoyo y asistencia, y acceder a los recursos disponibles apropiados.

Hay un aspecto que el anterior listado toma en cuenta, pero que para muchos podría ser un aspecto subjetivo o de difícil denominación. Tiene que ver con la actitud de fundamentarse en la bondad como aspecto central que ha de permitir crecer a las personas en nobleza y humanismo. Una de sus expresiones en el marco educativo es la manifestación de afabilidad y aprecio que se ha de observar en un trato sano, en palabras de reconocimiento, respeto, apoyo y bondad. Quien es capaz de sustentar una actitud bondadosa permitirá generar un ambiente apropiado para desarrollar con asertividad las competencias emocionales restantes.

De acuerdo a Bisquerra y Pérez (2007), el desarrollo de las competencias emocionales favorece la ciudadanía efectiva y responsable, al tiempo que hace posible afrontar las circunstancias de la vida con mayores probabilidades de éxito. Los aspectos en los que impactan estas competencias son los procesos de aprendizaje, las relaciones interpersonales, la solución de problemas, la permanencia en el trabajo, la actitud positiva, la confianza y la alegría, entre otros.

Bisquerra, en un estudio anterior (2003), define bloques de competencias emocionales en los siguientes términos:

1. *Conciencia emocional.* Capacidad para tomar conciencia de las emociones propias y de los demás, así como de entender el clima emocional en un contexto específico. Considera el sentimiento complejo de emociones que no son conscientes; da nombre a las emociones; hay una vinculación empática con las vivencias emocionales de otros; distingue el lenguaje no verbal dentro de un marco cultural.
2. *Regulación emocional.* Se asume conciencia sobre la relación entre emoción, cognición y comportamientos; la manifestación de las emociones es la socialmente apropiada; hay contención emocional que no permite la expresión desaforada de sentimientos inadecuados; hay entendimiento sobre el impacto que tiene el comportamiento emocional en los otros y se favorece con ello la comprensión del sí mismo y de los demás. También supone la regulación de la impulsividad (ira, violencia, desafío, riesgo); tolerancia a la frustración que evita estados emocionales negativos (enojo, estrés, ansiedad, depresión), y persevera en el logro de los objetivos a pesar de las adversidades; se cambia una recompensa inmediata por otra mejor de mayor largo plazo. Una competencia central es autogenerar emociones positivas (alegría, amor, humor, fluidez y disfrute), así como propiciarse a sí mismo una proyección confiada y esperanzadora que contribuya a una mejor calidad de vida.

3. *Autonomía emocional.* Involucra el apuntalamiento de la autoestima, la actitud positiva ante la vida, la responsabilidad, el espíritu crítico, la capacidad para buscar ayuda y la eficacia emocional, así como la automotivación y la buena relación consigo mismo. Además, adopta un sentido constructivo del yo y se siente optimista y empoderado, con la perspectiva de afrontar los desafíos, ser bueno, justo, caritativo y compasivo. Aquí también se implica la capacidad de resiliencia como un recurso central para asumir la vida. La responsabilidad es otra actitud que refiere la adopción de comportamientos seguros, saludables y éticos. Los otros son cuidados, y uno mismo cuida de su salud física y emocional.
4. *Competencia social.* Supone la comunicación efectiva, el respeto, el compromiso con el bienestar de los demás y del entorno. Sus manifestaciones más cotidianas son la amabilidad interpersonal, la apertura al diálogo, la calidez afectiva, la valoración de los derechos de los otros; la capacidad para mantener conversaciones efectivas y afectuosas; saber que se es comprendido y comprender a los demás; ser sinceros y ofrecer reciprocidad; ser asertivos; tener la capacidad de prever conflictos sociales o interpersonales y resolverlos; desarrollar aptitudes negociadoras y pacificadoras en las que se consideren los derechos y sentimientos de las partes involucradas. También es prioritaria la capacidad de adaptarse a las circunstancias y fijarse objetivos reales y positivos; se reconocen los derechos y los deberes; se es afín a una identidad; se participa en un marco democrático con compromiso, solidaridad, valores cívicos, multiculturales y se respeta la diversidad.

Las competencias emocionales resultan, a la luz de lo expresado, en manifestaciones vitales para un desarrollo humano verdaderamente integral, pues su incidencia es clave para entender cómo surgen los conflictos personales y sociales, y cómo pueden ser afrontados. Una perspectiva confiada, esperanzadora y proactiva es esencial para fortalecer un trabajo interior e interpersonal que admita el peso que tiene el espíritu que alienta una mejor calidad de vida para sí mismo y para los demás, tanto en situaciones personales, como en los ámbitos profesionales. De allí, surge la importancia de incorporar estas competencias en el currículo, así como propiciar programas específicos para formar a los profesores en las competencias que tienen un carácter emocional.

El entorno cultural es el que da relatividad a lo que se considera apropiado y deseable para las personas, sin embargo, existen valores universales que se han propuesto, que se proyectan al crecimiento individual y colectivo. Sin embargo, es claro que las actuales condiciones del andamiaje social no son proclives al desarrollo de algunos valores fundamentales, pues prima el interés político y económico. Surge, entonces, la pregunta sobre cómo formar en valores cuando las sociedades modernas son escenarios de antivalores contrarios a la vida y a la bondad humana. El reto de nuestros días es seguir apostando obstinadamente por el bienestar, la benevolencia y el amor, entre otros aspectos básicos para la supervivencia.

La primera tarea, en el ámbito escolar, es propiciar que los docentes asuman procesos de índole introspectiva para que reconozcan sus emociones y la mejor manera de orientarlas. No es viable pensar que un ser emocionalmente enfermo puede proyectar un orden axiológico afín a las necesidades de los alumnos en su proceso de construcción académica y personal. La salud emocional se convierte en una necesidad para dar paso a la conformación de competencias emocionales que alienten una forma sana de relación del sujeto consigo mismo y con los demás. La resiliencia ha de ser un factor a partir del cual se emprendan cambios drásticos en medios adversos y, en su desenvolvimiento, la escuela tiene un papel esencial por su rol formativo. Asimismo, la fortaleza interior y la madurez emocional son aspectos que han de ser trabajados para la construcción sólida de seres comprometidos con su dinámica de crecimiento.

Por otra parte, las sociedades contemporáneas demandan la inserción profesional y laboral de sujetos que no sólo sean competentes en aspectos relacionados con el conocimiento, sino con la actitud hacia el trabajo y hacia los otros. Se aprecian la calidad de las relaciones, la flexibilidad y la adaptación. En ese tenor no se trata exclusivamente de saber o de saber hacer, sino de querer hacer. Con este planteamiento, la escuela tiene un compromiso formativo que ha de permitir la asunción de competencias más vinculadas a factores de carácter emocional.

Características de la competencia emocional

De acuerdo a la definición de Bisquerra (2003, p. 22) la competencia emocional es "el conjunto de conocimientos, capacidades, habilidades y actitudes necesarias para comprender, expresar y regular en forma apropiada los fenómenos emocionales".

En la competencia emocional se despliega la capacidad de autorreflexión (inteligencia intrapersonal), de identificar y regular las emociones, así como de reconocer los sentimientos y pensamientos de otros (inteligencia interpersonal).

Con la perspectiva de favorecer una educación emocional, Bisquerra (2003) desarrolla una teorización sobre las características de la competencia emocional, la cual se describe textualmente:

1. *Conciencia emocional.* Capacidad para tomar conciencia de las propias emociones y de las emociones de los demás, incluyendo la habilidad para captar el clima emocional de un contexto determinado.

    1.1. *Toma de conciencia de las propias emociones*: capacidad para percibir con precisión los propios sentimientos y emociones, identificarlos y etiquetarlos. Esto incluye la posibilidad de estar experimentando emociones múltiples. A niveles de mayor madurez, conciencia de que uno puede no ser consciente de los propios sentimientos debido a inatención selectiva o dinámicas inconscientes.

    1.2. *Dar nombre a las propias emociones*: habilidad para utilizar el vocabulario emocional y los términos expresivos habitualmente disponibles en una cultura para etiquetar las propias emociones.

    1.3. *Comprensión de las emociones de los demás*: capacidad para percibir con precisión las emociones y perspectivas de los demás. Saber servirse de las claves situacionales y expresivas (comunicación verbal y no verbal) que tienen un cierto grado de consenso cultural para el significado emocional. Capacidad para implicarse empáticamente en las experiencias emocionales de los demás.

2. *Regulación emocional.* Capacidad para manejar las emociones en forma apropiada. Supone tomar conciencia de la relación entre emoción, cognición y comportamiento; tener buenas estrategias de afrontamiento; capacidad para autogenerarse emociones positivas, etcétera.

    2.1. *Tomar conciencia de la interacción entre emoción, cognición y comportamiento*: los estados emocionales inciden en el comportamiento y éstos en la emoción; ambos pueden regularse por la cognición (razonamiento, conciencia).

    2.2. *Expresión emocional*: capacidad para expresar las emociones en forma apropiada. Habilidad para comprender que el estado emocional interno no necesita corresponder con la expresión externa, tanto en uno mismo como en los demás. En niveles de mayor madurez, comprensión de que la propia expresión emocional puede impactar en otros, y tener esto en cuenta en la forma de presentarse a sí mismo.

2.3. *Capacidad para la regulación emocional*: los propios sentimientos y emociones deben ser regulados. Esto incluye autocontrol de la impulsividad (ira, violencia, comportamientos de riesgo) y tolerancia a la frustración para prevenir estados emocionales negativos (estrés, ansiedad, depresión), entre otros aspectos.

2.4. *Habilidades de afrontamiento*: habilidad para afrontar emociones negativas mediante la utilización de estrategias de autorregulación que mejoren la intensidad y la duración de tales estados emocionales.

2.5. *Competencia para autogenerar emociones positivas*: capacidad para experimentar de forma voluntaria y consciente emociones positivas (alegría, amor, humor, fluir) y disfrutar de la vida. Capacidad para autogestionar su propio bienestar subjetivo para una mejor calidad de vida.

3. *Autonomía personal (autogestión)*. Dentro de la autonomía personal se incluyen un conjunto de características relacionadas con la autogestión personal, entre las que se encuentran la autoestima, actitud positiva ante la vida, responsabilidad, capacidad para analizar críticamente las normas sociales, la capacidad para buscar ayuda y recursos, así como la autoeficacia emocional.

3.1. *Autoestima*: tener una imagen positiva de sí mismo; estar satisfecho de sí mismo; mantener buenas relaciones consigo mismo.

3.2. *Automotivación*: capacidad de automotivarse e implicarse emocionalmente en actividades diversas de la vida personal, social, profesional, de tiempo libre, etcétera.

3.3. *Actitud positiva*: capacidad para automotivarse y tener una actitud positiva ante la vida. Sentido constructivo del yo (*self*) y de la sociedad; sentirse optimista y empoderado (*empowered*) al afrontar los retos diarios; intención de ser bueno, justo, caritativo y compasivo.

3.4. *Responsabilidad*: intención de implicarse en comportamientos seguros, saludables y éticos. Asumir la responsabilidad en la toma de decisiones.

3.5. *Análisis crítico de normas sociales*: capacidad para evaluar críticamente los mensajes sociales, culturales y de los *mass media*, relativos a normas sociales y comportamientos personales.

3.6. *Buscar ayuda y recursos*: capacidad para identificar la necesidad de apoyo y asistencia, y saber acceder a los recursos disponibles apropiados.

3.7. *Autoeficacia emocional*: capacidad de autoeficacia emocional; el individuo se ve a sí mismo como quien se siente como se quiere sentir. Es decir, la autoeficacia emocional significa que uno acepta su propia experiencia emocional, tanto si es única y excéntrica como si es culturalmente convencional, y esta aceptación está de acuerdo con las creencias del individuo sobre lo que constituye un balance emocional deseable. En esencia, uno vive de acuerdo con su «teoría personal sobre las emociones» cuando demuestra autoeficacia emocional que está en consonancia con los propios valores morales.

4. *Inteligencia interpersonal*. Es la capacidad para mantener buenas relaciones con otras personas. Esto implica dominar las habilidades sociales, capacidad para la comunicación efectiva, respeto, actitudes prosociales, asertividad, etc.

4.1. *Dominar las habilidades sociales básicas*: escuchar, saludar, despedirse, dar las gracias, pedir un favor, ofrecer disculpas, actitud dialogante, etc.

4.2. *Respeto por los demás*: intención de aceptar y apreciar las diferencias individuales y grupales y valorar los derechos de todas las personas.

4.3. *Comunicación receptiva*: capacidad para atender a los demás, tanto en la comunicación verbal como no verbal, para recibir los mensajes con precisión.

4.4. *Comunicación expresiva*: capacidad para iniciar y mantener conversaciones, expresar los propios pensamientos y sentimientos con claridad, tanto en comunicación verbal como no verbal, y demostrar a los demás que han sido bien comprendidos.

4.5. *Compartir emociones*: conciencia de que la estructura y naturaleza de las relaciones vienen en parte definidas por: *a)* el grado de inmediatez emocional o sinceridad expresiva, y *b)* el grado de reciprocidad o simetría en la relación. De esta forma, la intimidad madura viene en parte definida por el compartir emociones sinceras, mientras que una relación padre-hijo puede compartir emociones sinceras en forma asimétrica.

4.6. *Comportamiento prosocial y cooperación*: capacidad para aguardar turno; compartir en situaciones diádicas y de grupo; mantener actitudes de amabilidad y respeto a los demás.

4.7. *Asertividad*: mantener un comportamiento equilibrado, entre la agresividad y la pasividad; esto implica la capacidad para decir «no» claramente y mantenerlo, para evitar situaciones en las cuales uno puede verse presionado, y demorar actuar en situaciones de presión hasta sentirse adecuadamente preparado. Capacidad para defender y expresar los propios derechos, opiniones y sentimientos.

5. *Habilidades de vida y bienestar.* Capacidad para adoptar comportamientos apropiados y responsables de solución de problemas personales, familiares, profesionales y sociales. Todo ello de cara a potenciar el bienestar personal y social.
   5.1. *Identificación de problemas:* capacidad para identificar situaciones que requieren una solución o decisión y evaluar riesgos, barreras y recursos.
   5.2. *Fijar objetivos adaptativos:* capacidad para fijar objetivos positivos y realistas.
   5.3. *Solución de conflictos:* capacidad para afrontar conflictos sociales y problemas interpersonales, aportando soluciones positivas e informadas a los problemas.
   5.4. *Negociación:* capacidad para resolver conflictos en paz, considerando la perspectiva y los sentimientos de los demás.
   5.5. *Bienestar subjetivo:* capacidad para gozar en forma consciente de bienestar subjetivo y procurar trasmitirlo a las personas con las que se interactúa.
   5.6. *Fluir:* Capacidad para generar experiencias óptimas en la vida profesional y social.

ENTENDER LO SOCIOEMOCIONAL

La conceptualización de las competencias emocionales tiene su origen en las distintas descripciones de la inteligencia emocional, cuya existencia sustenta las competencias socioemocionales.

En los años 90 del siglo XX, Saarni (referida por Repetto y Pérez-González) mencionó la existencia de ocho competencias emocionales: autoconciencia de las propias emociones; capacidad para discriminar y comprender las emociones de los demás, capacidad para usar el vocabulario emocional y la expresión; capacidad para la implicación empática; capacidad para diferenciar la experiencia subjetiva interna de la expresión emocional externa; capacidad para enfrentarse adaptativamente con emociones negativas y circunstancias estresantes; conciencia de la comunicación emocional en las relaciones, y capacidad para la autoeficacia emocional.

El *Collaborative for Academic, Social and Emotional Learning* (CASEL), organismo de referencia internacional en investigación sobre programas para la educación socioemocional, integra estas competencias en cuatro categorías: conocerse a uno mismo y a los demás, tomar decisiones responsables, cuidar de los demás, y saber cómo actuar. Entre las necesidades vinculadas a esta categorización se encuentran la regulación emocional, la empatía, el reconocimiento de los propios sentimientos, la eficacia de la comunicación verbal y no verbal, y el manejo de las relaciones interpersonales o negociación (Repetto y Pérez-González, 2007).

Por su parte, Mayer y Salovey, referidos por Repetto y Pérez-González (2007) establecen cuatro grandes capacidades emocionales: *a)* percepción, valoración y expresión de las emociones; *b)* facilitación emocional del pensamiento; *c)* comprensión de las emociones y conocimiento emocional; y *d)* regulación reflexiva de las emociones. En el campo propiamente social destacan, para los autores, la adaptación social, la disposición a la cooperación o el espíritu de equipo. También, en ese orden se encuentran las actitudes interpersonales en el que se expresan los sentimientos, actitudes, deseos, opiniones o derechos en un contexto propicio para la solución de problemáticas específicas.

En el medio laboral, según los estudios más aventajados de las competencias socioemocionales, autores como Boyatzis, Bethell-Fox, Goleman y Rhee (referidos por Repetto y Pérez-González, 2007) han concluido que el éxito en este ámbito depende del ejercicio de 20 competencias, que se agrupan en cuatro bloques: autoconciencia emocional, autogestión o autogobierno (autocontrol), conciencia social (empatía), y gestión de las relaciones sociales. En particular, Goleman, autor fundamental de la teoría de la inteligencia emocional, de acuerdo con la referencia de Repetto y Pérez-González (2007) ha caracterizado las siguientes competencias:

- Reconocimiento.
- Regulación.
- Autoconciencia emocional.
- Autoevaluación.
- Autoconfianza.
- Autocontrol emocional.
- Formalidad.
- Responsabilidad.
- Adaptabilidad.
- Motivación de logro.
- Iniciativa.
- Empatía.
- Orientación al cliente.
- Conciencia organizacional.
- Desarrollo de los demás.
- Influencia.
- Comunicación.

- Gestión de conflictos.
- Liderazgo.
- Catalización del cambio.
- Construcción de alianzas.
- Trabajo en equipo.

Otro listado de competencias elaborado en la década de los noventa del siglo xx e inicios del presente siglo (Repetto y Pérez-González, 2007) enumera 15 dimensiones socioemocionales: adaptabilidad, asertividad, valoración emocional de uno mismo y de los demás, expresión emocional, gestión emocional de los demás, regulación emocional, baja impulsividad, habilidades de relación, autoestima, automotivación, competencia social, gestión del estrés, empatía, felicidad y optimismo (p. 99).

A partir de lo anterior, es posible resumir que el desempeño de competencias socioemocionales tiene un impacto crucial en la vida personal y profesional de los sujetos, quienes, a través de su ejercicio pueden tener satisfacción existencial, salud mental, desarrollo de la carrera, un alto rendimiento laboral, liderazgo efectivo, manejo sano del estrés y disminución del nivel de agresividad.

Las competencias emocionales favorecen un mayor bienestar personal y social, por ello es importante dar paso a la educación emocional como una propuesta innovadora que ahora se convierte en exigencia social. Antes de plantear una perspectiva sobre el tema con un plan formativo, es necesario abordar conceptos en torno a la emoción y establecer las razones que justifican la incorporación en el currículo de la educación emocional.

De acuerdo a Bisquerra (2003), la educación emocional no ha sido suficientemente valorada en los esquemas de la educación formal. Sin embargo, su relevancia se amplifica ante las disrupciones de índole emocional que aquejan a una gran cantidad de personas. Puede observarse, por ejemplo, el caso de alumnos adolescentes, quienes viven diversos riesgos psicosociales que los pueden hacer vulnerables. Los dolores y frustraciones que tienen su origen en una herida afectiva son los que pueden derivar en conductas arriesgadas y disfuncionales. De manera óptima, una educación emocional se justifica por su carácter preventivo al evitar daños personales y sociales.

La multiplicidad de problemas originados por la baja autoestima, la depresión, el estrés, la violencia, los desórdenes alimentarios, la delincuencia y la desadaptación social son precursores de adicciones mortales y de graves enfermedades mentales y emocionales. Mayer y Gómez (2012) ofrecen datos sobre psicopatologías severas, según cifras de la Organización Mundial de la Salud:

- Año 2012: 350 millones de deprimidos en el mundo.
- Año 2009: 300 millones de personas con trastornos por alcohol y otras drogas.
- Año 2012: 52 millones de esquizofrénicos en el mundo.
- Año 2005: 326 millones de personas que sufrían migraña.
- Año 2006: 50 millones de personas con trastornos convulsivos.
- Año 2012: 35 millones de personas con Alzheimer y otras demencias.

De acuerdo con los autores, dos años después de su primer episodio depresivo, el 35% de los pacientes deprimidos reinciden, y 60% más lo hará a los 12 años. Entre el 15 y 20% de los pacientes depresivos consuman el suicidio, y quienes más se suicidan son los jóvenes. En México, el suicidio es la segunda causa de muerte en los adolescentes, después de los accidentes. Asimismo, en otra cifra, una de cada cuatro personas que acude a un servicio médico oficial o privado lo hace porque presenta un problema de carácter mental y/o neurológico (Mayer y Gómez, 2012).

Bisquerra (2003) afirma que el estrés en adolescentes se relaciona con el fracaso escolar, conductas sociales disfuncionales, delincuencia, incorporación a grupos delincuenciales, consumo de drogas y baja autoestima. El autor afirma que la presión del grupo de pares puede ser excesiva si la familia, la escuela y la comunidad fallan en activar el desarrollo de comportamientos y actitudes saludables. Hay evidencias de que las competencias emocionales son un factor básico de prevención.

La investigación psicopedagógica ha aportado, desde el año 2000 (Bisquerra, 2003), datos orientados a conocer cuáles son los factores protectores a partir del estudio ya no de la *patogénesis*, sino de la *salutogénesis*. Se ha establecido que:

1. Rara vez un factor específico de riesgo incide en un comportamiento disfuncional, en efecto, son múltiples comportamientos desajustados los que se asocian a un aspecto de riesgo;
2. Cualquier desajuste se vincula con múltiples factores de riesgo;
3. Existen factores protectores que se relacionan con las formas de desajuste.

Los factores de riesgo se encuentran potencialmente en el individuo, la familia, grupos de pares, escuela y comunidad. Los que tocan a los sujetos son las discapacidades físicas o genéticas, retrasos en el desarrollo, dificultades emocionales y comportamientos problemáticos en la infancia. Los aspectos familiares incluyen tensión marital, conflictos entre los miembros de la familia, desorganización en la estructura familia, bajo nivel socioeconómico, cambios frecuentes de vivienda, lazos afectivos débiles con los padres, autoritarismo, severidad e inconsistencia de los padres. En lo que corresponde al grupo de pares se cuentan el rechazo de los compañeros, presión negativa del grupo, tendencia a identificarse con comportamientos insanos o destructivos, violencia hacia los sujetos vulnerables en el interior del grupo. Los factores de riesgo en la escuela refieren la asistencia a escuelas de bajo nivel educativo, fracaso escolar y descontento. En la comunidad se dan riesgos como la desorganización social, delincuencia, inseguridad, corrupción, narcotráfico, acceso a armas, desempleo y bajos recursos económicos (Bisquerra, 2003).

En el estudio de los factores protectores destacan dos: los personales y los ambientales. Bisquerra (2003) señala que en los primeros dominan las habilidades sociales, la disposición favorable, la habilidad para solucionar problemas, autoeficacia, autoestima, comunicación efectiva y aspiraciones elevadas. En el especto ambiental que favorece el desarrollo social y emocional de la persona, en especial de los jóvenes, se encuentra el compromiso sólido con al menos un adulto, sana relación de los padres, pertenencia a organizaciones constructivas, actividades sociales y deportivas, así como el acceso a escuelas de alto nivel académico.

Es un hecho que los jóvenes que viven situaciones personales y sociales saludables no son proclives a participar en situaciones de riesgo y, por el contrario, trabajan para construir su bienestar a través del autocuidado de su salud; desarrollan un buen rendimiento escolar, se saben cuidar a sí mismos y a los demás, y tienen altas capacidades para superar la adversidad.

Para orientarse a la educación emocional, Bisquerra (2003) destaca la relevancia de identificar los factores de riesgo y los protectores para centrarse en el decremento del riesgo y potencializar los factores de protección. Es necesario entender que en los aspectos preventivos y en el desarrollo de las competencias emocionales, no sólo basta con tratar al individuo, sino con intervenir en los entornos de su actuación: familia, pares, escuela y comunidad. Antes de seguir avanzando, es elemental conocer aspectos psicológicos, neurofisiológicos y psicosociales de la emoción.

QUÉ ES LA EMOCIÓN

En términos neuronales, una emoción se produce del siguiente modo:

1. Unas informaciones sensoriales llegan a los centros emocionales del cerebro.
2. Se produce una respuesta neurofisiológica.

3. El neocórtex interpreta la información. Se considera entonces que *una emoción es un estado complejo del organismo, caracterizado por una excitación o perturbación que predispone a una respuesta organizada. Las emociones se generan como respuesta a un acontecimiento externo o interno* (Bisquerra, 2003, p. 12).

Existen tres componentes en una emoción: *neurofisiológico, conductual* y *cognitiva*. En el factor neurofisiológico se producen respuestas involuntarias e incontrolables, como taquicardia, transpiración copiosa, hiperventilación, rubor, hipertensión, sequedad en la boca, etc. Para abordar estas respuestas, las técnicas de relajación pueden desempeñar un papel asertivo. La frecuencia de estas respuestas puede ser nociva para la salud. Por ello, controlar las emociones desagradables en un marco preventivo se sitúa como un elemento de la educación emocional y, por extensión, de la educación para la salud.

En el factor *conductual*, los individuos infieren el tipo de emociones que experimentan, como son los gestos, el lenguaje no verbal, la postura, el tono de voz, los movimientos corporales. Si bien no es fácil controlar este tipo de expresiones, se puede establecer que aquél que logra regular las manifestaciones emocionales posea madurez y equilibrio, cualidades esenciales en las relaciones interpersonales.

El aspecto *cognitivo* es considerado como sentimiento, el cual puede ser de miedo, abatimiento, angustia, preocupación, entre muchos. Este componente hace posible calificar el estado emocional y lo denomina a través del lenguaje. En múltiples ocasiones, las limitaciones propias del lenguaje no permiten llegar al conocimiento de la emoción, pues los procesos interiores a veces no son entendidos conscientemente y, por consiguiente, no pueden expresarse en palabras. Aquí cabe el trabajo introspectivo y la educación emocional para comprender y manejar las emociones (Bisquerra, 2003).

DE LAS INTELIGENCIAS MÚLTIPLES A LA INTELIGENCIA EMOCIONAL

Desde los estudios de Broca, sobre la inteligencia, en el siglo XIX a principios del siglo posterior, se consideró como un avance fundamental en la medición de la inteligencia el test de CI (coeficiente intelectual). En sus versiones más recientes éste consideró, de acuerdo con Thurstone (citado por Bisquerra, 2003), siete habilidades primarias (comprensión verbal, fluidez verbal, capacidad para el cálculo, rapidez perceptiva, representación espacial, memoria y razonamiento inductivo), las cuales son el antecedente más inmediato del planteamiento de Howard Gardner sobre las inteligencias múltiples. Este académico de la Universidad de Harvard cuestionó el CI, al considerarlo como propio de lo que denominó "escuela uniforme" (Bisquerra, 2003), y entre 1979 y 1983 desarrolló un estudio sobre la naturaleza del potencial humano y su realización, lo que derivó en la teoría de las inteligencias múltiples. En su obra fundamental, que data de 1995, distingue siete inteligencias: lingüística, lógico-matemática, cinético-corporal, espacial, interpersonal, musical e intrapersonal. Añadió en 2001 dos inteligencias: la existencial y la naturalista. La primera refiere el sentido de vida, y la naturalista, a la conservación del entorno.

La posterior teoría de la inteligencia emocional se nutre de las descripciones sobre la inteligencia interpersonal y la intrapersonal. La parte medular de este planteamiento es la emoción, la que desde los señalamientos del *counseling* ha sido abordada por la psicología humanista y sus representantes, Gordon Allport, Abraham Maslow y Carl Rogers (Bisquerra, 2003), y más adelante por Albert Ellis, quien en su modelo psicoterapéutico toma la emoción de la persona como centro de atención. En su descripción, habla de la necesidad humana de sentirse bien consigo mismo, de experimentar las propias emociones y crecer emocionalmente. El no cumplimiento de estas expectativas puede conducir a conductas desviadas.

Desde sus orígenes, en la construcción de un concepto sobre inteligencia emocional destaca el problema perenne entre emoción y razón; esto apunta a la necesidad de una educación en la que se den los elementos para favorecer un sano crecimiento emocional. Salovey, Mayer y Goleman son los autores que en la década de los 90 del siglo XX afianzan el señalamiento de la inteligencia emocional y la convierten en una teoría que ha de ejercer sus mayores beneficios en la formación humana, profesional y laboral. Goleman (citado por Bisquerra, 2003) establece que la inteligencia puede transformarse e incrementarse, por lo que no es un constructo inamovible ni definitivo. Con ello, rompe con las ideas elitistas que sugieren que ciertos sujetos son más inteligentes que otros. La inteligencia emocional, dicta Goleman, es un proceso que rompe las fronteras entre razón y emoción. Ésta última cobra envergadura, y en ella se centran diversos postulados científicos que se han derivado en disciplinas como la psicología cognitiva, la psicología social, las neurociencias y la psiconeuroinmunología, entre otras.

Goleman (citado por Bisquerra, 2003) busca romper con la postura de oposición entre razón y emoción; asimismo, apunta la necesaria complementariedad de ambos factores para abordar problemas educativos y sociales. Para fortalecer el planteamiento, pone en la mira el problema de la delincuencia que encierra un factor eminentemente emocional, así como el hecho de que la cognición por sí misma no conduce a la felicidad, así como que la motivación y la conducta se derivan más de aspectos emocionales que de los racionales. También menciona que el alto rendimiento académico no siempre redunda en éxito profesional y personal.

Esta teoría se ha fortalecido; encuentra sus cauces de acción en los requerimientos de la población, quien de modo contracultural no reconoce el bienestar en la riqueza material, y de eso da cuenta el gran *boom* de la literatura de autoayuda. Hay fuertes necesidades sociales de buscar la forma de afrontar la depresión, el estrés, la ansiedad y otras psicopatologías aún más graves.

Según Salovey y Mayer (citados por Bisquerra, 2003), la inteligencia emocional incluye la habilidad de percibir con precisión, valorar y expresar emoción; la habilidad de acceder y/o generar sentimientos cuando facilitan pensamientos; la habilidad de comprender la emoción y el conocimiento emocional, y la habilidad para regular las emociones para promover crecimiento emocional e intelectual. Los autores, junto con Caruso, elaboran un modelo interrelacionado:

1. *Percepción emocional*: las emociones son percibidas y expresadas.
2. *Integración emocional*: las emociones sentidas entran en el sistema cognitivo como señales que influyen en la cognición (integración-emoción-cognición).
3. *Comprensión emocional*: señales emocionales en las relaciones interpersonales son comprendidas, lo cual tiene implicaciones para la misma relación: se sabe comprender y razonar sobre las emociones.
4. *Regulación emocional*: los pensamientos promueven el crecimiento emocional, intelectual y el personal (Bisquerra, 2003, pp. 18-19).

Para Goleman, la inteligencia emocional se constituye de:

1. *Conocer las propias emociones*, lo que supone tener conciencia de las propias emociones.
2. *Manejar las emociones*, ello implica el manejo de los propios sentimientos para motivar su expresión apropiada. La capacidad de controlar la ira, la irritabilidad es esencial en una relación interpersonal.
3. *Motivarse a sí mismo*, la emoción impulsa la acción para el logro de objetivos. El autocontrol emocional demora gratificaciones en pro de un bien mayor, y el dominio de la impulsividad propicia un

camino hacia el logro. Cuando se maneja esta área, las personas suelen ser más productivas y eficientes.
4. *Reconocer las emociones de los demás.* La empatía es su principal componente, es el fundamento del altruismo. Su mejor expresión está dada en profesiones orientadas al servicio (profesores, pedagogos, psicólogos, terapeutas, orientadores, médicos, etc.).
5. *Establecer relaciones.* Se constituye en una habilidad social que fundamenta el liderazgo, la popularidad y la eficiencia interpersonal (Bisquerra, 2003, p. 19).

EDUCACIÓN EMOCIONAL

Las actuales condiciones de la sociedad son el marco de múltiples beneficios para los pobladores del hábitat global, pero también de severas disfunciones que crecen desde el entorno más cercano de los individuos. Ese ámbito de familia está sometido al impacto de la cultura hegemónica en su estructura más agreste y deshumanizada, lo que ha propiciado la generación de personas enfermas emocional y físicamente. Para trabajar en torno a la sanidad, la escuela es uno de los escenarios más asertivos en el logro de los cambios que hagan viable una mejor calidad de vida. En esta perspectiva, el rol del docente tutor cobra gran envergadura, al concebirse como el sujeto que, además de su tarea académica, ha de contener emocionalmente al alumno para contribuir al desarrollo de seres más introspectivos y competentes respecto a sus propias necesidades y a las de los demás. Es aquí donde se ha de hablar de educación emocional y de la importancia de formar cuadros de educadores competentes y capaces de entenderse a sí mismos, así como de coadyuvar al crecimiento de una emocionalidad sana en sus alumnos. "Conocer las propias emociones, la relación que estas tienen con nuestros pensamientos y comportamientos, debería ser uno de los objetivos de la educación" (Bisquerra, 2003, p. 26).

En el entorno educativo se observan índices elevados de fracaso escolar, problemas de aprendizaje, estrés ante los exámenes, deserción escolar, violencia entre pares, embarazos tempranos, adicciones y abandono de estudios universitarios. Tales fenómenos dan como resultado depresión, ansiedad, falta de un sentido de vida, ideación suicida y escasez de oportunidades en el mundo laboral. La escuela no puede soslayar su responsabilidad en estos actos y su intervención debe ser eficaz.

La educación se caracteriza por la relación interpersonal, la que invariablemente está mediada por emociones. De ese caudal pueden derivar resultados afortunados y sanos, o disfuncionales. Los docentes pueden ser vulnerados por el estrés o la depresión, lo que puede impactar en su desempeño profesional. Por esta razón, ellos deben recibir una atención especial como primeros destinatarios de la educación emocional. Un profesorado sano es quien ha de coadyuvar al desarrollo emocional de los estudiantes.

Bisquerra (2003, p. 27) define la **educación emocional** como un *proceso educativo, continuo y permanente, que pretende potenciar el desarrollo de las competencias emocionales como elemento esencial del desarrollo integral de la persona, con objeto de capacitarle para la vida. Todo ello tiene como finalidad aumentar el bienestar personal y social.*

Para este autor, la educación emocional se propone como objetivo optimizar el desarrollo humano integral a través de acciones preventivas que se basen en la formación de competencias básicas para la vida.

Fundamentos de la educación emocional

Además de los antecedentes ya referidos sobre cómo entender la emoción, al abordar la educación emocional se han de distinguir las aportaciones de los movimientos de renovación pedagógica. Los clásicos son Pestalozzi, Froebel, Dewey, Tolstoi, Montessori, Rogers, entre otros (Bisquerra, 2003). Ellos precedieron a teorías de movimientos más recientes, como la educación psicológica, el desarrollo de las habilidades sociales, la logoterapia, aprender a pensar, la educación para la salud, la orientación para la prevención y el desarrollo humano.

El *counseling* y la *psicoterapia* se han apoyado para trabajar con las emociones de las escuelas de Rogers, Allport, Ellis, Maslow, Freud, Fromm y Frankl, entre los más relevantes. Desde la perspectiva metodológica de intervención destacan el *developmental counseling*, la *dinámica de grupos*, la *orientación para la prevención* y la *teoría del aprendizaje social* de Bandura. Este último enfatiza en el análisis del impacto que los pares, personajes de los medios de comunicación masiva, profesores y padres tienen en las actitudes, creencias, valores y comportamientos. De manera excepcional, el psicoanálisis manifestó interés en los detalles de la historia personal, familiar y hasta transgeneracional de los factores que inciden en la aparición de las enfermedades emocionales. Con ello, "contribuyó además a disminuir el estigma social de los enfermos[...] y a incorporar en el proceso salud-enfermedad al individuo, la familia, la sociedad, hasta meter al escrutinio al Estado, la Iglesia, las pautas educativas, las tradiciones, etc." (Mayer y Gómez, 2012, p. 58). Sin duda, el psicoanálisis es uno de los fundamentos teóricos más reconocidos para entender la emoción y comprender los cuadros neuróticos de los que devienen múltiples comportamientos disfuncionales.

Las aportaciones de la neurociencia han posibilitado conocer mejor el funcionamiento de las emociones, a partir de los procesos de neurotrasmisión, como aquel que propicia depresión por el decremento de la serotonina. En el caso de la psiconeuroinmunología, se pone de relieve cómo las emociones afectan el sistema inmunitario, de manera positiva ante una emoción agradable, o negativa ante una emoción disfuncional. Este conocimiento hace evidente la relación entre las emociones y la salud (Bisquerra, 2003).

La educación emocional y su práctica

En un programa de educación emocional intervienen aspectos específicos que varían según los destinatarios, como el nivel educativo, los conocimientos previos, la madurez personal, el entorno en el que se desenvuelven, la historia familiar, etcétera.

El primer punto consiste en dominar el **marco conceptual de las emociones**, que incluye entender el concepto de emoción, los fenómenos afectivos (sentimiento, afecto, estado de ánimo, perturbaciones emocionales, etc.). Supone, además conocer las características (causas, predisposición a la acción, mecanismo de regulación, capacidades de afrontamiento, etc.) de las emociones principales: tristeza, ansiedad, miedo, ira, vergüenza, pena, aversión, alegría, amor, felicidad, esperanza.

La educación emocional, que se ha de desplegar mediante dinámica de grupos, autorreflexión, diálogo, juegos, etc., se ha de encaminar al desarrollo de competencias emocionales como:

Conciencia emocional. Conocimiento de las propias emociones y las de los demás. Se logra a partir de la autoobservación y de la observación del comportamiento de las personas. Implica entender la diferencia entre pensamientos, acciones y emociones; la comprensión de las causas y consecuencias de las emociones; evaluar la intensidad de la emoción; distinguir y emplear el lenguaje verbal y no verbal de las emociones (Bisquerra, 2003).

Regulación de las emociones. Comprende la tolerancia a la frustración, el manejo del malestar, el retraso de gratificaciones, el afrontar situaciones de riesgo (como la violencia, el acceso a drogas), la empatía, etc. Para lograr este control, mas no para reprimir, se pueden utilizar técnicas como el diálogo interno, el control del estrés a través de la respiración, la relajación, la meditación, las autoafirmaciones positivas, la asertividad, el ejercicio físico, etc. (Bisquerra, 2003).

Motivación. La palabra proviene del latín *movere* (mover), en tanto que la emoción se deriva de *ex-movere* (mover hacia fuera). La motivación parte de la emoción, y a través de ella se llega a la automotivación, la cual se orienta a la acción productiva por propia voluntad, y, a la autonomía. Este concepto es esencial en la educación (Bisquerra, 2003).

Habilidades socioemocionales. Éstas propician las relaciones interpersonales y se alimentan de las emociones. Entre ellas, se sitúan la escucha y la empatía, factores que dan lugar a la tolerancia, a la creación de un clima social y, en su caso, laboral, productivo y satisfactorio (Bisquerra, 2003).

Para dar lugar al bienestar, la emoción sana es fundamental, debido a que se relaciona con la felicidad, que propende a la acción, al fluir. Cuando se fluye, se activan el cuerpo, el pensamiento, las relaciones interpersonales, el trabajo, el estudio, etcétera.

Hacer práctica a la educación emocional ha de motivar el despliegue de una comunicación efectiva y afectiva, la resolución de conflictos, la toma de decisiones, la prevención de adicciones y enfermedades emocionales. Con esta educación, se fortalece la autoestima y se da pie a la posibilidad de fluir y de asumir una actitud de vida positiva. Un bienestar personal siempre redundará en un bienestar social.

En el trayecto de avanzar sobre metodologías, técnicas e instrumentos para la evaluación de la educación emocional, Bisquerra (2003) refiere el esquema del GROP (Grup de Recerca en Orientació Psicopedagògica), desarrollado por la Universidad de Barcelona, en 1997, con el propósito de investigar sobre orientación psicopedagógica y, en particular, sobre la educación emocional. Por su relevancia, se destaca textualmente esta línea de trabajo:

Objetivos

1. Elaborar un **marco teórico**, en revisión permanente, para la educación emocional.
2. **Identificar las competencias emocionales** básicas para la vida en la sociedad actual.
3. **Secuenciar** la adquisición de competencias emocionales a lo largo del currículo.
4. **Formar al profesorado** en educación emocional, con el fin de posibilitar el diseño, aplicación y evaluación de programas contextualizados en centros educativos.

5. Crear **materiales curriculares** para apoyar la práctica de la educación emocional por parte del profesorado.
6. Crear **instrumentos de evaluación y diagnóstico** para la educación emocional.
7. **Diseñar, aplicar y evaluar programas** de educación emocional para el ciclo vital.
8. Perfilar las **estrategias** más idóneas **para la implantación de programas** de educación emocional en los diversos niveles educativos y contextos de intervención (educación formal y no formal, medios comunitarios, organizaciones). Estas estrategias pueden ser a nivel de centro, pero también respecto de la Administración pública y de la sociedad.
9. Fomentar la **cristalización del cambio** con objeto de garantizar la continuidad de los programas y hacer posible su institucionalización.
10. Fomentar la **optimización permanente** de los programas a través de comunidades de aprendizaje.

SALUD MENTAL

Generalmente el concepto de "normalidad" (y de salud mental) se aplica por oposición al de la "anormalidad" –patología–; esta última consiste en que un individuo no se adapta y se sale de los marcos establecidos por una sociedad determinada. El modelo de normalidad está dado por el común denominador de adaptabilidad que una sociedad espera de un individuo (relativismo sociológico). Esta forma para detectar la "normalidad", supone que la sociedad en cuestión está compuesta en su mayoría por individuos maduros, que pueden ser modelos para aquellos que dieron muestra de inadaptación. Así pues, el relativismo sociológico supone que mientras una sociedad dada sea funcional –dentro de una época y circunstancias determinadas–, es sana.

La patología de la normalidad es el estudio de las desviaciones y defectos que impiden que un individuo y una sociedad "normales" lleguen a la plena realización. Detrás de este estudio, encontramos todo el sistema frommiano, todas las orientaciones improductivas del carácter, el amor dependiente de sus diversas formas, etc. Todo esto queda enmarcado dentro de este concepto cuando se encuentra en una persona que se considera sana.

El concepto de salud mental tiende a un ideal difícilmente alcanzable, pues cualquier persona, por normal que sea, no está exenta de defectos psíquicos. De la misma manera, el mostrar lo que es una sociedad sana supone el que esa sociedad tenga valores humanamente genuinos, atemporales.

En contra del relativismo sociológico, Fromm nos propone un Humanismo normativo, como pauta para conocer si una sociedad es verdaderamente humanista o no. Partiendo de esta afirmación el autor nos da una orientación para poder detectar la insania y la salud mental: las necesidades que nacen de las condiciones de la existencia humana.

Para que una sociedad y un individuo alcancen la salud mental, deben satisfacer las necesidades primarias: hambre, sed, sueño, etc; en el terreno de lo más específicamente humano, deben oponer la relación al narcisismo, la creatividad contra la destructividad (trascendencia), fraternidad contra incesto (arraigo), la individualidad contra la conformidad gregaria (sentimiento de identidad) y la razón contra la irracionalidad (marco de orientación y devoción).

Yendo al origen de la concepción antropológica de Fromm, encontramos el análisis de este tema a partir de Freud y Marx (Fromm, 1971).

El autor llega a la conclusión de identificar la salud mental con el amor productivo, a partir de la concepción del hombre que muestran Freud y Marx. Respectivamente, para Freud, la salud mental es el amor en su etapa genital, en contraposición a todas las etapas anteriores del desarrollo psicológico del ser humano: oral, anal y fálica. En el terreno de la relación se trata de la independencia, la libertad y la madurez, la desvinculación de los lazos primarios del padre y de la madre.

Fromm explica que para Freud la civilización y la sociedad (integradas en la cultura) se oponen a las pulsiones instintivas del ser humano. Si no existieran estos obstáculos, el hombre sería feliz, pero tiene que elegir entre su instinto o sublimarse en el superyó de la cultura que le da más seguridad. Por otra parte, para Marx, la salud mental es la relación independiente del hombre en cuanto tal, con sus semejantes y con la naturaleza mediante el trabajo productivo.

Al resaltar la coincidencia de las dos teorías (la de Freud y la de Marx), sobre el aspecto de la independencia –libertad– como característica fundamental para la salud mental, Fromm concluye por definir la salud mental a partir de estos dos autores –manifestando un mayor acuerdo con Marx–: "El hombre plenamente desarrollado y por lo tanto sano, es el hombre productivo, el que está genuinamente interesado en el mundo y que responde a él, es el hombre rico" (Fromm, 1971, p. 65).

Sin embargo, podemos afirmar que el concepto de salud mental va ligado a los conceptos de bienestar, felicidad, libertad, amor productivo, etc., todos ellos como metas que el ser persigue en su existencia. La salud mental motiva el interés de todas estas facetas que caracterizan al autor, principalmente por su pertinencia debida a la deshumanización de la sociedad tecnológica, que trae como consecuencia la inestabilidad de los individuos y de la misma sociedad.

Fromm propone su concepto de salud mental basado en su concepción antropológica –fundamentada en las condiciones de la existencia humana–, como una pauta, como ese humanismo normativo. Vemos aquí resumida la necesidad de oponer la satisfacción correspondiente a las necesidades específicamente humanas.

Salud mental y sociedad

Las actuales condiciones de desarrollo global han impactado notablemente en todos los ámbitos del quehacer humano. Se han analizado los aspectos políticos y económicos, así como los sociales y culturales, pero no ha merecido demasiada atención lo que sucede en la relación interpersonal, con un fuerte contenido afectivo. Es el caso de las relaciones emocionales, que desde las últimas décadas del siglo xx hasta hoy, en los albores del nuevo siglo, se han transformado hasta convertirse en vinculaciones desechables, y en una fuente importante de estrés, de angustia y depresión. Lo anterior ha orientado la existencia de diversos fenómenos que tocan la salud emocional y mental de las personas, y que refieren lo más íntimo del ser humano.

En su relación con el sí mismo, el cuerpo en su expresión más pura se ha cosificado. La cultura de lo ligero crea también un anhelo enfermizo que conduce la vida de innumerables mujeres jóvenes a ser excesivamente delgadas. Frente al trastorno de la obesidad, se vive con una ferocidad cruenta el padecimiento emocional de la anorexia y la bulimia. En ambos casos, el cuerpo es un hábitat indeseable, no aceptado, y menos querido. Los sentimientos de frustración y angustia son constantes ante el rechazo que se vive por estar en un cuerpo "equivocado".

En la generación de estos conceptos ha influido de modo definitivo la acción de los medios de comunicación de masas y de las nuevas tecnologías que han hecho del consumo su bastión más importante. A través de estos medios se difunden versiones idílicas de lo deseable. Se mistifica el anhelo de ser aceptado, reconocido y amado. Mediante mecanismos tecnológicos se reconstruyen en la ilustración cuerpos de modelos o actrices de características imposibles: se borran arrugas, se afinan las facciones, se eliminan estrías y celulitis; incluso la piel oscura ya no lo es tanto si se utiliza *photo shop*.

En cualquier caso, los caminos son sinuosos para alcanzar esos ideales de perfección, lo que crea una perpetua insatisfacción. Los obesos que adelgazan con productos insanos viven la quimera de la delgadez que con el tiempo rebota en mayor peso corporal. Las anoréxicas y bulímicas viven una tragedia mayor: la flacura nunca es suficiente y el odio al cuerpo es permanente.

La gran trampa se ubica en asumir que el mayor valor de un ser humano se coloca en la apariencia. La sabiduría, la madurez, la capacidad de amar sanamente, el servicio, la solidaridad, las luchas por causas justas ya son, para muchos, cuestiones menores. Sin embargo, la paradoja subsiste. Vemos seres solos, vulnerables, vacíos, sin esperanzas, sin anhelos por favorecer el bienestar de su entorno. La desesperación y falta de motivación orientan el trayecto hacia una vida cómoda pero hueca, la vida que muchos jóvenes, y otros no tanto, asumen: un ocio sin sentido.

Las identidades, sobre todo las juveniles, se construyen a partir de marcas que estigmatizan el cuerpo. Los tatuajes y el *piercing* laceran la piel. No importa si en tales procedimientos va implícito un daño corporal. La actitud desafiante, el resentimiento social, la moda o el anhelo de adaptarse al mundo de pares tienen su escenario en el cuerpo, cuyas marcas son más visibles y agresivas de acuerdo con el nivel de odio hacia la sociedad, o hacia el sí mismo. El cuerpo grita y vomita con perforaciones, con tatuajes sofisticados, con laceraciones que sustituyen las tradicionales expresiones de rebeldía de los jóvenes de otras generaciones.

En esta era de la globalización estamos ante un culto al cuerpo, pero en su manifestación externa. El ser interior se puede envenenar, dañar, maltratar, mal nutrir, pero lo importante es mostrar un cuerpo estilizado o un cuerpo rebelde que reta y agrede la mirada de quien lo observa.

En cualquier caso, se vive una evasión que al enaltecer lo corpóreo, procura olvidar la necesidad incuestionable de enriquecer el ser interno, de amar saludablemente, de luchar por cultivar los aspectos que pueden mejorar la vida afectiva y el intelecto.

Vivimos una etapa que al favorecer las características más superficiales de la sociedad, ha desalentado el humanismo como el camino más viable para dar sentido a la vida de los seres. El trabajo remunerado ya no se observa como un modo de hacer crecer las capacidades vocacionales y de servir a la comunidad. Se ve fundamentalmente como el medio para obtener dinero, y con ello, consumir.

Una sociedad globalizada, grotesca por su falta de humanismo, de solidaridad y de razones para que las personas anhelen y trabajen por un mundo más sano, tiene un impacto muy poderoso en las relaciones interpersonales

El hedonismo, como una de las características más representativas de las sociedades globalizadas, reduce la acción de los seres a la búsqueda de placeres rápidos, extremos, en incluso peligrosos. Ya no se trata de placeres que hacen la existencia más amable y feliz, como la apreciación del arte o el gozo por realizar actividades deportivas y manuales en las que entran en juego la creatividad y un esparcimiento sano. Este hedonismo es evasivo, arriesgado, suicida; en el mejor de los casos, se sublima en la realización de deportes extremos. En este contexto, si se percibe que la vida no tiene sentido, el hedonismo es la puerta de entrada a un mundo que se cree intenso y que se asoma como el camino más viable para dar significado a la existencia.

En otros ámbitos profesionales, este cambio de época ha generalizado la idea del tener sobre el ser, como planteamiento necesario para asumir la vida cotidiana. La valoración personal que tienen los sujetos en muchos casos se realiza a partir de lo que son capaces de tener. Ahora, un auto lujoso, un cuantioso monto crediticio que posibilite la avalancha consumista, deben ser afines a un aspecto físico pretendidamente atractivo mediante procedimientos estéticos.

Las personas son desechables, son cuerpos que se utilizan. La solidez de una vinculación afectiva sana se convierte en una quimera para muchos seres. Impera el miedo al encuentro personal, el cual tiene grandes posibilidades de ser observado a través de la verdadera relación de pareja. Los seres humanos, sobre todo los más jóvenes, se conocen poco. Nuestra cultura globalizada hace lo necesario para que la introspección no sea algo fundamental. Lo que cuenta es abordar emociones, muchas veces desordenadas, para sanarlas a través del consumo.

No obstante que la respuesta de nuestros días es consumir y hacer lo posible para lucir jóvenes y agraciados, nos encontramos a seres emocionalmente desestructurados, con una enorme avidez por vivir situaciones extremas que les hagan sentir que sus vidas tienen un sentido. Por ello, resulta lógico que la experiencia del consumo de drogas se haya convertido en un fenómeno social de gran envergadura, que asesina o confina al adicto a situaciones médicas en las que el daño neurológico o psiquiátrico es irreversible.

La gran tragedia social de inicios del siglo XXI es el desencanto. Se pensó en algún tiempo que el desarrollo tecnológico haría factible que los sujetos tuvieran mayor libertad, avance y opciones para ocupar su tiempo libre en actividades generosas, sin embargo, los seres viven tiranizados por las exigencias de una sociedad pobre en humanismo y ávida de comercio y consumismo.

En esos escenarios de la vida cotidiana, el consumo es la principal razón por la cual el ser humano es capaz de estresarse, de vivir bajo la angustia y el trabajo bajo presión. La riqueza auténtica de desarrollar o proporcionar un servicio a la comunidad es lo de menos para muchos sujetos vinculados a esta dinámica circular: trabajo, estatus y consumo.

La anorexia y la bulimia son problemas emocionales que reflejan la enorme vulnerabilidad de seres que asumen lo corpóreo como aquello que les dará amor y reconocimiento. Se mistifica el cuerpo en su manifestación externa; la obsesión sobre él hace que se exalte lo superfluo y lo observable, aunque los sentimientos, la autoestima, la honda oquedad existencial sean relegados al mundo de un inconsciente desordenado y enfermo.

En padecimientos como estos, el cuerpo grita ayuda, pero es tan pobre la capacidad introspectiva, o se teme tanto, que las niñas y jóvenes con anorexia y bulimia expresan su enojo, su resentimiento y su amargura a través del cuerpo. Una condición anoréxica habla de una enfermedad del cuerpo, pero sobre todo, un profundo malestar emocional y afectivo.

Ahondar en la psique es algo que se torna imperativo para una gran cantidad de enfermos emocionales, sin embargo, la turbulencia del consumo y la inmediatez hace que las personas se ubiquen en un estilo de vida de sobrevivencia o, en otros sectores, en formas de vivir que enaltecen la opulencia, y, otra vez, el consumo de cosas, servicios y personas. El camino para llegar al especialista o profesional de la salud mental es tortuoso, aceptable socialmente en algunos círculos, pero aún estigmatizada si la alternativa es psiquiátrica.

En estos escenarios, la función del docente es visualizar esos fenómenos en su ámbito de competencia, en principio para mirarse a sí mismo, y posteriormente para sensibilizarse respecto a la vulnerabilidad psicosocial que pueden tener sus alumnos. Desde esta perspectiva, el profesor, de manera óptima, ha de convertirse en el actor social que genere resiliencia y un vínculo afectivo con sus alumnos para contribuir a su sano desarrollo emocional.

UNA PROPUESTA FORMATIVA PARA ABORDAR LAS COMPETENCIAS EMOCIONALES

En la noción que da lugar a la experiencia práctica de construir un taller formativo para profesores, Hué (2007) señala que las competencias emocionales se refieren a aspectos relacionados con la mejora personal, como el autoconocimiento, la autoestima, el autocontrol, la motivación, la creatividad y la determinación en la toma de decisiones. También dan cuenta de capacidades como la empatía, la comunicación efectiva y asertiva, la habilidad para trabajar en equipo, para resolver conflictos, para entender y analizar críticamente las necesidades sociales y para desarrollar liderazgo.

Un educador asertivo fomenta la cooperación entre sus alumnos, los compromete en su proceso de aprender y pensar metacognitivamente; proporciona retroalimentación, los ayuda a gestionar su tiempo y los impulsa a desarrollarse con las más altas expectativas; respeta su ritmo y forma de aprendizaje. También propicia un aprendizaje crítico, confía en sus estudiantes, no los juzga arbitrariamente y es un referente moral e intelectual.

Con la expectativa de construir un programa de formación en competencias emocionales, el cual constituye un objetivo fundamental de nuestra propuesta, se recoge la experiencia realizada en la Universidad de Zaragoza, en diferentes momentos, del 2004 al 2006, y basada en el modelo de inteligencia emocional planteado por Daniel Goleman. De este modo, se enfatizan las capacidades de conocer, valorar, controlar y mejorar las emociones y sentimientos propios, así como de generar competencias para conocer, valorar, controlar y mejorar las emociones y sentimientos de los otros (Hué, 2007).

Con ese referente, se realiza un planteamiento práctico y específico que constituye un modelo de curso. Éste es una adaptación del programa "Habilidades docentes del profesorado e inteligencia emocional", llevado a cabo por el Instituto de Ciencias de la Educación (ICE) de la Universidad de Zaragoza.

Descripción del curso de formación docente en competencias emocionales

Justificación

La labor académica del profesor está mediada por aspectos extraescolares que limitan su campo de acción para generar un exitoso desarrollo integral en sus alumnos. Elementos de carácter social, económico, político, familiar y relacional imponen retos que el profesor debe considerar en su tarea pedagógica. En la exploración de los factores intrapersonales, que se constituyen en un ámbito muy relevante para entender problemáticas que son el resultado de la conciencia del sí mismo respecto al exterior, hay una oportunidad de reconocimiento y sensibilización. Es necesario destacar que de modo general, el docente desconoce con amplitud cómo se construyen sus emociones y no sabe acerca de lo que motiva a las emociones y a los sentimientos de sus alumnos. Eso propicia desencuentros, falta de capacidad para dirimir diferencias y conflictos, problemas de comunicación, indisciplina y una falta de sentido respecto a la importancia del aprendizaje.

Si bien no han de soslayarse toda la serie de aspectos que influyen en la conformación de la personalidad y de su expresión en el campo áulico, en esta propuesta para reconocer la emoción, se considera el enfoque de la Inteligencia Emocional; ello permite conocer, valorar, así como controlar las emociones y los sentimientos de los docentes y los de sus alumnos. Todo lo anterior, con la perspectiva de mejorar el aprovechamiento, el bienestar y la convivencia entre los diferentes actores en la esfera de la educación formal.

Objetivos

a) Conocer el modelo de Inteligencia Emocional y su aplicación en la tarea docente.
b) Reconocer la importancia de las emociones y de los sentimientos en la tarea docente.
c) Estructurar estrategias para desarrollar la inteligencia emocional en los docentes y en los alumnos, con el propósito de mejorar la atención, la motivación, el aprendizaje, la comunicación, las relaciones interpersonales y el abordaje de conflictos personales y del aula.

Metodología

El curso se lleva a cabo bajo una premisa de fuerte interacción entre el coordinador del grupo y los profesores participantes. El objetivo es que se expongan las experiencias personales, se reflexione en torno a ellas para motivar la identificación, expresión y comunicación de emociones y sentimientos. La metodología se sustenta en la reflexión y en la participación, a través de técnicas de dinámica de grupo.

Desarrollo del curso

La interacción entre el coordinador y los profesores se da en diadas o en grupos de tres o cinco personas para reflexionar y debatir sobre aspectos y experiencias personales de los docentes. Antes de ello, hay un proceso de inducción para que los profesores se adentren en el saber del pensamiento emocional. Se visualiza el aspecto educativo en los países emergentes, se analizan sus constantes, también los factores institucionales y contextuales que dan lugar al planteamiento de un aprendizaje basado en competencias. La consideración de las genéricas ha de derivar en la explicación de las competencias emocionales. En ese momento, como resultado del debate, el coordinador explica cómo se construyen la autoestima, el autocontrol, la automotivación, así como la iniciativa, la creatividad y la planeación desde una óptica personal. Se debate acerca de cómo generar empatía, la capacidad para resolver conflictos, el conocimiento del entorno disruptivo, la habilidad para gestionar grupos y cómo ejercer liderazgo.

El primer módulo del curso se encamina al desarrollo del autoconocimiento, de cómo se conforma la personalidad y cómo influye en la práctica docente. Se aplican test elaborados *ex profeso* (se consideran los del profesor Bisquerra, presentados en el año 2000, cuya referencia se proporciona en la bibliografía de este libro), al término se analizan resultados y se destaca qué calidad, defectos o disonancias tienen los profesores en su práctica profesional.

El segundo módulo aborda la autoestima del profesorado. También se aplica un test (expuesto en este libro), al cabo del cual se pide a cada docente que externe en voz alta cuáles son sus cualidades y sus fortalezas. La actitud que debe normar estas dinámicas ha de ser altamente positiva, sin juzgar y sin infravalorar algunos de los señalamientos realizados. En el debate pueden considerarse preguntas relacionadas con qué es lo que más valoran los estudiantes en el profesor, o qué clase de personalidad tenían los que fueron profesores de los actuales docentes. El fin es coadyuvar a que los profesores reconozcan sus dificultades, sus defectos, así como que adopten una actitud optimista y favorable tendiente al crecimiento. Al concluir, los docentes se observan en un video realizado al inicio del primer módulo, asimismo, destacan en voz alta cómo se visualizan y cómo pueden mejorar su tipo de expresión.

El autocontrol es tratado en el *tercer módulo*. Se analizan los principios psicofisiológicos del control emocional. En grupos pequeños, se analizan los motivos, las razones y las circunstancias que permiten que el docente pierda el control. Se observa cómo esto puede afectar al docente en su relación consigo mismo y con sus alumnos. Para el abordaje del control emocional, se habla de la importancia de instrumentar estrategias y técnicas, como la dilación de respuestas, la relajación, la aceptación de los aspectos negativos, y cómo construir una personalidad sana y positiva. El módulo concluye con técnicas de control de la respiración y de relajación muscular.

En el *cuarto módulo* se trata la automotivación y la gestión de la eficacia personal. Se ofrece a los docentes que realicen un esquema denominado DAFO emocional, el cual consiste en el ejercicio de una reflexión en torno a las fortalezas, debilidades, amenazas y oportunidades en su tarea profesional. Este análisis ha de permitir que los profesores establezcan proyectos y metas de corto, mediano o largo plazo (escribir un libro, hacer un doctorado, elaborar una investigación, etc.).

La gestión de las emociones de los demás es el propósito del *quinto módulo*. Se consideran los alumnos, otros profesores y personal de apoyo. En un primer debate grupal, se expresan las creencias sobre las características de los estudiantes, sus inquietudes, valores, necesidades, estilos de aprendizaje, motivación para aprender. Este proceso puede ser muy revelador al ser considerados factores que usualmente se pasan por alto. Además, se trabaja la empatía y cómo mejorar la comunicación en el aula. Se hacen preguntas sobre qué es la comunicación, como se da, qué reciben los alumnos de los profesores, qué bloqueos se producen, etc. Para trabajar lo anterior, se realizan ejercicios de simulación, del tipo *role playing*, en el que unos docentes asumen su rol, y otros, el de los alumnos. Aquí, la retroalimentación es crucial.

En el *sexto módulo* se aborda la capacidad para valorar a los demás. Su principio inicial es entender cómo aprender a tratar a los demás como los profesores quieren ser tratados. Se miran cuáles son las expresiones, los gestos, el trato y las palabras que se ofrecen a los alumnos. Se hace una lista sobre lo que más valora el docente de sus alumnos, con el objeto de apreciar las capacidades, aptitudes y actitudes positivas que ellos poseen, para que en el momento del acto educativo se refuerce la motivación y el reconocimiento de tales aspectos. En la conclusión del módulo, se observa el video de presentación, y los participantes irán expresando en voz alta las expresiones positivas de los demás.

El liderazgo es el objetivo del *séptimo módulo*, el cual consiste en la capacidad de dirigir la conducta de los demás en beneficio propio, desde sus competencias y capacidades. Para iniciar el debate, se hacen preguntas sobre cómo ejercer el control en el aula, cómo mejorar el aprendizaje de los alumnos, cómo obtener de ellos aprovechamiento y esfuerzo académico. En esta dinámica, se despliegan ejercicios sobre las competencias del líder y sobre las técnicas para solucionar problemas. Se acude nuevamente al *role playing* para identificar estrategias que fomenten el liderazgo en el grupo.

Al finalizar el curso, es factible que los profesores establezcan que el liderazgo docente es capaz de estimular el autoconocimiento, una alta autoestima, el control emocional, un proyecto personal y docente motivador, así como de desarrollar empatía y asomarse a técnicas asertivas de comunicación. Lo anterior ha de redundar en el bienestar docente y en el de sus estudiantes.

Como se señaló, este curso es una adaptación del programa elaborado por la Universidad de Zaragoza, en su área especializada en educación. Por su relevancia, y con el fin de reforzar los factores que han de ser considerados en la reflexión y el debate, se enlista la valoración cualitativa que tal curso, en sus distintas ediciones, han tenido los profesores (Hué, 2007).

Pregunta: ¿Qué contenidos le han resultado más relevantes por su utilidad e interés?

A. Aspectos generales:

- La inteligencia y el pensamiento emocional.

    - La aplicación de la inteligencia emocional con ejemplos prácticos.
    - Las partes genéricas de la inteligencia emocional.
    - Todos ellos los considero muy prácticos a la hora de dar clase.
    - Pensamiento emocional y el aprendizaje de los profesores.
    - En conjunto todos ellos. En particular, comprender qué es la inteligencia emocional y su función.

- Importancia de las emociones y sentimientos.

    - Controlar y potenciar emociones.
    - Emociones y sentimientos en la docencia.
    - Influencia de las emociones en la marcha del alumno.

- Aplicación de la inteligencia emocional en la escuela.

    - Ser consciente de cómo el estado de ánimo afecta al aprendizaje.
    - Aplicación de la inteligencia emocional a la tarea docente.
    - Aplicación de la inteligencia emocional: la mejora de la atención en clase, la motivación del alumnado.
    - Cómo desde el punto de vista del conocimiento y de la valoración, tanto del profesor como del alumno, se podrían lograr cambios para llegar a la motivación y participación en la que tanto insistimos.
    - El concepto de pensamiento emocional y su utilidad en la docencia.
    - Las opiniones de los participantes sobre la docencia.
    - Conocimiento de aspectos que antes no tenía en cuenta.

B. En relación con el propio profesor:

- Mejora del conocimiento, confianza y autodeterminación.

- Aprender a valorarnos a nosotros mismos (los profesores).
- Todos los aspectos de la inteligencia emocional y su aplicación a la docencia.
- DAFO (interés profesional y personal).
- El modelo de pensamiento emocional y la aplicación de esta teoría con los alumnos para mejorar la eficacia e incluso para mi propio desarrollo personal.
- Confianza en uno mismo como profesor y valorarse adecuadamente.
- Influencia de la autoestima en el resultado final de una clase, etc.
- Autoconocimiento.
- Quizá porque sean el comienzo para el desarrollo de los demás, quienes tienen que ver con el desarrollo de las competencias en relación con los estudiantes.
- Trabajo sobre autoconocimiento, autoestima y autocontrol.

• Mejora del autocontrol y de la capacidad de relajación.

- Enumeración de aspectos emocionales a identificar, así como pautas generales para su control.
- El autocontrol y el conocimiento de los estudiantes.
- Metodologías cognitivas. Capacidad de autoevaluación y autocontrol.
- Relajación para las situaciones de estrés.
- Capacidad de controlar emociones directamente aplicables a la actividad eminentemente docente.

• Liderazgo.

- Mejora de la autoestima y la capacidad de liderazgo.
- Autocontrol y liderazgo.

C. Con relación a los estudiantes:

• Mejora de la motivación.

- Motivación del alumnado a través de la inteligencia emocional.
- Formas de motivar al alumno influyendo en su estado emocional.
- Cómo aprovechar nuestras capacidades emocionales para motivar la docencia.
- Técnicas de motivación.

- Incremento de las relaciones sociales.
  - Mejora de las relaciones personales con los alumnos.
  - Aprender a considerar y a valorar al alumnado.
  - Todo lo relativo a la inteligencia emocional, sobre todo, en aquello referente al conocimiento y motivación del alumno.
  - Aproximación del alumno para lograr su éxito y nuestra satisfacción por su logro.
  - El desarrollo de las competencias en relación con los estudiantes.

- Mejora de la comunicación.
  - Entender la importancia de la aproximación profesor/alumno.
  - Autoconocimiento y valoración positiva de los demás.
  - La valoración de uno mismo y la valoración de los demás.
  - Conocimiento propio y ajeno. Conocimiento de los estudiantes.
  - La comunicación emocional.
  - Conocer, valorar, controlar y dar participación, a través de la valoración a los demás.

El espíritu de este texto ha sido reconocer la importancia de dar viabilidad a los aspectos emocionales y afectivos en todo proceso humano, en particular, la dinámica educativa. Sustentamos que el desarrollo de los seres ha de ser holístico si hablamos de una verdadera integridad. Por siglos, se pensó que la educación no estaba sesgada por aspectos afectivos, por lo que un supuesto de racionalismo puro imperó en esa práctica. Hoy, a la luz de las nuevas reflexiones, ha sido posible pensar que el éxito personal y grupal está muy definido por su grado de salud emocional y mental. Entramos a una era de apertura hacia nuevas formas de interacción y de trabajo, en ellas, la emoción cubre un rol fundamental. Para quienes están involucrados en la educación formal e informal, es tiempo de emprender caminos renovados para favorecer prácticas que se vinculen estrechamente a la óptica humanista, que mira el corazón de los seres y su capacidad de crear, avanzar, así como de hacer posible la existencia de generaciones más sanas, más comprometidas con su bienestar personal y el colectivo, en una nueva cultura de paz, respeto, benevolencia y equidad.

A manera de CONCLUSIÓN

En Occidente, hace dos milenios y medio, nacieron las escuelas en la antigua Grecia, las que dieron marco a la necesidad de los seres de formarse como personas en el seno de una cultura. De ello surge la *paideia*, que considera al individuo como un sujeto de derechos y obligaciones, fundamentos mismos de su socialización. Platón distingue entre *physis* (naturaleza) y *nomos* (cultura). La naturaleza, entendida como inteligencia y libertad, nos hace iguales a todos, y la cultura, entendida como la forma en que cada pueblo cultiva esa inteligencia y libertad, es la que nos hace distintos. La cultura escolar está conformada en la época de los clásicos por el *trivium* (gramática, retórica y lógica) y el *quadrivium* (aritmética, geometría, astronomía y música). Estas materias que Platón y Aristóteles llevaron a cabo en sus escuelas se basaban en la asunción de aquellas disciplinas necesarias para el desarrollo de la inteligencia y de la libertad entendidas como excelencia moral, diferenciándose así de aquéllas que son meramente útiles o prácticas.

La educación es la práctica más humana si se considera la profundidad y la amplitud de su influencia en la existencia de las personas. Desde el surgimiento de la humanidad ha sido una actividad fundamental de la especie por su carácter cultural, diferente del modo natural de existir de los demás seres vivos.

Precisamente por impregnar de manera tan profunda la existencia de las personas, la educación es más de vivencias, de sentimientos y emociones que de pensamientos. Hubo un largo periodo de vivencias y ejercicios educativos antes de que aparecieran los primeros teóricos de la educación en la época presocrática, y hasta la fecha la práctica educativa no se deja encerrar en conceptos aunque exista una mayor consistencia conceptual.

Hablar de la educación es hablar de la historia de la humanidad, de cómo se han ido forjando las diversas culturas; del mismo modo se observa que aquellos pensadores que abordaron de una manera u otra los temas relacionados con asuntos educacionales, no han visto hasta hoy que sus ideas hayan sido resaltadas por los intérpretes de la historia de la cultura humana, a pesar de que esos mismos intérpretes son la prueba viva y concreta de la fecundidad del proceso educativo.

La educación como práctica fundamental de la existencia histórico-cultural de los seres humanos necesita ser pensada, o mejor dicho, necesita que siga repensándose, pues ya fue pensada anteriormente. La escuela, aunque tenga que ser local como punto de partida, debe ser universal como punto de llegada.

El término *ducere*, "guiar", "conducir", de donde proviene también "educación", nos remite a la necesidad de forjar el perfil del tutor, ya presente desde las primeras épocas de la historia de la educación.

Se destaca, entonces, la importancia de ejercer acciones que favorezcan el desarrollo de la educación como principal baluarte en la construcción de sociedades más justas y nobles. En el nivel de la educación media básica y media superior se imponen retos fundamentales para padres y docentes por la etapa crucial que viven los jóvenes que cursan estos estudios.

Ante la necesidad de ofrecer una orientación asertiva a los alumnos que repercuta en su sano desarrollo académico y emocional, se ha introducido la tarea de tutoría que le permita al joven ampliar sus conocimientos respecto al entorno escolar, familiar, social y comunitario, así como reconocer sus propias emociones, inquietudes y anhelos.

Esta propuesta ha pretendido ofrecer a los docentes tutores los elementos para llevar a cabo un ejercicio de tutorías sólidamente estructurado en lo teórico y con ejercicios prácticos orientados a la reflexión; ha pretendido incidir sobre los aspectos más humanos y constructivos en la relación profesores-alumnos. Se ha ofrecido, así, una guía para señalar los aspectos más relevantes que inviten a los docentes a mirar en sí mismos sus propias fortalezas y capacidades de guiar académicamente a los estudiantes. El propósito es que el autoconocimiento, el análisis de su condición humana, el bagaje teórico que se ha proporcionado, las estrategias y los ejercicios, les den elementos para desarrollar una conducción sana y eficaz, liberadora y competente.

A manera de conclusión

Se parte del hecho de entender que los profesores que responden a su vocación permanecen en una escuela porque realizan una actividad con sentido que se vincula a la educación en el hogar. La educación formal e informal tienen un compromiso con la trascendencia, con un ejercicio sagrado en el que prima la dignidad.

En este contexto propicio para el desarrollo, se hace necesario comprender la importancia que tiene la personalidad de quien guía. Sus acciones y actitudes asertivas suponen que ha pasado por la escuela del conocimiento de sí mismo. El que guía debe observarse a sí mismo para conocer qué afectos lo impulsan, qué necesidades surgen en su interior y qué sentimientos lo determinan; todo ello con el propósito de examinar a fondo sus pensamientos y motivaciones.

Todos los profesores tienen, en último término, una tarea de tutoría. Su labor consiste esencialmente en suscitar vida en los jóvenes, en asumir respecto a ellos una responsabilidad y un compromiso con su desarrollo humano. La desesperanza conduce a la limitación, y en el ánimo de subsanar el negativismo que viven muchos jóvenes, el tutor debe dar siempre palabras de aliento y esperanza, sabedor de que una buena palabra puede llegar a hacer bueno al malo, y una mala palabra puede hacer malos a los buenos.

La palabra es capaz de transformar a una persona. Las palabras que ofenden lastiman, la palabra que humilla suscita en su receptor el resentimiento y la percepción de que carece de valía. Por ello, el tutor debe ser muy cuidadoso con las palabras: "Que no salgan de vuestra boca palabras groseras; si algo decís que sea bueno, oportuno, constructivo y provechoso para los que os oigan."

La labor del tutor requiere un sólido conocimiento sobre las personas, es decir, entender su interior para dar pie a la expresión imaginativa, a la creatividad, a la búsqueda de metas. Con ello intensificará en el alumno el crecimiento, el desarrollo de sus capacidades, destrezas, habilidades y actitudes, que lo conduzcan al éxito personal.

Como tutores, al formar estamos repercutiendo en la sociedad para humanizarla. La educación es liberadora cuando liberamos el alma de ataduras y cuando podemos mirar críticamente los aspectos sociales que deben ser reestructurados. En cierto sentido, el tutor con su acción puede sanar al alumno y, en consecuencia, a la sociedad.

El texto que se presenta gana la perspectiva de un amplio itinerario, indicando caminos, dando pistas, lanzando provocaciones, solicitando profundizaciones, provocando el análisis y la reflexión del lector. Éste puede encontrar valiosas informaciones y derroteros para su estudio y aprendizaje, en este momento de preocupación sistematizadora de la totalidad del pensamiento filosófico-educativo.

En la práctica tutorial, el docente debe motivar que los alumnos, de acuerdo con sus particulares aptitudes y funciones, realicen un trabajo grupal que enaltezca las acciones de cada miembro, con el objetivo de propiciar desarrollo, responsabilidad colectiva y solidaridad. Cada ser humano es importante y necesario dentro de la misión que le corresponde llevar a cabo. Por ello, los alumnos requieren, en un acto de conciencia y madurez, reconocer cuáles son sus dones o carismas para optimizar y cualificar el recurso humano, el talento, el capital más importante que tenemos.

Ante los problemas actuales que inciden en el ámbito educativo se ofrecen recursos para enfrentarlos con rigor, lucidez y firmeza. Partiendo de un punto de vista crítico se encuentra la unidad entre la acción y la reflexión dadas a través del método sócratico. El texto no trata meras abstracciones sino abstracciones concretas.

Cuando recurrimos a las fuentes del hábito de pensar, las ideas de los clásicos de la filosofía y la pedagogía quedan vigentes. Es por ello que la historia de la filosofía se distingue de la historia de las ciencias. Los nuevos descubrimientos de las ciencias van haciendo obsoletas a las antiguas. Esto no sucede con la filosofía y con la teoría educativa. Las preguntas de la filosofía sobre lo que es el hombre, por ejemplo, son planteadas con la misma actualidad. Lo que cambia son las respuestas, siempre inacabadas, motivo por el que son elaboradas nuevamente.

El movimiento del pensamiento pedagógico no es lineal, ni circular o pendular. Se procesa con las ideas y con los fenómenos, de forma dialéctica, fases que no se anulan ni se repiten. La educación tiene un papel importante en el mismo proceso de la humanización del ser y en la transformación de una sociedad más humana y justa. La educación busca la formación de un ser humano integral, al recuperar su verdadera imagen y su rostro original, el desarrollo de sus potencialidades, para convertirlo en sujeto de su propia historia y no en objeto de ella; además de ello, conduce a formar una sociedad verdaderamente humana.

Como se puede observar, la tarea de la educación es considerable. Si pensar significa, sobre todo, estar presente en el mundo, en la historia junto al otro y frente a sí mismo, es necesario que el educador sea partidario de la lucidez, de la atención paciente y vigilante, del pacto social, de la responsabilidad, del compañerismo, del acompañamiento, en fin de todo aquello que pueda dar valor, nutrir, fecundar y suscitar vida.

La práctica escolar que se retrata en el presente trabajo está llamada a fortalecer sus funciones de servicio a la sociedad, en particular hacia la erradicación de la pobreza humana, la violencia, el analfabetismo, el deterioro del medio ambiente. Su misión ética se vincula con la contribución al desarrollo humano y sustentable, la equidad, la inclusión social, los derechos humanos y la cultura de la paz.

La educación formal debe sustentar una responsabilidad en las prácticas personales y colectivas que trasciendan el ámbito curricular para abordar herramientas de discernimiento ético que el propio alumno ha de elaborar, dando relevancia y significatividad a la práctica educativa.

A partir de un planteamiento responsable, competente y enriquecedor, quienes se involucran desde sus particulares espacios en la labor académica requieren motivar en el alumno el diálogo, la reflexión, los valores éticos personales y la manera de desarrollarlos en escenarios reales, tanto en los personales como en el entorno, desde una tónica que apuntale la dignidad y la responsabilidad social. Es importante, entonces, forjar un proyecto de vida construido con base en la congruencia entre las decisiones y acciones que tengan como elemento relevante el axiológico.

En los procesos educativos debe primar la actuación ética fundamentada en principios de justicia, bien común y respeto absoluto hacia las personas. Se reconoce la valía del otro y se comprende que las diferencias sociales, culturales y de capacidades enriquecen la convivencia. Sin duda, otros aspectos relevantes son la búsqueda permanente de la excelencia; la orientación al aprendizaje autónomo que permita procesos cognitivos y metacognitivos para aprender de modo flexible e independiente; la motivación para identificar la importancia de la innovación y de la creatividad; el trabajo colaborativo, entre otros.

El ejercicio docente demanda del profesor vincular contenidos curriculares interdisciplinarios con la realización de tareas que concretamente resuelvan problemas reales. Aquí se centra el enfoque basado en competencias.

La educación debe contener un humanismo transformador y constituye el compromiso humanista con el cambio de época que estamos viviendo. El esfuerzo educativo contemporáneo debe estar encaminado a evitar el divorcio entre finalidades e instrumentos, entre espíritu y objetivos a corto plazo. Con la acción educativa se requiere entonces alcanzar y transformar los criterios de juicio, los valores determinantes, las prácticas sociales, las líneas de pensamiento, las fuentes inspiradoras y los modelos de vida de la humanidad, desde una concepción que postule la centralidad de la persona, de los seres humanos, por encima de cualquier otra consideración. No olvidemos que la tarea educativa es, ante todo, una tarea de amor, y que nada que valga la pena puede hacerse sin pasión.

La tarea educativa no consiste esencialmente en dirigir al otro, sino en formar al otro para que se autodirija. La educación radica en las personas más que en las ideas. El ser humano capaz no es el gran intelectual, sino el que sabe conocer de una manera íntegra, convencida e innovadora. Como dice Ortega y Gasset, la vida es una faena que se realiza hacia delante. Por ello las disciplinas educativas sólo son tales en la medida en que son visionarias, en la medida en que se valora el pasado, se aprecia el presente y se avizora el futuro. Así la tarea del educador es una apuesta por un futuro mejor de la humanidad.

En el corazón de la educación está planteada la pregunta ética por los valores, por el destino humano, por el ejercicio responsable de la libertad. Entender que el otro está en nosotros es tarea central de la educación para comprender nuestra propia indigencia y la apertura hacia los demás. Debemos acometer la responsabilidad que tenemos frente a los otros que habrán de venir en el futuro, así como la dignidad compartida por todos los seres humanos.

Estamos en un momento de incertidumbre, de perplejidad, de complejidad. Hoy, la lucha ideológica más importante en el mundo es la lucha por la educación. El tema es quién controla la intensidad del conocimiento, centro del gran debate mundial.

Las respuestas ante tales planteamientos son cambiantes e inusitadas, aunque lo cierto es que el ejercicio educativo debe vivenciar esa intensa lucha a través de la praxis misma. En este libro se propone abordar la acción tutorial basada en competencias como una manera de reflexionar sobre uno de los sustentos del quehacer práctico de la educación.

Todos nos necesitamos recíprocamente. La autosuficiencia en ocasiones se convierte en una conceptualización anquilosante que conduce al fracaso. Formar equipos que se conviertan en auténticas comunidades de trabajo es un propósito que persigue la facilitación del docente tutor. La común-unión es indispensable para alcanzar los objetivos planteados. En la medida en que desarrollamos una amplia red de relaciones respetuosas y productivas, cumplimos con la oración sacerdotal de Cristo: "que todos sean uno".

Y una última reflexión...

INVICTUS

La oscuridad de la noche que me cubre
negra de hueso a hueso.
Pienso que pasase lo que
pasase en mi incómodo ser,
y en la peor de las circunstancias
no me he rendido aún;
bajo las manos de la fe
escucho su llamado.
Estoy destinado más allá de
este lugar de ira y lágrimas;
lo sabe mi corazón desde estas sombras
y aun así, la amenaza
de los años me une, no se detiene,
no tendré miedo,
debo seguir fuerte y seguir adelante
yo soy el amo de mi destino
y soy el captor de mi alma.

William Ernest Henley

Invictus es una palabra en latín que significa inconquistable o invencible, y creo firmemente que causa y efecto es la ley de vida que muchas personas no tomamos en cuenta, y que es realmente la más importante para poder lograr buenos resultados en todos los aspectos de nuestra vida. Todos tenemos responsabilidades que cumplir que no debemos evadir; si las evadimos tendremos que hacer las correcciones pertinentes, y mientras más las evadamos, más difícil y penosa será la corrección que debamos hacer, pues las consecuencias son ineludibles. Como el ser humano está en un proceso constante de evolución y es imperfecto, estamos expuestos a cometer errores ya que aun los actos aparentemente "insignificantes" pueden afectar a docenas y aun a cientos de personas, y de esas consecuencias seremos directamente responsables (has oído hablar del "efecto mariposa", seguro que sí), por lo que hay que actuar con responsabilidad y aprender a asumir las consecuencias de nuestros actos.

Bibliografía

Andrade, R. "Hacia una gnoseología del aprendizaje dialógico cognosciente: Principios para desaprender en el contexto de la diversidad." En: *Revista Electrónica de Investigación Educativa*, año/vol. 7, número 002, Universidad Autónoma de Baja California, Ensenada, México, 2005.

Ariza, G. I. "El acompañamiento tutorial como estrategia de la formación personal y profesional: Un estudio basado en la experiencia en una institución de educación superior." *Universitas Psychologica*, vol. 4 , núm.1, Bogotá, enero/junio, 2005.

Ausubel, D. "Cognitive structure and transfer." En: Entwistle, N., Hounsell, D. *How Students Learn*, Lancaster, Institute for Research and Development in Post Compulsory Education, 1975.

Barnett, R. *The Idea of Higher Education*. Buckingham, SRHE, Open University Press, 1990.

Barrón, M. C. (coord.) *Libro del docente tutor* (en prensa).

___, "Tutoría y práctica en los centros educativos. Conferencia magistral." 5o. Congreso de Educación Tutoría en competencias para el aprendizaje autónomo, UNAM-Federación de Escuelas Particulares de Tula, Tula, Hidalgo, 18 de febrero del 2011.

Baum, H. S. "Mentoring." En: *Human Relations*, 45(3), pp. 223-245, 1992.

Bisquerra, R. *Educación emocional y bienestar*. Barcelona: Praxis, 2000.

Bisquerra, R. y N. Pérez, *Las competencias emocionales*, Universidad de Barcelona, Facultad de Educación, UNED, Educación XXI, 2007.

Bozu, Z. y Canto, P. J. "El profesorado universitario en la sociedad del conocimiento: Competencias profesionales docentes." *Revista de Formación e Innovación Educativa Universitaria*, vol. 2, número 2, 87-97, España, 2009.

Brockbanck, A. "Expectations of mentoring." En: *Training Officer*, 30, pp. 86-88, 1994.

Brockbanck, A., McGill, I. *Aprendizaje reflexivo en la educación superior*. Morata, Madrid, 2002.

Cabero, J. "Nuevos desafíos para las universidades: la incorporación de las tecnologías de la información y comunicación." *Revista Ciencias de la Educación*, año 6, vol. 1, núm. 27, Valencia, España, pp. 135-177, enero-junio, 2006.

Calvo, M. J. "La convivencia multicultural y la función de los cuentos infantiles para conseguirlo." En: *Magister, Revista Miscelánea de Investigación*, Universidad de Oviedo, España, 2004, pp. 175-190.

Cano, M. E. "La evaluación por competencias en la educación superior. Profesorado." *Revista de Currículum y Formación del Profesorado*, 12.3, 2008.

Carnegie Council on Adolescent Development. *Great transitions: Preparing adolescents for a new century*, New York, Carnegie Corporation of New York, 1995.

Centro de Investigación y Desarrollo Educativo, Monterrey, Nuevo León, México, 2004.

Clarkson, P., Shaw, P. "Human relationships at work in organisations." En: *Management Education and Development*, 23(1), pp. 18-29, 1992.

Clutterbuck, D. *Mentoring Henley*. Henley Distance Learning, 1992.

Coll, C. y Martín, E. "Vigencia del debate curricular. Aprendizajes básicos, competencias y estándares." *Cuadernos de la Reforma*, Secretaría de Educación Pública, México, 2006.

Collin, A. "Mentoring." En: *Industrial and Commercial Training*, marzo-abril, pp. 23-27, 1988.

Davis, F. *La comunicación no verbal*. Alianza Editorial, Madrid, 2004.

Dochy, F., Segers, M. et al. "Nuevas vías de aprendizaje y enseñanza y sus consecuencias: Una nueva era de evaluación." Universidad de Lovaina, Bélgica, Universidad de Maastricht, Países Bajos.

Estrategias de intervención en el aula ante conductas disruptivas. Temas para la Educación. *Revista digital para profesionales de la enseñanza*, núm. 2, mayo 2009, Federación de Enseñanza de CC.OO. de Andalucía, España.

Fernández, I. (coord.). *Guía para la convivencia en el aula*, CISS PRAXIS Educación, Monografías Escuela Española, Barcelona, 2001.

Flores, F. E. "Las competencias que los profesores de educación básica movilizan en su desempeño profesional docente." Tesis doctoral, Universidad Complutense de Madrid, España, 2009.

Fromm, E. *Más allá de las cadenas de la ilusión*, Ed. Herrero Hermanos, México, 1971.

García-Valcárcel, A. "Navegue con rumbo por Internet." En: Villar, L. M. (coord.). *Programa para la mejora de la docencia universitaria*, Pearson, Madrid, 2004.

Gimeno, J. *El alumno como invención*. Morata, Madrid, 2003.

Gómez Moliné, M. R. "Un nuevo desafío para el profesor: la enseñanza de competencias." Conferencia impartida en el Congreso Modelo educativo basado en competencias, Tula, Hidalgo, 19 de febrero de 2010.

González, C. M., Garza, S. I. et al. *Taller de desarrollo humano I*. Trillas, México, 2006.

Hernández. V., Torres, J. "La acción tutorial en la universidad." Informe técnico. Departamento de Educación, Universidad Pontificia de Comillas, Madrid, 2005.

Inostroza, G. *Formación de mentores de docentes principiantes de educación básica en Chile*. Primer Congreso Internacional sobre profesorado principiante e inserción profesional a la docencia, Facultad de Ciencias de la Educación, Universidad de Sevilla, 25-27 de junio de 2008.

Isaacs, D. *Teoría y práctica de la dirección de los centros educativos*. Eunsa, Ediciones Universidad de Navarra, Pamplona, España, 1995.

Kram, K. *Mentoring at Work*. Lanham, University Press, 1988.

Lerner, R. *Promoting positive youth development theoretical and empirical bases*, Institute for Applied Research in Youth Development, Tufts University, 2004.

Luchetti, E. *Guía para la formación de nuevos docentes*. Bonum, Buenos Aires, 2008.

Marcelo, C. "Aprender a enseñar para la Sociedad del Conocimiento." *Revista Complutense de Educación*, España, vol. 12, núm. 2, 2001.
Manrique, L. "El aprendizaje autónomo en la educación a distancia." Departamento de Educación, Pontificia Universidad Católica del Perú, Primer Congreso Virtual Latinoamericano de Educación a Distancia, marzo-abril, 2004.
Martín Descalzo, J. L. *Razones para la alegría*. Biblioteca Básica del Creyente, Sociedad de Educación Atenas, Madrid, 1986.
Marton, F. "What does it take to learn?" En: Entwistle, N., Hounsell, D. (ed.). *How Students Learn*, Lancaster, Institute for Research and Development in Post Compulsory Education, 1975.
Mayo, W. J. *Cómo leer, estudiar y memorizar rápidamente*. Grupo Editorial Norma, Colombia, 2002.
Mayer, J. y B. Gómez, *Vivir y superar la psicosis. Un testimonio y una guía para entender y trascender la psicosis*, CAPSSI, México, 2012
Megginson, D. "Instructor, coach, mentor: Three ways of helping for managers." En: *Management Education and Development*, 1988.
Moncada, J. S. "Estrategias para la construcción del proyecto educativo pastoral." *Reflexiones Universitarias*, núm. 63, Universidad La Salle, México, 2004.
___, "La internacionalización de la educación superior." *Reflexiones Univer-sitarias*, núm. 79, Universidad La Salle, México, 2009.
___, *Modelo educativo basado en competencias*. Federación de Escuelas Particu-lares de Tula, México, 2010.
Moreno, T. "Aprender, desaprender, reaprender." *Revista Mexicana de Investigación Educativa COMIE*, México, D. F. abril-junio, 2005, vol. 10, núm. 25. pp. 585-592.
___, "Competencias profesionales del docente tutor. Conferencia magistral." 5o. Congreso de Educación Tutoría en competencias para el aprendizaje autónomo, UNAM-Federación de Escuelas Particulares de Tula, 18 de febrero del 2011.
Muñoz, V. y De Pedro, F. "Educar para la resiliencia." *Revista Complutense de Educación*, vol. 16. núm. 1, 2005.
Pinilla, B. "Una experiencia de utilización de estrategias de metalectura para favo-recer la adquisición de la competencia para aprender a aprender." Experiencia desarrollada en el Colegio Fresno del Centro de Residencias de Cheste durante el curso 2007/2008 con alumnos de 1o. y 2o. de la ESO, Centro de Residencias de Cheste, Valencia, España, 2008.
Proyecto Tunning. *Tunning Educational Structure in Europe*, Informe final, Universidad de Deusto, Bilbao, España, 2003.
Ramsden, P. (ed.). *Improving Learning, New Perspectives*. Kogan Page, Londres, 1988.
Reeve, J. *Motivación y emoción*. McGraw-Hill, México, 2002.
Repetto, E., Beltrán, S. *et al*. Validación del "Inventario de competencias socioemocionales – importancia y presencia", en *Estudiantes de ciclos formativos y de Universidad*, REOP, vol. 17, núm. 2, 2o. semestre, 2006.
Repetto, E., y JC., Pérez-González. *Formación en competencias socioemocionales a través de las prácticas en empresas*, Revista Europea de Formación Profesional, núm. 40, 2007.
Romero, M. P. "Evalúe formativa y sumativamente." En: Villar, L. M. (coord.), *Programa para la mejora de la docencia universitaria*, Pearson, Madrid, 2004.
Santos, M. A. "Una pretensión problemática: educar para los valores y preparar para la vida." *Revista de Educación*, Universidad de Málaga, Facultad de Ciencias de la Educación, España, núm. 351, enero-abril, 2010.

Sanz de Acedo, M. L. *Competencias cognitivas en educación superior*, Narcea Ediciones, España, 2010.
Schwartzman, S. "Nuevas exigencias de recursos humanos ante escenarios de innovación." En: *Ciencia, Tecnologia e Innovación hacia una agenda de política pública*, FLACSO, México, 2008.
Simpson, M. G. *Resiliencia en el aula, un camino posible*. Bonum, Buenos Aires, 2008.
Tobón, S. *Metodología de gestión curricular. Una perspectiva socioformativa*, Trillas, México, 2013.
Tribó, G. "El nuevo perfil profesional de los profesores de secundaria." Facultad de Educación, Universidad de Barcelona, UNED Educación XXI, 11, 2008.
Valdés, V. *Orientación profesional, un enfoque sistémico*. Pearson, México, 2004.
Valle, J. M. "Retos, luces y sombras de la convergencia universitaria europea." En: *Educación y futuro*, 16, España, pp. 9-30, 2007.
Vargas, M. R. *Diseño curricular por competencias*. Asociación Nacional de Facultades y Escuelas de Ingeniería, México, 2008.

Referencias en línea

Bisquerra, R. *Educación emocional y competencias básicas para la vida*, Revista de Investigación Educativa, 2003. Disponible en: http://revistas.um.es/rie/article/viewFile/109531/104121
Boggino, N. *Los valores y las normas sociales en la escuela. Una propuesta didáctica e institucional*, Homo Sapiens Ediciones, Argentina, 2005, Disponible en: http://www.terras.edu.ar/jornadas/117/biblio/77DiversidadyCambioEscolar.pdf
Cabero, J. "La galaxia digital y la educación: los nuevos entornos de aprendizaje." En: Aguaded, J. I. Luces en el laberinto audiovisual, Grupo Comunicar 102-21, Huelva, España, 2003. Disponible en: www.tecnologiaedu.us.es/bibliovir/pdf/galaxia.pdf
Coll, C. *Las competencias en la educación escolar: algo más que una moda y mucho menos que un remedio*, Aula de Innovación Educativa, núm. 161. Disponible en: http://dialnet.unirioja.es/servlet/articulo?codigo=2281692
Convergencia Europea, Libros blancos ANECA, Agencia Nacional de Evaluación de la Calidad y Acreditación de España. Disponible en: www.aneca.es/publicaciones/libros-blancos.aspx
De la Herrán, A. *Educación y futuro. Después de Bolonia*, 2007. Disponible en: www.dial-net.unirioja.es/servlet/fichero_articulo?codigo=2296453...0 www.educaweb.com
Espinosa, J. K., Jiménez, J. et al. Innovación docente para el desarrollo de competencias en el EEES, Universidad del País Vasco. Disponible en: www.campus.usal.es/~ofeees/ARTICULOS/p216.pdf
Fernández, R. R., Carballos, E. *Un modelo de aprendizaje con integración de las TIC y los métodos de gestión del conocimiento*, 2008. Disponible en: www.utpl.edu.ec/ried/images/pdfs/.../modelodeautoaprendizje.pdf
González, R. *Perfil y formación del tutor para el acompañamiento del estudiante*. Disponible en: www.papyt.xoc.uam.mx/media/bhem/docs/doc3.htm
González, J. y Wagenaar, R. Tuning. *América Latina: un proyecto de las universidades*. Disponible en: http://www.rieoei.org/rie35a08.pdf
Hué, C., *Una experiencia de formación en competencias emocionales del profesorado universitario*, Universidad de Zaragoza. Disponible en: http://tecnologiaedu.us.es/mec2011/htm/mas/3/31/30.pdf

Bibliografía

Instituto Nacional de Empleo (INEM). Disponible en: www.inem.es/
Manual Informativo de Orientación Vocacional. Disponible en: http://portaleducativo.jalisco.gob.mx/N_Maestros/Psicopedagogia/miev.html
OCDE: *La definición y selección de competencias clave*, 2002. Disponible en: www.deseco.admin.ch/.../deseco/.../2005.dscexecutivesummary.sp.pdf
OIT: *El enfoque de competencia laboral: manual de formación*. Disponible en: www.ilo.org/public/spanish/region/.../index.htm
Pérez Esclarín, A. "Educación para globalizar la esperanza y la solidaridad." 2002. Disponible en: www.feyalegria.org/libreria/portal.php?caso=2...
Poblete, M. "Evaluación de competencias en la educación superior." Seminario: Evaluación de competencias, 8-10 de marzo, 2007. Disponible en: http://paginaspersonales.deusto.es/mpoblete2/EVALUACIONCOMPETENCIASPUCON.htm
Posada, R. *Formación superior basada en competencias, interdisciplinariedad y trabajo autónomo del estudiante*, Facultad de Educación, Universidad del Atlántico, Revista Iberoamericana de Educación, Colombia. Disponible en: http://www.rieoei.org/deloslectores/648Posada.PDF
Posada, R., *Formación superior basada en competencias, interdisciplinariedad y trabajo autónomo del estudiante*, Facultad de Educación, Universidad del Atlántico, Revista Iberoamericana de Educación, Colombia. Disponible en: http://www.rieoei.org/deloslectores/648Posada.PDF
Repetto, E., Pérez González, J. C. Formación en competencias socioemocionales a través de las prácticas en empresas. 2007. Disponible en: www.dialnet.unirioja.es/servlet/fichero_articulo?codigo=2316242&orden
Torres, A. *Perfiles de competencias socioafectivas de niñas y niños en riesgo psicosocial*, Serie Tesis Doctorales, 2009. Disponible en: ftp://tesis.bbtk.ull.es/ccssyhum/cs264.pdf
Torres, L. (coord.). *Proyecto de Innovación en Tutorías*. Facultad de Educación y Humanidades, Campus Universitarios de Melilla, Universidad de Granada. Disponible en: www.ugr.es/~javera/pdf/PIT%20Magisterio%20(Desarrollo).pdf
Yániz, C. *Las competencias en el currículo universitario: implicaciones para diseñar el aprendizaje y para la formación del profesorado*. Red U. Revista de Docencia Universitaria, número monográfico. Disponible en: ttp://www.redu.m.es/Red_U/m1

ÍNDICE
analítico

Actividad, 27
    áreas de, 141
Actividades, 121
    de tutoría individual, 122
    tutoriales de grupo, 121
Adolescencia, historia de la, 31
Adolescente, noción de, 6
Adulto, llegar a ser, 33
Afiliación, 188
Agresiones físicas directas, 149
Altruismo, 236
Alumnado conflictivo, 156-157
Alumno, 34
Ambiente, 32
Andrade, 85, 86
Anorexia, 262
Apertura, 193
Aprender a aprender, 11
Aprender, desaprender y reaprender, 84
Aprendizaje, 42
    autónomo, 66
    autorregulado, 96
    categorías de conducta de, 46
        profunda y superficial, 46
    colaborativo, 163
    cooperativo, 162
        estrategias para el, 164
    crítico, 52
    de bucle sencillo, 47
    de doble bucle, 47
    definiciones, 53
    en el ámbito tutorial, 50
    evaluación para el nuevo, 73
    niveles de, 46-47

    no tiene caducidad, 82
    para toda la vida, 96
    permanente, 52
    transformacional, 52
    y competencias para toda la vida, 81
    y las nuevas tecnologías, 168
Área, académica y personal, 92
Aristóteles, 113
Armas en la escuela, 150
Asertividad, 236
Atención, 137
Autoanálisis permanente, 12
Autoconocimiento, 234
Autodeterminación, 187
Autoestima, 207, 213
    cuestionario sobre, 218
    dimensiones de la, 213
    elementos que dañan la, 214
    saludable, 214
    y resiliencia, 207
Autoevaluación, 79
Autogestión, 237
Autonomía, 136, 193
    emocional, 241
    personal, 244
Autoorganización, 231
Autorrealización, 193
Autorrevelación, 127

Bandura, 255
Barrón, C., 108, 114, 116, 136, 137, 138
Base cultural, 35
    acerca de cómo educarlos, 35
Bateson, 46

285

Baum, 26
Bauman, 50
Beck, 50
Bisquera y *Pérez*, 240, 248, 250, 257
Bogino, 149
Bornas, 68
Bozu y *Cano*, 106
Brecht, Bertolt, 194
Brockbank y *McGill*, 124, 131
Bruer, 65
Bulimia, 263

Cabero, 82, 85
Calvo, 72
Cambio, el, 89
Capacidad
    de autoeficacia emocional, 238
    de prevención, 236
Carnegie Council, 62
Casamayor, 144
Casel, 238
Castillo, 58
Cochran-Smith y *Lytle*, 97
Coevaluación, 79
Cogniciones, 186
Colaboración, entre iguales, 164
Coll y *Martín*, 65
Competencia(s), 7, 10, 54, 57, 61, 64, 187
    caracterización de, 54
    cognitiva-creativa, 63
    del docente tutor, 94, 104, 106
    disciplinaria, 101
    emocional, 234
        características de la, 242
    enfoque por, 67
    instrumentales, 107
    intrapersonales, 101
    metodológica, 101
    para autogenerar emociones positivas, 243
    para toda la vida, 81
    personal(es), 101, 107
    psicosocial, 202
    sistémicas, 107
    social, 101, 241
    socioemocionales, 151-154, 233
    socio-personales, 236
    trabajo por, 86
    y aprendizaje, 81
Conciencia de sí mismo, 237
    emocional, 249, 256
Conducta(s), 126
    asertiva, no asertiva, agresiva, 126
    disruptivas, 154-155
    no verbal, 131

Conocimiento, 97
    de la práctica, 97
    en la práctica, 97
    para la práctica, 97
Consumismo, 195
Control del estrés, 236
Convivencia, 140
Corrección, 138
Corriente ambientalista, 31
Cosificación de las personas, 148
Counseling, 119
Crecimiento, 193
Creencias, 98
Currículo, 64

Dalin y *Rust*, 95
Darwin, Charles, 45
Deber ser, 27
De la Herrán, 8, 198
Desaprender, 86
Desarrollo, 27
Descalzo, Martín, 7, 29, 30, 34, 213, 216
Descripción del curso de formación docente, 264-270
Determinismo ambientalista, 32
Dewey, 255
Dialógica, 231
Discrepancias, 189
Disrupción, análisis de la, 148-151
    en el aula, 149
    y competencias socioemocionales, 151
Diversidad, 72
Docente tutor, 19, 21, 27, 125
    competencias del, 94, 104, 106
    debe ser justo, 22
    madurez de costumbres, 21
    no debe ser perturbador, 21
    plan de acción del, 114
    ser sensato, 20
Dominio, 78

Echeverría, 54
Educación, 271
    emocional, 254
Educar, 60
    en valores, 60, 115
    para la vida, 60
Eisler, Miller, Hersen, 126
Ellis, Albert, 252
Emociones, 186
    regulación de las, 256
Empatía, avanzada y primaria, 135
Enseñanza-aprendizaje, 87
    de competencias, 87

Índice analítico

Entender lo emocional, 246
Escala de Liker, 189
Espacio, 30
Esperanza, 194
Espíritu de equipo, 236
Estado emocional interno, 238
Estrategias, 68
    afectivo-motivacionales, 68
    de autoevaluación, 68
    de autoplanificación, 68
    de autorregulación, 68
Estructura, 142
Evaluación, 73-74
    de iguales o pares, 79
    de la tutoría, 91
    formativa y sumativa, 77
    métodos de, 79
    para el nuevo aprendizaje, 73
    por competencias, 79
    por portafolios, 79
Experiencias, 98
    con el conocimiento formal, 98
    escolar y de aula, 98
    personales, 98

Facilitación, asertiva, 133, 134
Factores de riesgo, 153-154
Fernández, 143, 147
Fernández y Carballos, 84-85
Fijar objetivos adaptativos, 239
Frankl, Viktor, 205
Freire, Paulo, 61
Freud, 255
Fromm, 255, 259

Galeano, Eduardo, 197
Garay y Gezmet, 148
García-Valcárcel, 168
Gardner, Howsard, 252
Garmezy, 202
Gestión de relaciones, 237
Gimeno, 30-36
Globalización, 10, 11
Goleman, Daniel, 264
González y Wagenaar, 53, 57
Goethe, 229
Gregarismo, 188
Grossman, 99

Habilidades
    de afrontamiento, 243
    socioemocionales, 257
Hecker, 176
Hedonismo, 261

Hernández y Torres, 117, 118, 120, 122
Historia subjetiva, 130
Holistas, 46
Hologramática, 231
Hostilidad y agresividad, 149
Hué, 263
Humanismo
    normativo, 258
    renacentista, 31

Ideario, 142
Identificación de problemas, 239
Iluminismo, 115
Ilustración, 31
Inmaduro, 21
Innatismo, 32
Inostroza, 104
Inteligencia, emocional, 14, 93
Intencionalidad, 27
Intenciones educativas, 64
Intimidación y acoso, 149
Intimidad, 188
Isaacs, 140, 142

Lerner, 63
Logro, 188
Luchetti, 81, 165
Lui, 152

Maestro en el mundo azteca, 109
Maltrato, 208
    infantil, 208
    tipos de, 208
Manejo de los sentimientos, 239
Marcelo, 95-98
Marín, 42
Marton, 46, 53
Maslow, Abraham, 189, 252, 255
Masten y Powen, 203
Mayo, 160
Metacognición, 71
    gestora, 231
Metas, 189
Moncada, Salvador, 6
Montessori, 255
Moreno, 71, 84, 108
Motivación, 185, 236, 256
    de crecimiento, 193
Movilidad social, 36

Necesidades, 186
    de estimación, 187
    de realización, 187
    de seguridad, 187

humanas de *Maslow*, 186
fisiológicas, 187
psicológicas, 187
sociales, 187
adquiridas, 188

Objetivos, 141
Organización, educativa, 154
Orientación, 89
instituida, 35
vocacional, 175

Pablo, 22
Palabra, 22
Participación, 165
Pensamiento
creativo, 13
crítico, 13
Pérez Esclarín, 196
Perrenoud, 55, 57
Personas, 141
Perspectiva socioformativa, 230
Pestalozzi, 255
Planificación, 91
Platón, 96
Platonismo, 115
Poblete, 74, 77
Poder, 188
Prevención de conflictos, 155
Problemas
de externalización, 153
de internalización, 153
Profesiones, nuevas, 176
del futuro, 178
Profesor como un tutor, 50-51
Proyecto de vida, 197
Proyecto *Tunning*, 53
Publicidad, la, 195
Puerta de Klinkert, 205

Ramsden, 53
"Rebelde sin causa", 7
Reconocimiento, 136-137
Recursividad organizacional, 231
Recursos materiales, 141
Regulación emocional, 240, 243
Repetto y Pérez-González, 233
Resiliencia, 32, 200, 202, 207, 211, 213
en la escuela, 217
Responsabilidad, 236
Robos y destrucción de útiles, 149
Rogers, Carl, 252
Rolfing, 133

Rosenberg, 151
Rousseau, 31

Saarni, 238
Saberes, 114
existenciales, sociales y pragmáticos, 114
profesionales, 114
temporales, plurales y heterogéneos, personalizados y situados, 114
Salovey, Mayer y Goleman, 252
Salud mental, 258, 260
Savin-Williams y Demo, 151
Serialistas, 46
Simpson, 204, 213
Solución de problemas, 239

Taller reflexivo constructivo, 232
Técnica "SOLER", 130
Teoría evolutiva, 153
Tiempo, 30
Tobón, 230
Tolstoi, 255
Toma de conciencia e interiorización, 27
Torres, 91, 92, 151
Trabajo, 124
en equipo, 165
grupal, 124
por competencias, 86
Transversalidad, 116
Tribó, 99, 100, 101
Tutor, 52, 119
competencias profesionales del, 108
perfil del, 102
propósito del, 51
sus ámbitos de acción, 119
Tutoría, 51, 101, 138
desarrollo de la, 91
docente, 120
entre iguales, 164
evaluación de la, 91
para la transición profesional, 120, 121
personal, 119
Tutor mentor, 25

Valores, 115, 116
éticos y morales, 237
Vargas, 79, 80
Ventana Johari, 127-128
Vernon Lee, 235
Violencia e indisciplina, 149
Vocabulario emocional, 238
Vocacional, 174

Zuleta, Estanislao, 230